影视传媒实践教材系列丛书·播音主持系列

fēi jiémù zhǔchí yìshù shíjiàn jiàochéng

非节目主持艺术实践教程

张亮 主编

陈志杰 李亚男 王韦皓 徐伟 姚萌
杨婧 臧蔚 曾丽萍 张亮 张宇楠 编写

重庆大学出版社

图书在版编目(CIP)数据

非节目主持艺术实践教程／张亮主编.—重庆：
重庆大学出版社,2014.10(2025.1重印)
影视传媒实践教材系列丛书·播音主持系列
ISBN 978-7-5624-8586-5

Ⅰ.①非…　Ⅱ.①张…　Ⅲ.①主持人—教材
Ⅳ.①G222.2

中国版本图书馆CIP数据核字(2014)第208709号

影视传媒实践教材系列丛书·播音主持系列
非节目主持艺术实践教程
主　编　张　亮
责任编辑:杨　敬　邬小梅　　版式设计:张　晗
责任校对:关德强　　　　　　责任印制:张　策

＊

重庆大学出版社出版发行
出版人:陈晓阳
社址:重庆市沙坪坝区大学城西路21号
邮编:401331
电话:(023) 88617190　88617185(中小学)
传真:(023) 88617186　88617166
网址:http://www.cqup.com.cn
邮箱:fxk@ cqup.com.cn(营销中心)
全国新华书店经销
重庆正文印务有限公司印刷

＊

开本:787mm×1092mm　1/16　印张:11.75　字数:266千
2014年10月第1版　2025年1月第10次印刷
印数:16 601—17 600
ISBN 978-7-5624-8586-5　定价:29.00元

编写委员会

总 主 编：罗共和

总 主 审：王岩平

总主编助理：李 丹

编 委：（以拼音字母为序）

黄元文 李 丹 林 莉 罗共和

罗文筠 骆志伟 王岩平 王 炜

王韦皓 谢建华 赵小蓉 张 亮

▶总　序

　　摆在我们面前的这套播音主持系列丛书，是在党中央国务院发出要求高等院校更加注重行业对口、校企合作，培养应用型高等专业人才和中宣部、教育部联合推出的卓越新闻人才教育培养计划的重要精神鼓舞下，集中了各高校近年来教学与实训中的基础理论、成功案例，结合广播电视行业转型期对播音主持人才的定位与需求，以努力培养一大批德艺双馨、专业能力突出、文化底蕴厚实、专业素质过硬的广播电视后备专业人才为基点，编写出版的一套为热爱播音主持专业的青年学习的专业书籍。

　　播音主持系列丛书包括《普通语音理论与实践》《播音语言表达艺术教程》《经典艺术作品朗诵》《语音发声基础训练教程》《节目主持人实用技能训练教程》《影视作品分析》《影视写作基础》《非节目主持艺术实践教程》等教材，涵盖了高等院校对培养应用型、技能型、复合型播音主持人才的全方位教育与训练。

　　基于目前广电行业对播音员主持人专业技能、基础理论、文化底蕴、全面素质发展诸多方面的岗位要求，播音主持系列丛书融合时代的传媒教育理论，吸收了目前国内国外广播电视主持行业的最新成果，遵循科学、合理的知识体系架构，理论知识更易学生学习、吸收；注重实践环节的训练设计，结合广电行业的实际案例，引导学生进行主观能动性、探讨性学习训练，强化专业技能；注重基于行业发展的现状，通过理论与案例的分析，引导学生独立思考，激发学生主动求知的愿望，围绕知识点进行实践训练，强化学生通过学习掌握系统、扎实的专业理论与技能。

　　播音主持专业是既重理论又重实践的学科。播音主持系列丛书在当今媒体处于大竞争、大变动、大发展的时期，为广大热爱播音主持专业的青年提供了通过学习走向成功的平台。丛书在编写过程中不仅凝练了高校多年来培养广电行业优秀毕业生的教学经验，更是集中了广电行业许多专家的智慧和情感，是热爱播音主持专业的青年们学习本专业的必读书籍。

在此,我们要特别感谢在播音主持丛书编写过程中给予我们热情帮助与指导的中央电视台、凤凰卫视、上海东方卫视、湖南卫视的专家和领导,也热切期盼着我们共同培养广播电视后备青年人才的理想通过我们辛勤的劳动得以实现。

罗共和

2014 年 8 月

▶ 前　言

　　《非节目主持艺术实践教程》是编者在总结四川师范大学电影电视学院、四川电影电视学院播音主持系主持教学近 20 年经验的基础上，结合专业发展和市场需求整理出版的一本教学实训用书。

　　近两年，随着播音主持专业的迅猛发展，社会所需要的播音主持艺术专业人才已经不仅仅局限于传统的媒体和平台。为了开拓主持教学的市场性和实用性。需要对电视及广播媒体以外的主持行业加以关注和了解。需要对这类主持人提出应具备的素质能力和知识要求。所以，我们在编写此书时把主要精力放在了书籍的知识性、实用性上，让所有的读者阅读后能有所收获，并能立即为之所用。书中的综合练习材料都是选用最新的活动实例，有些训练方式和材料的安排也作了一定调整，相关方法还处在探索阶段，相应经验的积累也在不断总结的过程中，希望得到更多同学、老师、专家的指点与帮助。

　　本书共九章，由张亮负责制订大纲、组织编写、协调统稿，具体各章节分工为：

第一章　非节目主持与非节目主持人概论　　　　张　亮

第二章　舞台主持　　　　　　　　　　　　　　张宇楠

第三章　会议主持　　　　　　　　　　　　　　臧　蔚

第四章　新闻发布会主持　　　　　　　　　　　曾丽萍

第五章　婚礼活动主持　　　　　　　　　　　　曾丽萍

第六章　葬礼活动主持　　　　　　　　　　　　李亚男

第七章　产品宣传和推广活动主持　　　　　　　李亚男

第八章　主持人礼仪常识和各国风俗社交禁忌　　臧　蔚

第九章　非节目主持人语言表达训练　　　　　　姚　萌

文字校对和材料收集等大量工作由杨婧、陈志杰、徐伟和王韦皓负责完成。

　　本书能最终出版，要感谢重庆大学出版社的关心与帮助，还要特别感谢四川电影电视学院罗共和院长及黄元文、李康生、钟晓明、罗思副院长给予的关心和鞭策！

另外,本书编写过程中,四川师范大学电影电视学院播音主持系 2012 级播主 4 班董珂旭、戴小风、赵大鹏、吉新晨、周泽,2012 级播主 5 班张浩然、卫润丰、李汶轩、胡兰心、马晓、阳光等同学都给予了积极的配合、帮助。在此,向同学们表示感谢！

最后,我们期待以本书为非节目主持教学和训练用书的使用者,给我们提出更多的意见和建议,以使本书更加具有实用性、针对性和有效性。

编写组

2014 年 5 月

▶目 录

▶第一章
非节目主持与非节目主持人概论

第一节　节目主持与节目主持人

世界上最早的主持人起源于美国。我国最早在 1981 年的对台广播《空中之友》栏目设主持人,由徐曼担任主持。之后,1981 年中央电视台(以下简称"央视")在赵忠祥主持的《北京中学生智力竞赛》节目中使用了"节目主持人"一词,开创了我国电视节目主持人之先河。1993 年,我国的各电台涌现出大量的节目主持人,这一年被称为"中国的广播主持人年"。

一、主持人与节目主持人

主持人是指具有采、编、播、控等多种业务能力,在一个相对固定的节目中作为主持者和播出者,集编辑、记者、播音员于一身的人。节目主持人是指在广播电视中,出场为听众或观众主持各种节目的人。

主持人不是表演者,也有别于新闻通讯和文章的播报者。主持人是以他自己的身份、个性直接面对听众或观众的人。主持人在节目中处于主导地位,其主要职责是组织串联一次节目的各个部分,但也直接向受众传播信息、解答问题、介绍知识或提供娱乐,并总是以第一人称"我"的口气,与观众或听众交谈。这是国内对节目主持人这一概念较为完整权威的表述。

节目主持人应当对自己有明确的定位。有人说主持人是内容的串联者、氛围的掌控者和主题的引导者。其实换个角度来说,节目主持人还是沟通的桥梁。主持人明确自己的定位是非常重要的。有了明确的定位,就会给自己积极的心理暗示,更是自身业务水平得以提高的永恒动力。那么节目主持人应具备哪些素质呢?

二、主持人应具备的基本素质

(一)主持人要具备渊博的知识

渊博的知识是主持人应有的基本素质,它是塑造主持人形象的基础,同时也是衡量一个主持人是否优秀最直接的标志。主持人只有在拥有大量知识、提高了主持节目的能力并掌握具体操作技巧时,才有可能轻松自如地驾驭节目。主持人应该是博学多才的有识之士,这样才能面对观众侃侃而谈。渊博的知识既来自工作中的积累,也来自平时勤奋的学习采集。有时候主持人所充当的角色就像是一名引导人们在生活的百花园中观光的"导游"。这就要求主持人一定要充分认识自身所处的重要地位和作用,不断提高自身的文化修养和知识水平;要博览群书,不断充实自己,绝不能满足于所学知识。现在的世界是一个分分秒秒不断变化的世界,电视传播又是一种涉及面广而多的信息传递方式。身处这种不断变化的环境,作为一名主持人,要不断更新所学,开拓思路、活跃思维,切莫书到用时方恨少,腹中空空,无言以出,那时你面对的将不仅仅是对自己孤陋寡闻的羞愧,观众的失望,更会让自己被竞争时代的潮流所淹没。反之,只有不断地充实自己,才能更好地把握时代主题,紧扣时代脉搏,贴近群众、贴近生活。

(二)主持人要有高超的驾驭语言的能力

1.语言要通顺流畅,这是最基本的要求

主持人要口齿伶俐,表达清楚,尤其较长篇幅的串场词更要如行云流水,一气呵成,才能让观众有信服之感。倘若吞吞吐吐,语流滞涩,前言不搭后语,那么观众尚且不能明白你要表达的意思,又如何能进一步了解编导的意图,如何能够同你一同融入节目的氛围中? 更有甚者,给观众一种观念:既然主持人都如此素质,那节目岂不是更不可信? 所以,主持人一定要勤于锻炼自己在语言上的基本功,要言语有心,言语用心,加强吐字归音的训练,要把话说好、说通、说顺、说巧、说妙。在此基础上,还要具备严密清晰的逻辑思维,这一点十分重要。因为主持人无论是把自己的所见所闻还是编导的意图传递给观众,都是要把头脑中已有的东西按照一定的逻辑思维整理出来,然后再用语言表达出来。而主持人最忌讳在语言表达上生搬硬套、张冠李戴;更不能看似口若悬河、滔滔不绝,实则空无一物或不过仅能说些插科打诨的话。作为一名主持人,一定要做到心中有数,要刻意培养自己缜密的逻辑思维,使脑中思路清晰、条理清楚,以利于更好地表达,更好地与观众沟通与交流。

2.在语言表达上,要有自己的特色,要富有感染力

主持人与观众的交流主要是一种情感上的沟通。主持人是通过自己的语言、目光、手势等与观众进行交流,其中尤以语言为主,所以主持人的语言一定要富有感染力,才能吸引和打动观众。

3.要注意语言表达技能的把握

这方面尤其要注意两点:语言表达的分寸和节奏。首先,语言表达的分寸要求主持人通过语言表达和观众像朋友一样平等交流。既不能和观众之间的心理距离拉得太远以致变成居高临下的说教;也不能和观众的心理距离太近,这样主持人就无法起到引导的作用。作为主持人,正确的分寸把握应该是:亲切自然、随和真诚。分寸若把握的得体,就会出现主持人与观众之间相互情绪的激发、感染、交流与共鸣,就能沟通节目与观众之间的情感;反之,分寸若把握得不当,就会出现情感沟通的阻隔与断裂。总而言之,主持人要将自己摆在一个正确的位置上,使自己能够较好地把握语言表达的分寸。当然,在此基础上,还应兼顾语言表达的节奏。主持人应当在尽量短的时间内表达更多的意思,传递给观众更多的信息。所以,不仅讲话的内容,包括表述的层次和结构,都要事先准备,甚至连讲话的节奏也要事先考虑。应当让观众把主持人传递的信息都吸收了,然后期待你讲下面的内容时,再继续下去。所以当语言表达的节奏掌握得恰到好处时会收到意想不到的效果。反之,如果只是把编辑、导演所撰写的台词机器般地复述出来或是一股脑儿地倒出来,呈现给观众的就会是干涩而毫无生机的语言和主持人慌乱而稚嫩的临场发挥。

(三)节目主持人应当具备良好的心理素质

这里良好的心理素质是指具备一定的临场应变和即兴发挥能力。

临场应变和即兴发挥能力是指主持人在主持过程中,当遇到突如其来的情况时,在客观环境允许的情况下,充分调动自己的主观能动性,使大脑思维处于高度运转和思考状态,从而作出迅速快捷的反应,能够进一步在此基础上进行发挥,使变故巧妙地朝好的方向转化的能力。

良好的心理素质直接关系到主持节目的质量、效果。而遇到临场突发情况时,更需要主持人"处变不惊""力挽狂澜",这也就要求主持人要有机智的反应。杨澜有一次主持节目,中途下台时摔了下来,场内一阵哄笑。只见她非常沉着地爬起来笑着对观众说:"真是人有失足,马有失蹄呀,我刚才的狮子滚绣球还不算精彩,但台上的节目会更精彩,不信,你们瞧。"话音刚落,场内爆发一阵掌声。可见杨澜心理素质很好,否则真的是"一失足成千古恨"了。

自信心对一个节目主持人来说也很重要。有了自信,可以预防恐惧心理。当然,准备充分、排练到位,避免患得患失的心理,实现真实自我,给自己积极的心理暗示,努力让自己兴奋等都可以提升自己的自信心。

(四)节目主持人一定要形成自己的个性

我们对几种个性进行了简单的归纳总结。

1.儒雅型

主持人以举止的端庄、自然、典雅以及知识的广博和丰厚见长,在主持过程中具有超凡的应变能力,时常给人以知识的启迪,其主持语言既不乏生动、含蓄又口若悬河、娓娓动听,能够吸引受众。

2.严谨型

严谨型是以行为与谈吐的庄重和严谨著称,其主持的过程以理性的阐述为主,往往以理论深刻、透彻,以及逻辑的严谨取胜。主持人的魅力在于其坚实的理论功底,不多流露情感的色彩却善于将情感隐藏在理性之中。

3.幽默型

幽默对于非节目主持而言是不可或缺的法宝。幽默型的主持人总是让举止和语言的幽默、诙谐充盈于主持过程之中,从而达到良好的效果。比如,"您可以让您的手机睡觉,或者跳舞,但千万不能让它唱歌""在场内随意走动会让您的朋友眼花缭乱,所以请不要影响身边朋友的眼睛"。

三、主持人的身态语言

主持艺术其实就是一门语言艺术,语言效果的优劣会直接影响到主持的成功与否。主持人若要准确自如地进行信息传递,就要准确地洞察受众的深层心理,在提高有声语言运用技巧的同时,还必须把握身态语言的运用技巧。我们都知道身态语言是主持人常用来表情达意的一种重要辅助工具,它包括表情语言、动作语言、体态语言、仪表语言等,这些语言都是口语表达的有力补充。

(一)表情语言

表情语言是指主持人的面部表情所传递的信息。面部表情是主持人与受众达成思想沟通、情感融汇的媒介,是主持人内心情感的反映,也是其心理状态的表露。

面部表情中起主导作用的是眼睛,主持人要做到"心眼合一"。瞬息万变的眼神和目光是丰富思想和内心情感的不自觉流露,主持人既可借助目光来丰富感情,也可借助目光来追踪捕捉受众的情感。有很多描绘眼神的语句,如"一身之戏在于脸,一脸之戏在于眼""眼法眼法,替心说话",等等。你的眼神热切不热切、真诚不真诚,台下观众都会切身感受到,眼睛可以表达你内心最真实的想法。当然,除了眼睛,微笑也是很重要的,因为微笑有亲和力,可以增进与受众的理解和友谊,当然,不同的笑有不同的含义,所以笑也要用得恰当。

(二)动作语言

人不是静止的,动作在主持中最具有参与性和表现力,尽管在主持中反对"手舞足蹈",但几乎没有一个主持人是在绝无肢体动作的状态下完成主持的。有时候我们需要"以动作助说话",动静结合,有"声"有"色",收到立体、形象的效果,动作可以体现热情、兴奋、悲哀、庄重等感情。例如有时在现场主持中,主持人的一个带头鼓掌动作远比大声喊着"讨"掌声让观众来得更直接,更加自然得体。还比如演员、嘉宾上下场时主持人不必口中挂着"欢迎您""谢谢合作""请留步",只需含笑、点头、欠身、伸手就把这些含义全表达清楚了,而且简单明快、儒雅潇洒。

有人称主持人的手是第二张脸,通过手的不同动作所传达的意义也有很多,主持人需要在平时多观察,逐渐积累,久而久之就能用恰当的手势动作去传达所要表达的意思了。总而言之,动作语言的运用贵在真实自然,要防止表演的倾向。

（三）体态语言

信息由人传递,体态语言包括主持人的各种静态的姿势,其中较常运用的是"站"姿和"走"姿。"站"要给人自然挺拔的感觉,"走"要能给受众一种精神抖擞、舒服大方的美感,主持人应该传递美的信息。

（四）仪表语言

仪表语言是主持人身体语言的重要组成部分,它直接参与视觉形象的塑造,是一种传递信息的无声语言。受众通过主持人的服饰便可以不同程度地了解主持人的文化修养、审美情趣、思想个性和精神风貌,服饰也影响受众对主持人的第一印象。因此在服饰的装扮上不仅要注意色彩的搭配,还要兼具共性和个性的融合,同时适当追求时尚,走在时尚前列更具时代气息。面对纷繁多变的服饰世界,主持人除了要对自己有一个正确的认识外,还要了解活动的类型、内容、对象、季节、场合等,了解了这些才能选择和搭配好服饰。

总之,主持人在运用身态语言技巧时,不能把任何的动作、表情、姿势看得太绝对,必须结合具体的人、具体的内容、具体的情境、具体的背景才能始终保持畅通无阻的信息交流,每一个主持人都应该掌握好这一有效的手段。

当然,主持人这一职业、这一称谓都决定了它不可能是独立存在、单一操作的,它必须要面对受众并与众多与之相关的人、事、物共同合作方能实现其"主持"的价值,这就要求一个好的主持人也必须是一个好的合作者,具备一定的协作能力。

主持人在活动中主要起串联、引导活动的作用,是活动形象的代表,与活动的成败有直接的联系。主持人自己应该意识到所有的成功都要靠合作者的密切配合与支持,所以主持人与合作者要建立互相理解、信任、支持、帮助的关系。

第二节　非节目主持与节目主持的比较

非节目主持对于很多人来讲是一个既熟悉又陌生的概念。很多时候,在生活中我们经常看到一些主持活动不是在电视台的演播厅或录制现场完成的;从事这些活动的主持人也不是我们想象当中的电视主持人,而他们依然活跃在各种主持活动中,而且很多人在各自的行业里也很有名气。这些便是非节目主持与非节目主持人。非节目主持是指主持人除了主持广播电视节目外还走出去主持其他一些文体活动,比如婚礼、寿宴、丧葬、企业活动庆典等。

一、非节目主持与节目主持的区别

(一)非节目主持更强调现场感

电视广播中的节目很少有真正的现场直播,多数是录像播出,所以主持人在主持节目中出现了一些问题或情况后,还可以重录或删除和修改。而非节目主持人主持的活动或仪式,不管事先准备得如何,因为它每次都是"现场直播",失误就是失误,所以一旦出现问题,往往无法更改和弥补。这无疑对活动的前期准备和主持人现场应变能力提出了更高的要求,直面观众的压力也很巨大,对于每一个活动环节都是巨大的考验。

(二)非节目主持面对的是小众

节目主持面对的是公开的场合,是成千上万的观众,代表的是国家宣传部门,说话应该有自身需要的政治性、寓教于乐性、广泛性、注意文化程度的普及性等。但非节目主持人面对的是小范围的人,对象感很强,受众群体也相对集中和复杂,文化层次差别较大。正所谓"见什么人说什么话"。小众还有其独特性,所有的人员来自同一集体或者相识或相熟,彼此之间有多重关系。在这种情况下,非节目主持人说话就要有针对性。

(三)二者对主持人要求的侧重点不同

节目主持人要注意节目的艺术性、可观赏性。非节目主持要符合组织者特定的目的和意图(商业意图)。两者的目的不同,所以对主持人的要求自然有所区别。节目主持人要求普通话标准、长相端庄、文化渊博等;而非节目主持人,可以是单位代表、亲戚朋友或者是文艺爱好人士。在服装的要求上也有所区别,节目主持人要求端庄大气,以符合大众审美要求为标准;而非节目主持人相对自由,只要与活动或仪式和谐统一就好。

(四)非节目主持人的主持只是一次"客串"

节目主持人有其必然的职业要求和职业习惯,非节目主持人要求不那么严格。职业主持人有相关的行业标准,而非节目主持人就没有,这也是非节目主持行业今后需要加强和提高的环节。

(五)非节目主持程序化比较强

节目主持千变万化,要出新、出巧,不断迎合受众欣赏口味的发展,所以往往是越多花样,越多技巧,带给观众越多新鲜感越好。而非节目主持的活动往往要求比较固定,目的性强,虽然也需要现场氛围,但并不一定以吸引观众注意力为第一目的。所以,现场活动有很严格的程序流程,或依照风俗,或依照相关行业规范进行。

二、节目主持和非节目主持的相通之处

主持艺术不单纯是方法、技巧的问题,成功的主持是对主持艺术规律最有效的实践和对主持中物我及各种关系最准确的把握。

(一)要自然大方

主持人要坚持本色,就是要坚持本来的面貌。要让观众喜欢并记住主持人,就应该在节目中不做作,自然大方。有两种方法可以去尝试:①表演。主持人在现场为了营造气氛可以放得更开些,就像演员表演一样,在节目中能有勇气去表演对做到自然大方很重要。②做自己,坚持本色。我国也不乏一些自然不做作的主持人,比如《快乐大本营》的何炅和谢娜。他们的主持是他们本身所具备的自然且独特的个人魅力所展现出来的,所以观众会觉得很亲切,也很难忘记。

(二)需要主持人头脑敏捷且具有一定的应变能力

非节目主持人绝不能满足于说"现成话"和"背台词",而应带着一种强烈的创作欲望上场登台,审时度势,把握机会,随时准备临场发挥。临场发挥是主持人知识面、敏感度和思辨能力碰撞出的智慧火花。它是有方法、可言说、能操作的理性的结晶。应当遵循这样一条原则,就是必须贴近节目或者活动主旨内容,完善节目的艺术效果。我们不赞成那种信口开河、离题万里的耍贫嘴,更反对无病呻吟、故作姿态的卖乖巧。

(三)要具有组织协调能力

主持人的组织协调,就是在主持中通过语言、行为、思想、情感来影响和感染受众;掌握整个节目或者活动的进程和质量;客观地展示主持才华、实现自身价值,从而得到受众认可。主持人的组织协调,首先就要立足于活动的最高点,主动把握活动的总脉搏,不断把自己的所思、所感渗透到活动中去,丰富活动内涵,深化活动主题,渲染活动气氛。这种协调不仅仅是锦上添花、画龙点睛,有时候也能起到引航指路、转轨定向的作用。

(四)成功主持的共性

成功的主持活动以及优秀的主持人,应当具备以下特点。

1.好的开始是成功的一半

活动的开场是主持人的第一次亮相,是活动基调风格的定性,根据这样的客观规律,有经验的主持人特别舍得在活动开场花力气做文章。讲究情、趣、意、味,力求受众对活动的开

展有一个良好的印象。

2.相辅相成,才会成功

无论是什么活动,合作的双方(双人主持)应该扬长避短、相辅相成、珠联璧合,形成一种独具特色的组合优势,相互间应是一个不可分割的有机体。有两个方面要特别注意:一是语言风格的和谐,二是要讲究表达上的彼此呼应。

3.需要情感的交融

优秀的主持人会在主持过程中恰当地表达自己的情感,优秀的节目都是在某种情感上和受众产生了共鸣,不可否认,"情"对于一个活动的分量是很重的。关键是我们要有强烈的体现意识。非节目主持需要这种"以情动人"的地方很多,我们更需要用情打动人、激发人。

4.需要具备急救能力,该出手时就出手

主持人不但要"机智",更要"急智"。在现场性的非节目主持当中,必须有很强的急救能力。来自活动、合作者、参与对象、听众观众等方面的意外会突袭而来,主持人必须头脑清醒,方能游刃有余,临危不乱。

三、非节目主持与广播电视节目主持的不同要求和技巧

每一次活动都需要有精心准备的过程,最后的仪式或活动现场凝聚了所有人的心血。非节目主持同样需要技巧,它和节目主持一样是一门艺术,所有的心血将在活动现场凝结成果实,所有的努力将在活动现场得到回报,非节目主持人的综合能力将在活动现场得到体现。因此,主持的艺术不单纯是方法和技巧的问题,成功的主持是对艺术规律最有效的实践和对主持中各种关系最准确的把握。

非节目主持的工作重点应放在对活动气氛的把握上,无须太正式,此类主持人应有召唤的意识,要充分调动大家参与的积极性,因此在语言的处理上可以张扬自己的个性,以达到宣传和活跃现场气氛的效果,具体要求应以组织者的要求为准。

非节目主持人使用的语言有口语化的,有文言形式的;有传统深刻的,有比较新潮的;有意义相同而用法不同的,有用法相同而意义不同的;有意义和用法相近但修辞色彩不同的;等等。非节目主持人使用语言的艺术要求有:

(1)表达尽量准确。

(2)用词尽量简洁。

(3)表达要鲜明、活泼、有生命力。

(4)表达应该适口悦耳。非节目主持人使用的语言,特别是每句话的末尾,要少用仄声字,最好用平声字。古时有一和尚在《玉钥匙歌诀》中说:"平声平道莫低昂,上声高呼猛烈强。去声分明哀远道,入声短促急收藏。"清代学者江永在《音学辨微》中也有"平声长空,如击钟鼓;上去短实,如击木石"的说法。

(5)尽量使用具体形象的语言。如朱自清散文《春》中的一段话:"盼望着,盼望着,东风来了,春天的脚步近了。一切都像刚睡醒的样子,欣欣然张开了眼。山朗润起来了,水涨起

来了,太阳的脸红起来了。"这段话生动和谐,音乐感强,形象地再现了充满生机的春天。

第三节 非节目主持人的角色定位

一、主持人的角色定位的偏差

环顾当下主持行业的情况,我们不难看出,电视上看到的播音员、主持人都是我们非常熟悉的几位,而且似乎一直都是这些人,变化也不是很大。主持人行业不轻易启用新人的潜规则让这些老主持人真正成为节目的主角,他们就是节目的一切。而且现在也有很大一部分观众看电视不是冲着节目而是冲着主持人去的。这里就要引入另一个新的观点:随着中国广播电视界改革的不断深入,许多深受广大群众喜爱的著名主持人,像歌星、影星一样成为大众偶像。主持人的重要性越来越突出,好像一档节目没有这位主持人就无法进行一样。其实,这样的情况是观众长期观看节目对节目内容产生的一种依赖感,主持人已然成为了节目的重要组成部分,所以一旦节目的组成发生了变化,观众自然会觉得不舒服。但是,作为主持人自身一定要认清这个事实,不能一味自大。现在的主持人都有强烈的主人翁意识,说白了就是"我的地盘得听我的"这样的想法。主持人在主持活动中的地位是毋庸置疑的,但是无论如何,主持人都是服务于主持活动本身的。也就是说主持人对整个场面的控制是为了让节目更加顺畅地进行,而不是为了突出自我。这样不难看出,无论什么内容的主持活动,主持人都不能用居高临下的态度,这样不仅不能更好地融入节目本身,反而会拉远了与节目的距离。所以如何正确地把握好主持人的角色定位是每一个主持人都应该思考的问题。

弄清楚了主持人的角色定位,再来看看非节目主持。非节目主持历史悠久,从古至今,各种庆典活动频繁。古代最早的祭祀活动就是由国师主持的,那就是最早的非节目主持原型。近年来,随着国民经济的迅猛发展和人民生活水平的不断提高,各种非节目主持活动层出不穷,数量激增,涉及范围也在不断加大,如政务活动、商务活动、服务活动、社交活动、涉外活动、营销活动、婚庆活动等。这些活动都需要经过专业培训的非节目主持人主持。因此,非节目主持专业人才的社会需求量日益增大。非节目活动的"灵魂"无疑应当是主持人,一次活动能否成功,很大程度上取决于活动主持人的综合素质和现场发挥能力。根据非节目主持人独特的职业性质与特点,非节目主持人应具备良好的独立策划和主持能力,较强的语言文字表达、人际沟通、信息获取能力及分析和解决问题的基本能力。近年来,尽管非节目主持人队伍发展迅速,在庆典活动、展览仪式、婚丧寿庆等各个领域发挥着重要作用,但行业发展很不规范,从业人员素质和技能水平良莠不齐,绝大多数从业者没有接受过必要的专业培训,高水准的"名嘴"主持人就更少了。这种良莠不齐的现象自然就导致了非节目主持市场的混乱,当然一些具备资质与相关证件的非节目主持人也出现了不同程度的唯我独尊的想法。这里所说的唯我独尊有两点表现：第一，主持人不再认为自己是主持人，而是把自己当作艺人演员，把非节目主持活动当成演艺活动。这样一来非节目主持的性质从一开始就变了。这些主持人往往在社会中有一定的主持地位，又会被竞争激烈的非节目主持市场炒作为高高在上的神一样的人物。这样一来，主持人久而久之就会养成我就是王，一切都要听我的唯我独尊的态度。第二，非节目主持人一旦霸占了这样的市场，他就有筹码和非节目主持活动的受众讨价还价，如何掌控全凭他一人说了算，自然主持价格也就不菲，而这些主持人也本着不能让别人的钱白花，不能让自己的地位不保的态度而把非节目主持活动的现场当成是自己的表演场，尽情地秀，完全不管活动本身。

当前非节目主持人角色定位的偏差原因是什么呢？随着时代的发展，主持人的"角色"也发生了变化。中国电视节目主持人"角色"经历了从播音员到主持人，从单一"角色"到"角色"类型的多元化，再到主持人"角色"人格化、个性化的过程。中国的电视节目主持人经过近30年的荧屏发展，已经形成一种全面的、多方位的媒体格局。纵向分析电视媒体事业的发展，我们不难看出，对于角色的定义和定位也是不断发展变化的。由于节目内容和形式的多样化，导致在一个节目中包含了多种节目形式的元素，如果单一的、刻板地定义主持人的角色定位，是很难满足节目需要，很难驾驭节目的。所以现在对电视节目主持人的角色定位也不能固定化，它是不断发展变化的。但是对于主持人在非节目活动中的角色定位，我们可以作出初步的确定。因为目前的各种非节目活动，内容虽然丰富，但是形式大多变化幅度不大，因为非节目活动必须要有固定的形式，这也是因为受到传统文化的影响。客观地分析现在的主持人在非节目主持中的角色定位，也不难看出，一些客观的原因正在影响和制约着非节目主持角色的定位变化。

二、导致非节目主持人角色定位偏差的原因分析

（一）客观原因对非节目主持角色定位的影响及表现

1.从制度的角度来看

宽松的制度环境和开明的受众群体是主持人"角色"发生变化的首要原因。宽松、开放的制度情况，使得非节目主持人这个行业没有有效的制约管理，不需要任何学历和专业的要求，也不需要任何机构的监督和认可，便可以在众多的非节目活动中担任主持人。随着越来越多的婚庆等举办非节目活动的公司的成立，这样的主持人群体类型也逐渐走向多元化和个性化，而直接导致的后果就是非节目主持人良莠不齐，市场混乱。

2.从经济的角度看

市场经济体制的确立，迫使主持人在优胜劣汰的竞争中不断超越自我，求变创新。市场经济转型后，为这种新兴行业的发展更是增添了不少活力。在这样的条件下，很多非节目主持人都是自学成才，并且很多主持人由于机缘巧合，往往一炮而红，有的名气甚至超过了电视节目主持人。这样的情况直接导致许多非节目主持人恃宠而骄或是产生了唯我独尊的态

度,漫天要价和敷衍了事,严重影响了非节目主持市场的秩序。

3.从传播学理论的发展角度来看

"以受众为中心"向"以传播者为中心"的观念的转换,是主持人"角色"变迁的重大思想错误。由于专业知识的匮乏,很多业余非节目主持人盲目地认为,时下非节目主持活动的本质就是主持人的表演,主持人作为非节目活动的主导,有着无可取代的重要地位,任何人、任何事都要以主持人为中心。直接导致的后果就是喧宾夺主,忽略了非节目活动的本质应是活动的本身和受众,主持人只是绿叶、调味剂。

4.从受众文化素质和欣赏水平来看

由于现在一些受众的欣赏水平较低,导致他们对非节目活动,乃至电视节目的要求都越来越媚俗化,这是主持人"角色"变迁的外在动因。很多主持人为了迎合部分受众的低级趣味,而放弃了本该坚持的东西,使得主持人在主持风格等方面产生严重的畸形。这样一来,直接导致主持人神圣的引导者地位荡然无存,变得越来越像小丑。

综上所述,造成主持人在非节目主持活动中的"角色"发生变化的原因是多方面的,但是这些都是外界的客观原因,这些因素改变起来难度相对较大。而主持人的内在原因却是自身造成的,可以通过学习等方式来规范。

(二)内在原因对非节目主持人角色定位的影响及表现

1.语言组织存在过度包装

非节目活动中首要突出的就是即兴表达,通过主持人与受众之间的现场沟通,达到传播的效果。每一场非节目活动的内容都是不相同的,即使形式相同,单单只靠一套恒久不变的串词是远远不够的,多数非节目主持在主持活动中都是尽量多地将已经准备好的华丽文字背诵出来。这样看上去衔接得紧凑流畅,但是严重影响了语言表达以及思维上一些闪光点的出现。一套主持词可以百搭各种主持活动,不管主持的活动内容适不适合,只管把准备的一一背出,给大家一种似乎出口成章却又不知道哪里不对劲的感觉。实际上,这就是没有充分地考虑语言语境,没有充分地结合活动和节目本身进行发挥创作的结果。语言表达形式的模式化、定式化、规范化,缺乏创新,是现在非节目主持活动中常见的问题。

2.主持人的言语缺乏对象感

目前,很多主持人在非节目主持活动中都喜欢自 high,在不了解现场情况的前提下,没有与受众任何的沟通,就按照自己的想法制造气氛,往往得不到受众的认可和回应,导致不能达到预期的传播效果。有时,主持人完全不根据现场的情况变化,照本宣科地按照自己既定的流程主持,却没有发现由于缺乏交流,使得自己的话语变得生硬且多余。此时往往受众都会有强烈的排斥感,到底是在进行非节目活动,还是在看主持人做脱口秀?如果没有受众,主持人的任何传播都是无效的,这样一来,不但不能达到良好的传播效果,反而会严重影响庆典活动的质量。

3.优秀主持人缺乏

主持人是一个节目的有机组织者,他(她)必须对所主持的节目整体内容有充分的理解和把握,具备良好的心理素质与对现场的控制驾驭能力。我国有不少主持人在从事非节目主持活动,但是有个性而且优秀的主持人却不多。主要表现在文化素质不高、主持风格庸俗化、个性不突出、洞察思辨能力差等方面。另外由于很多非节目主持人并非专业出身,对专业的生疏和不了解导致主持人出现职业素养差的问题,主要表现为主持人喧宾夺主,不能成为非节目主持活动的引导者,而把自身当成活动的主角,忽视了非节目活动的本身。还有一些主持人业务不过关,普通话说不标准,着装、发型、言辞都太过社会化,更像是说相声或表演小品。此外一些主持人在主持节目时趋向于程式化,不善于倾听和思考,与非节目活动的受众难以进行真心交流,使活动流于形式。

三、非节目主持人在活动中的恰当定位

(一)组织者

一场非节目主持活动,主持人的组织作用首先表现在语言的组织上。一般来说,非节目活动中,主持人是整个活动的引导者,他的语言直接引导着整个活动的进行。作为活动的引导者,主持人应该根据活动内容的主题,选择制订相应的语言,准备与活动贴切的表达内容与思想。语言要尽量平实、简单、贴近受众、贴近生活,便于受众接收与传播。在很大程度上,语言的内容决定了非节目活动是否成功。其次是表现在非节目活动的组织上。非节目活动是靠主持人和现场受众共同参与完成的,活动内容流程的选择与策划是至关重要的。一场活动是否做得与众不同、独具特色,是否做到传播有效、生动、深刻,很大程度上也取决于主持人是否做到心中有数,言之有物。当整个活动的内容形式和流程被确定下来,主持人需要根据不同的内容指定相应的环节并确定主持风格。言语的控制直接决定着活动的质量,所以说主持人先是一场非节目主持活动的策划者,然后才是非节目活动的参与者。除此之外,在活动中主持人还要组织现场的气氛,调动受众和所有参与非节目活动人员的情绪,让大家围绕活动的主题一起参与其中。

(二)参与者

成功的非节目活动,不仅要强调现场受众的参与,更需要主持人的参与。主持人的言语,串词直接引导活动循序渐进地进行。语言方面要通俗、简洁有条理,不要晦涩难懂,让人听了云里雾里不着边际。主持人参与活动之中,才能成为最有发言权的人,作为活动的一部分,主持人可以站在受众的角度以第一人称的方式把受众带进互动中,使活动更有效果。同时要给受众接收、吸收和反应的机会,不要只是主持人在台上一个人滔滔不绝地说,也要察言观色,时刻反馈受众的意见。事实上,现在的很多非节目活动中,主持人都反客为主,成为了活动的主题,主持人在台上的表演使得整个活动的意义出现了偏差,本来只是活动的引导

者,却成了活动的主体,把活动本身的意义和内容忘记了,使得活动成了主持人的个人表演场。在某种程度上,主持人要隐藏自己的主观倾向,把思考和判断的权力交给受众,要把活动本身的主体或是主角突显出来,而不是一味地表现自己。主持人要懂得做好绿叶的角色。参与者都带有一定的随机性,这就要求主持人要当好引导者,无论是现场介绍、提问、即兴点评,还是相互交流都要始终营造一种轻松的氛围,要对活动的走向、节奏进行控制,对现场的突发事件进行应变处理。

(三)倾听者

学会倾听,是非节目主持活动中一种基于全场驾驭基础上的倾听。非节目活动主持人最常犯的毛病是三个"听不":听不见、听不进、听不懂。主要反映在非节目主持人说完第一句话就想马上说第二句话,强烈的表现欲望使主持人想要说的欲望特别强烈。受众接受与否,场合适合与否,活动流畅与否都不重要,只要把能说的、准备说的全说出来就行。进行第一个活动环节就开始急切地想要切入下一个环节,这也是主持人对整个活动不熟悉的表现,由于害怕出错出问题,于是就想在最短的时间内把活动的流程以最简单的方式快速地进行完。但是这是不可能再进行第二次和补救的活动现场,不是彩排,当然不能草草了事。主持人的"听"并非被动地接受信息,而是在传播过程中对受众接收情况的反馈,要迅速对信息作出判断,并且预测活动发展趋势和走向,及时发现并抓住新冒出来的、有意义的话题。倾听的艺术在于:首先,主持人应用心地去体会受众和所有非节目活动参与者的心声,要站在受众的角度为他们着想,引导活动向受众期盼的方向发展。及时调整内容和情绪,调动受众积极参与其中。让受众在心理上愿意靠近主持人,缩短和主持人之间的距离,也就能更好地参与活动,与活动进行互动。其次,主持人在主持过程中,应根据不同的情况调整语言内容和风格,不能影响整个活动的流畅度,要懂得变通,灵活地变化,做到突出主题、见好就收、气氛不足时及时补充。

(四)驾驭者

主持人的驾驭能力是通过对非节目主持活动主题的掌握、对活动现场的掌控体现出来的;以一种平民的方式去展示、表述和传达,在主持人和现场受众之间架起一座桥梁,理出一条清晰的脉络,构筑起活动的立体空间;使受众都成为活动本身的一部分,让受众有种主人翁的感觉,就像常说的宾至如归的感觉。在活动开始之前,主持人应进行充分的准备,如对资料的收集,对活动内容形式的了解,这样才能做到胸有成竹,在活动过程中不至于偏题或漏掉关键的环节和要素。在非节目活动进行过程中,允许受众根据实际情况对活动的内容进行及时修改和反馈,但是主持人要把所有的观点和想法统一起来,因为主持人是整个活动的串联者。学会掌控现场气氛,对各个环节内容上的修饰适可而止。同时,也要具有较强的归纳与总结能力,在活动进行中适当地进行阶段性的过渡总结,加上主持人的加工和引导会产生理想的效果。

第四节　非节目主持人应具备的基本素质

非节目主持与节目主持有一定的相通之处,但是对于从事两种主持活动的主持人而言,却有着本质的区别。节目主持人有其所属的正式单位,并且受到国家相关部门的领导管理,对于节目主持人自身的要求较高,并且有行业内部的考评机制。而非节目主持人一般来说都不是专业出身,更关键一点在于从事的主持活动没有相关的行业标准,更没有国家相关部门进行统一管理,从事主持的人员业务水平参差不齐,对于他们的要求就很难统一。这其实也是亟待规范和加强的一个重要方面。

另外,从事两种不同主持活动的相关人员有一定的共融性,主要表现在:主持人在整个节目或活动中都起引导作用、都是进行面对大众的语言传播、扮演的社会角色相同等。因此对于两种活动的主持人的相关素质要求就有一定的重合,但也有一定的区别。其实,对于主持艺术而言,它不单纯是方法、技巧的问题。成功的主持是对主持艺术规律的最有效的实践和对主持中物我关系及各种关系最准确的把握。因此,对于一名优秀的主持人而言,一定要具备过硬的专业素质和心理素质。

一、心理素质

遇到临场突发情况,需要主持人"处变不惊""力挽狂澜"。主要表现在以下几个方面:

(1)主持时不要总想着自己,而要把注意力高度集中到内容上。

(2)不要太在意受众,不要老嘀咕受众满意不满意,要做到目中无人而心中有人。

(3)如果已经感到紧张,可以给自己积极的心理暗示。

(4)未曾开口就已紧张,可适当进行自我调整。

二、文化素质

丰厚的文化知识与出色的主持是源与流、本与末的关系。"问渠哪得清如许,为有源头活水来",为了主持艺术"才"源滚滚,我们必须永不停歇地开凿文化知识之"渠"。陶渊明的"采菊东篱下,悠然见南山"句中的"见"字,有的书上写成"望"字。应该说"见"字是恰如其分的,它不仅说出了"无意望山,适举首而见之"的情景,而且还把陶渊明那种闲逸自得、悠悠望怀的神情勾画出来,余韵无穷。

三、交际能力

主持人的交际行为应该建立在真诚、信赖、友爱、尊重的基础上。主持人是大众的朋友,因此必须心中装得下"五湖四海",无论是"鸿儒"还是"白丁",都要引以为友,不"仰视"名人,也不鄙视平民,精彩的内容往往就在普普通通的人当中,也是最能打动人心的东西。

四、表达能力

这里指口头表达的能力。主持人的艺术,归根到底是一门口头语言艺术,因此,出色的表达能力应当看成非节目主持人的最基本也是最重要的能力。非节目主持人的表达能力可以从以下几个方面加以认定:①准确敏捷地表达思维的结果;②生动形象地强化语言效果;③风趣幽默地体现主持风格。

五、政治素质

主持人必须首先要有强烈的社会责任感和较高的政治思想水平。

六、精神素质

(一)高尚的道德情感

节目主持人的职业性决定了其公众形象的性质,可以这样说,节目主持人代表了电台、电视台甚至是国家的"形象",因此,节目主持人的道德品质和修养的高低,直接决定了受众对于电台、电视台和政府的印象,非节目主持人也是这样,只有拥有高尚的道德情感,才能主持好每一次活动。

(二)完美的人格

要做一个好的主持人,首先要做一个良好的人,一个优秀的公民,因此就要具备健康的心理和完美的道德品质。富有魅力的人格决定了这一切,也决定了主持人能够攀升的高度。

(三)较强的应变能力

无论是节目主持人还是非节目主持人,都应该会应对来自活动和节目现场各种突发的状况,这对主持人本身是一个极大的考验,是身体和心理的双重考验,也是必备的素质之一。

(四)良好的气质

节目主持人要有良好的气质,首先要立足自我、开拓自我;提升自身的修养和品位;提高自身的审美标准;平时生活中也要有意识地培养自身对于美的感悟和理解,用自己感染周围的人。

(五)良好的心理素质

主持人的生理和心理状况直接影响着受众的关注情趣。主持人尤其要注重自身的心理素质培养,只有培养了良好的心理素质,才能在主持工作中唤起自身良好的自我感觉,才能做到思想放松、心里有数。

七、业务素质

主持人的业务素质表现在以下几个方面:

(1)深厚的知识底蕴。"腹有诗书语自华",要做到广、博、精、深。

(2)良好的语言素养。

①语言要纯,一般要使用标准的普通话;②优美的音色,宽广的音域;③要有较强的口语能力;④语言要有较强的表现力、穿透力、感染力,且简洁、明了、生动、耐听。

(3)主持人应具备一定的临场应变和即兴发挥能力。

(4)要具备策划和组织能力。

(5)应具备个性鲜明的主持风格。

八、非节目主持人语言要求

主持人当然需要敏捷的思维、丰富的知识、良好的素养。但这些都首先需要主持人有高质量的口头语言才能将其体现、外化出来。主持人当然需要良好的形象,但确立完善良好视听形象的主要途径仍然是主持人对其语言功力的训练,也就是在主持中对语言的驾驭能力。所以,口语表达能力对每位主持人都相当重要。主持人研究、修炼语言,应努力做到以下几点。

1.流畅悦耳

主持人如果在主持全过程中始终保持醋畅通顺的语言,将会给受众以舒畅的感觉。语言是线性的,有声语言是一个音节接着一个音节有序地表达语义的,语流就是指这一行进过程。有声语言与书面语言表达的不同之处就在于内部语言与外部语言的转换时间的长短。由于面对听众,因此这种转换有一定的时限性,它需要表达者的思维与语言表达能够同步,口语表达应像行云流水一样醋畅无阻。体育运动节目的主持,是对主持人语流要求最高的,但宋世雄在每一次体育比赛现场解说时都能做到滔滔不绝,一气呵成,似一泻千里的江河流水,让人听了感到心爽意畅。而有的主持人由于思维与语言表达合不上拍,往往有出语不连贯、不顺畅的现象,甚至有脱落、易位现象。主持语言必须是完整、规范、流畅的,那种期期艾艾"口欲言而心不逮"的语流"失畅"现象是主持人必须避免的。因为这既影响现场效果,又有损主持人的形象。但"流畅"并非靠背稿,真正意义上的"流畅"应靠敏锐的思维、机智的应变和流利的口齿来实现与听众交流的畅通无阻。

主持语言不仅要规范流畅,普通话标准,而且要求声音圆润、悦耳动听、富有美感只有这样才能给受众以心理上的愉悦感。由于主持口语稍纵即逝,一说出来就是"最终"形式,没有反复推敲的机会,所以主持人必须"出口成章",并要苦练发音技巧,口语表达要做到快而不乱、连而不黏、亮而不尖、低而不虚、沉而不浊。主持人应能将人人"听惯的话"说得像音乐一样动听、像诗歌一样美妙、像散文一样流畅,令听众赏心悦"耳"并给其以高品位的艺术享受。

2.具体明确

只有具体的语言才能使听众感到形象生动,只有明确的语言才能给听众留下深刻鲜明的印象。而有些节目或活动结束后,虽然主持人话语连续不断、喋喋不休,也有热热闹闹的"听众参与",但究竟要达到什么目的谁也说不清。"滔滔不绝"留给受众的只是一大堆模糊不清的信息,主持语言只能说是"以其昏昏"难以"使人昭昭"。优秀主持人王雪纯对自己主持语言的要求是:"不说虽然没有错误,但也没有味道的话。"她在主持《正大综艺》节目时,有段串联词编辑是这样写的:"我特别喜欢去动物园,因为动物是人类的朋友。"她改为:"我常去的地方应该说是动物园,那里有很多相识的朋友。不为别的,只为四目交流一会儿,我也不知道为什么这种交流这么吸引我。"这犹如与知心朋友分享对生命的感受,观众来信说"四目交流"说出了他们的感受,与主持人有知音感。这四个字貌似简单,却具体而传神地表达了主持人真正将动物当作朋友、细微地揣测动物的感受、平等地与动物"对话"的心声,明确地表现了"动物是人类的朋友"的主旨。

主持人所用的语言,只有让听众听得懂,能理解,留下鲜明深刻的印象,才能达到主持人的初衷。抽象的语言显得空泛,模糊不清的语言令人"丈二和尚摸不着头脑",而具体明确的主持语言才会吸引人、打动人,并取得心灵沟通和审美体验的效果。

3.周密严谨

主持人语言周密严谨,就是指语言表达确切无误,符合客观实际,达到传播效果。主持语言需要敏捷地表达思维,但又不可出差错,因此表达时应做到:

(1)语意表达准确。主持人必须对事物有准确的认识,再通过准确到位的语言来表达自己的思想,否则势必会影响思想感情的表达或导致误解。

(2)发音准确无误。主持语言主要为有声语言,而语音是有声语言的要素之一。听众主要是从语音中接受信息的,信息传递是否有误,这与主持人能否读准每个词的音节关系相当密切。

(3)语言逻辑清晰。主持语言要有主次感——给听众明显的主要和次要的感觉;次序感——给听众分明的先与后的次序感觉;递进感——给听众清晰的推进和发展的感觉;转折感——给听众明白的逆势而行的感觉;总分感——给听众清楚的分述和综合的感觉;因果感——给听众明晰的起始和结果有必然的内在联系的感觉等,使听众感受到主持人语言的严谨周密。

4.简练精彩

简练,即简约凝练。21世纪是讲求效率的世纪,因此说话也要注意效率,要去除累赘与堆砌的辞藻,用最少的语言来表达最丰富的意思。古人有"惜墨如金"之说,强调删削"芜词累句",用词造句不可"叠床架屋"。主持人语言要注意推敲用词,不粉饰、不做作、不卖弄,有时只要用几个简练的词语,仅用白描写真的手法,就可以点出形象的、最突出的特征来,虽着墨不多,但生动逼真使人觉得意味深长。句子修饰过多,反而显得拖泥带水、不干净利落。

017

主持语言不当长而长是冗长,不当简而简是苟简,因而语言简练必须根据表意内容来决定,并尽力做到"文贵约而指通,言尚省而趋明"。主持用语既要求简练,还要求精彩、充满活力且能感染打动受众。在富于变化的节目语境中,往往需要主持人敏锐快捷地相时而动,出语迅捷、出口成趣。被誉为"青年教育艺术家"的刘吉先生说过:"精彩的对话应该具备'短、平、快'的特色。"从大量的实践用语案例中可以归纳出多姿多彩的妙语接对是高超"语智"的展现。其特点是:短——句式短小、干净利落、句句精练;平——语态平和、平中显巧、挥洒自如;快——触机即发、意随情遣、即兴精彩。例如,一次文艺晚会直播,一位歌唱演员的演唱即将结束,伴奏带突然卡住,演员坚持清唱完最后两句,正当场上议论开始,主持人叶惠贤走上台说:"刚才音乐突然停住了,演员清唱了两句,我想大家从来没听过这位歌唱家无伴奏的演唱吧,这就叫此时无声胜有声!清唱更显魅力,更见功底!"一席话化事故为风采,易险情为精彩,掌声和笑声同时响起,演出顺利进行。

第五节　主持人提升素质的途径

非节目主持活动的从业人员大多数都不是科班出身,自身的思想水平,尤其是专业能力和业务水准缺乏基础保障,活动的质量也参差不齐。在这方面应该有相关的部门加以规范,同时,从业者也应该积极地提高自身的业务水平能力,使活动能够更加专业、顺利地进行。以下几个方面是主持人必须做到的。

一、加强政治学习以提高政治素质

主持人要坚持正确的舆论导向,就必须具有较高的政策理论水平和政治敏感性。这就要求节目主持人和非节目主持人在生活中关心时事、大事、要事,加强政治学习。只有这样才能正确深刻地理解党的政策、方针和路线,才能坚持正确的舆论导向,以此影响受众。中国是社会主义国家,作为一名优秀的主持人必须加强马克思主义理论的学习,树立辩证唯物主义的世界观和科学的方法论。同时,应深入实际,深入生活。在现实生活中,经常会涉及一些政治性、政策性很强的敏感话题。这就要求主持人加强调查研究,丰富自己的实践经验,对党和政府出台的政策、法令、决策有一个切身感受,增强理解程度。只有这样才能正确把握节目的选题和观众、听众的选择,才能保证不出政策性差错,并使节目具有一定深度。

二、加强专业知识的学习,树立真心为受众服务的理念

现在的节目越来越趋向专业化、精细化,对主持人知识的专业化提出了更高的要求。主持人要驾驭好整个节目的发展趋势,就必须具备丰富的专业知识。21世纪是以知识、信息为特征的时代,对人才素质的要求普遍上升。主持人必须根据社会的发展、工作的需要和自

身的条件不断调整自我,以求得在自己钟爱的主持人工作中青春常在。要做一名合格的主持人,就必须在做好本专业的知识准备的同时还要不断学习主持节目中需要的其他知识,不断作好各方面的知识储备。敏锐的发现力、快速的分散力、深刻的思辨力、不竭的创新力等都是节目主持人应该具备的专业素养。

三、主持人应注重个性化特点的发展

主持人的个性化风格,就是指主持人在多个或多种节目中表现出来的一种带有稳定性的个性特征。在知识爆炸、信息共享、渠道多元的传播环境中,只有个性鲜明的传播才易于被人注意,被人选择,也才可能被接受。主持人必须拥有独具个性的表达方式和很强的号召力、亲和力、拉动力。例如,韶关电台交通旅游广播主持人苏菱在主持音乐节目时,并不盲目播放专辑文案推介、传唱度高的歌曲,而是在听了大量的歌曲后,挑选出与节目话题相对应、有特点、不媚俗的歌曲在节目中播放。他的付出使得听众对这个节目极度推崇。因此,主持人必须充分认识自己,对自己的气质、性格、知识、爱好和自身的音色、音量和语调等都要有一个正确的认识。同时,不仅知己,还要知彼,扬长避短,使自己的主持方式与节目协调一致,这样才有可能在节目中最大限度地发挥主观能动性,将节目做得有声有色,既突出节目的风格,也使自己的个性特点展示得淋漓尽致。

思考题

1.什么是非节目主持人?

2.非节目主持人的角色定位是什么?

3.非节目主持人应该如何提高自己?

4.节目主持人和非节目主持人要求有哪些不同?

▶ 第二章
舞台主持

第一节　舞台主持的发展

随着电视的普及,电视节目主持人成为家喻户晓的职业。各种舞台节目原来的"报幕员",也受到电视节目主持人的影响,提升了其美学品位与文化品格,不仅改名为"主持人",而且其工作内涵与作用,也得以全面提升。而舞台主持一说,最早可追溯到1983年由赵忠祥、姜昆、王景愚和刘晓庆主持的首届央视春晚。

舞台主持经过几十年的发展,可以分为以下三个阶段。

一、形象大使型

舞台节目主持人,从过去的"报幕员"上升到"主持人"的地位,首先是起到"形象大使"的重要作用。

所谓"形象大使",又称"形象代言人""形象代表"等,意思是指代表、凝聚着整台晚会甚至演出团体的整体形象(包括政治形象、思想形象、社会形象、群体形象、艺术形象等内涵)。

因此,舞台节目主持人要当好这个"形象大使",就首先要在自身形象的塑造上花大气力、下大功夫、动大脑筋、作大文章、获大效益。

(一)注重外部形象的塑造

主要包括服装、化妆、形体动作(眼神、表情、手势、身段、步法等),等等,要优美、大气、新颖、别致、文雅、俊秀、飘逸、潇洒、大方。

（二）注重内部形象的塑造

主要包括情感、情绪、想象等，情感要朴实真挚，想象力丰富，情绪饱满、热烈等。

（三）注重语言形象的塑造

舞台节目主持人的语言就是"主持词"，要言简意赅，以形象化的语言调动观众的形象思维，使其感受、欣赏主持人的艺术魅力、吸引力、凝聚力。

（四）注重综合形象的塑造

即做到外部（形体）动作与内部（心理）动作的有机统一，体验与表现的有机统一，主持人与文艺节目的有机统一，以真正起到名副其实的"主持"作用。

二、艺术导游型

舞台节目主持人的重要作用，还体现在其艺术导游的重要作用上面。这是过去"报幕"作用的提升。

所谓"艺术导游"，是指引导观众像观赏景观一样观赏文艺节目，使其很好地欣赏。

为了要做好"艺术导游"的工作，舞台节目主持人就要进行全方位、系列化、深层次的努力，需要做到以下各点：

第一是熟悉晚会每一个节目的思想内容、艺术特色、演员阵容以及音乐、舞台美术（服装、化妆、道具、布景、音响、效果、灯光等）、导演、乐队等各艺术部门、艺术环节的特色，就同导游熟悉每一个景点一样。

第二是热爱晚会每一个节目，要倾情投入，引导观众进入观赏的情境之中。主持常要有新鲜感，力戒厌倦、不以为然、老生常谈、缺乏新鲜感。

第三是要使"主持词"兼容"解说词"的内涵，对每一个节目作一点必要的提示，以引起观众的欣赏兴趣。当然要恰到好处，画龙点睛，不要一泻无余，要善于在"解说"之中制造一点"悬念"，引起观众的关注与欣赏欲望。

第四是要成为艺术节目的行家里手，不说外行话，只有自己是晚会的"知音"，才能使观众也成为"知音"，进而使整台晚会达到"用心拨心""以情动情"的艺术效果，否则就会"以其昏昏，使人昭昭"，很难成为一名合格的"艺术导游"，更谈不上杰出或出色了。

三、文化桥梁型

舞台节目主持人的重要作用，更体现在其文化桥梁的重要作用上。

近年来，全球范围内兴起一股"文化热"，这是 21 世纪"知识经济"时代发展的必然大趋势。文化作为人类物质文明与精神文明的总和，包括物质文化、精神文化、制度文化三个子系统，而精神文化又包括哲学、宗教、道德、科学、文学、艺术等许多子系统。所以，舞台艺术应当具有文化含量与文化底蕴。从这个意义上说,舞台节目主持人就起着文化桥梁的重要作用。

第一,起着节目的文化品位提示、连接作用。要使自己的"主持词"兼容"连接词"的作用,使节目与节目之间,以文化底蕴为纽带,形成一条"文化链",有机地连接在一起。

第二,起着节目与观众的文化连接作用,主持人要作为桥梁与中介,使节目与观众形成文化互动、文化交融、文化连接。为此,"主持词"的文化意蕴与主持人的文化品位,起着决定性作用。

第二节 舞台主持的技巧

舞台主持较为程序化,主持人作为一个串场的人,将整台节目串联起来,主持过程要遵循流程策划。舞台主持人在主持时要把重点放在被介绍的内容上,将舞台作为自己的主场。主持人是舞台的调度把控者,因此主持人的表现直接影响到整台晚会的节目质量。舞台主持需要面临大量的现场不可控因素、现场状况、舞台事故,这都需要主持人有着丰富的主持经验和技巧。

一、主持人的外在形象设计

(1)着装。根据场景进行搭配,女士需要化妆,并根据场景选择化什么妆。

(2)站姿。头正视平,开肩立腰,根据主持类别进行舞台上的肢体搭配。

(3)表情。要从开始到结尾都保持微笑(保持提颧肌的状态),表情可根据场景进行变化。

(4)话筒。手握话筒的下方,话筒头与嘴至少保持3厘米,不可将口水喷到话筒上。

二、主持人需要具备的能力

(1)对会场的整体控制能力。要记得在这个舞台上我是主持人,那么就是我说了算,不要被观众的思路带走。

(2)用简洁有效的语言介绍清楚本次活动的主题。

(3)要懂得承上启下(点缀上一个,引出下一个)。

(4)要有临场发挥、解决突发性问题的能力。

(5)要有控制时间的能力。

(6)要对自身感情有把控的能力。

三、主持人在舞台上应注意的问题

(1)舞台上不可以背对观众。

（2）不可以单指点名观众。

（3）不可以在现场打击演员和观众。

（4）不可以冷落观众（和台上的嘉宾交流的时候不要忘了台下的观众）。

（5）不可以讲与主体无关的话题，即浪费时间。

（6）不可以无形象地大笑。

（7）不可以介绍错参加演出者及嘉宾的信息。

（8）不可以说"请下台"应为"请回位/座"。

舞台主持的工作重点应放在主持人对活跃场上气氛的把握上，无须太正式。此类主持人应有召唤的意识，要充分调动大家参与的积极性，因此在语言的处理上可以张扬自己的个性，以达到宣传和相应主持环境气氛需要的效果。具体要求应以编导的指示为准。

第三节　文艺晚会的策划及实例

一、文艺晚会策划

（一）确定晚会主题与形式

一场成功的晚会总有一名成功的导演，策划举办文艺晚会，首先要考虑晚会的目的，明确晚会的主题与形式。如迎接新年到来的"元旦文艺晚会"，应该既要回顾过去一年的成绩，还要喜迎新年的到来，可以"收获""钟声""迈向辉煌"等为主题；欢送毕业生的"毕业晚会"，要突出学生顺利完成学业而即将走向社会的喜悦和憧憬，深情表达对母校的留念之情，可以"再创辉煌""一路走好"等为主题；纪念"五四"或"七一"的文艺晚会，要突出爱国的主题，可以"青春之歌""红旗颂"等为主题。

（二）积极搞好晚会各项准备工作

在确定了晚会的主题和演出时间、地点后，就要积极做好一系列准备工作。具体包括：

（1）及时印发文件，以展板、海报等形式搞好宣传，扩大晚会影响力，吸引广大潜在受众关注和参与到晚会中来。

（2）征集晚会节目或下达节目任务。认真策划晚会的节目形式，广泛动员和安排相关单位或部门进行节目准备。若参加的节目较多，要组织人员对节目进行初选，确定正式演出节目。若按照节目形式下达的任务，则要组织人员加强节目准备情况的检查和指导，确保节目质量。在确定正式节目后，要设计制作好节目单。

（3）晚会正式举行之前，组织节目进行彩排，并请专业老师对节目进行指导。彩排后，要对节目演出中的问题进行分析，提出下一步工作要求。

（4）确定工作人员。晚会需要一大批工作人员，主要有：舞台总监、主持人（包括主持人的确定和训练、主持人服饰的设计和化妆、台词的编写等）、舞台联络、灯光、音响控制、话筒保管、服装、化妆、摄影摄像、礼仪服务、领导和评委的邀请等。演出前要对工作人员进行培训，提出工作要求。

（5）精心设计、布置晚会舞台。舞台布置要突出主题，力求简洁大方，且有较强的创意。

（6）作好演出场地的安全检查、设施设备的装备。

（7）作好安全工作预案，对演出中的安全值班和易出现的安全问题进行考虑。

（三）做好正式演出的组织工作

（1）安全保卫工作的落实和紧急情况应急措施的准备工作。

（2）做好观众组织工作，最好是观众凭票入场，禁止闲杂人员扰乱会场秩序。

（3）确保所有工作人员、演出人员、领导及评委按时入场。

（4）作好舞台演出的指挥，随时检查各工作环节，确保按照预定方案演出，若发生紧急情况要灵活处理。

（四）做好演出后的各项工作

大型文艺晚会演出结束后，一般情况下组织人员会在思想上有所放松，对演出后的工作考虑不多。文艺晚会演出后，要做好以下工作：

（1）做好演出场所的清理工作，避免各种安全隐患，如观众是否完全离场、水电是否关闭等。

（2）及时公布演出结果，对演出的优秀节目进行表彰和奖励。

（3）做好晚会的总结工作，对晚会组织的各工作环节进行经验总结，发现问题，提高组织类似活动的能力。

二、文艺晚会主持人应变实例

（1）2006年在上海的某个活动现场，主角某明星让众人苦等20余分钟，为了圆场，现场主持人央视名嘴董卿"被迫"现场放歌。在浦东召开的某活动现场，眼看会议流程已到了某明星出场的时刻，却不见美人踪影。长达20余分钟的等待就此上演，期间董卿多次半开玩笑说："她怎么还不来，到底是不是住这个酒店？还是在来的路上？"迟迟未见某明星的身影，观众显然有些不耐烦，更有甚者将目光转移到现场的美女主持董卿身上。"董卿，你唱一个吧。"一听这话，董卿立刻机智回应："不行的，主持人是'说的比唱的好听'。如果今天我唱了，明天各大报纸会说董卿说不好，只能现场卖唱了。"台下观众也"不甘示弱"，"没关系，你比她名气还大呢。""那这样,我给大家出一道脑筋急转弯,答对了我就唱。"无奈之下,董卿只得现场出题,笑问大家"林黛玉是怎么死的","摔死的",台下数人异口同声,眼看已经没法推托,董卿只能清唱《但愿人长久》,虽然不是专业歌手,但她的歌声也让在场观众欢呼不已。有了董卿的救场,该明星的迟到风波才得以平息。董卿现场调侃说,是该明星给了她唱歌的机会。

(2)当法国著名歌星多罗黛正款款地走向舞台中央时,音响设备却不知何故"轰"地轰天一响,多罗黛以特有的幽默举起双手做了个打枪的手势,曹可凡灵机一动,当即发挥道:"多罗黛小姐,刚才是上海观众对您的到来表示欢迎,鸣礼炮一响。"话音刚落,全场一片掌声,一场尴尬轻松化解。

(3)2009年央视春晚进行的第二次带观众联排也有技术意外,舞蹈《蝶恋花》需要LED屏幕的配合,在登场之前,电脑技术方面出现问题导致节目卡壳。还好董卿幽默地打圆场:"这个技术是第一次应用到舞蹈中,既然是第一次,就要面临许多问题。我们稍等一下。我觉得今天现场的观众都是最幸运的,你们看到的这个(失误)是别的观众看不到的,是真正的幕后。"这也是通过幽默话语巧妙化解尴尬气氛。

(4)元旦迎新晚会上由于时间问题,在跨年钟声敲响前,突然长出了两分半钟的时间,需要董卿救场发挥。当董卿开始大方自如地自由发挥时,耳麦里突然传出导播的误判:"不是两分半钟,只有一分半钟了。"董卿连忙调整语序,准备结束语,而此时耳麦里再度传来更正:"不是一分半,还是两分半!"董卿临危不乱,走到舞台两头给观众深深鞠了两躬,表示节目组的感谢,这样一个小小的肢体停顿,让她在紧急中控制住了节奏,加上流畅的语言表达,成为主持学上一个完美的案例。

(5)以下这个案例是倪萍对一次主持《综艺大观》的回忆:

"记得1995年初我们曾做过一次以母亲为主题的《综艺大观》,导演是刘铁民。我非常喜欢这类有人情味的主题节目,当节目快结束时,导演急匆匆地告诉我还剩余三分多钟时间,可是已经没有节目了,让我即兴发挥,把这三分多钟的时间填补上。三分多钟,生活中就一眨眼的工夫,可在电视上,在直播现场,三分多钟,太长了,说什么,多少话才能填满这三分多钟呀。直播就是战场,你来不及周密策划,在场上你也找不到任何可以商量的人,最重要的是观众并不知道你是临场发挥,他依然要你准确得体,职业要求你必须具备这种能力。而现场你不能有片刻的停顿,我一边往台上走,心里一边激烈地盘算,说什么? 对,说观众,我走向了观众席。

"'我想知道,今天在场的观众朋友们,有哪位是陪同母亲一起来看《综艺大观》的?'此时,我脑子里迅速在作着下一步的打算,如果一个也没有,我会如何? 如果有,我该说什么?

"观众席上一位清秀的小伙子站起来,'我!'

"我惊奇地说'是吗? 可不可以把你的母亲介绍给大家?'

"小伙子看了看母亲,说:'可以。'

"'请这位母亲站起来好吗?'那位母亲笑盈盈地在观众热烈的掌声中站了起来。

"'这位妈妈,我们都为您自豪,您有这么好的儿子真幸福啊! 小伙子,孝敬老人是最受人们尊敬的,我们都应该向你学习,请坐下。'他们母子又在热烈的掌声中坐下了。

"我回头看了看导演,他还示意我再说点什么,因为时间还有一分钟。说实话,往下再说什么,我已经很自如了。因为那时我和观众一起感受着这份中华民族的美德,我的心被感染着。想到电视是对着千千万万个家庭,对着千千万万个有父母的儿女,我激动了。我转向了镜头:'儿子带母亲来看节目本来不算什么了不起的事,但我常常在我们的演播厅里看到的却是一对对情侣,一对对夫妻,有的是父母带着孩子,我却很少看见儿女陪着父母来的。其实,老人更需要多出来走走,他们更愿意来看看电视台是什么样,演播厅是什么样,倪萍是什么样,我希望从今天以后能在这里见到更多的孩子陪着父母来……'

"导演给我手势,这个时间填满了,我松了一口气,导演也很满意。"

三、文艺晚会主持词实例

2014 年央视"3·15 晚会"主持词(开场)

王小丫:现场和电视机前的观众朋友们,大家晚上好。这里是中央电视台、中国网络电视台为您现场直播的 2014 年"3·15 晚会",欢迎大家的收看,欢迎大家的光临。每一年的 3 月 15 日,我们大家都非常期待,这一天又有哪些消费陷阱被曝光,又有哪些消费黑幕被揭穿,而我们作为普通的消费者在消费的过程中,又有着怎样的消费酸甜苦辣。

陈伟鸿:我相信其实很多人都会有类似的期待,因为在生活中,我们每一个人都是消费者,当 3·15 来临的时候,我们的心情有那么一些五味杂陈。一方面,生活中我们的"吃穿住行"都离不了消费;但另一方面,有的时候消费又常常会带给我们一些委屈、愤怒,甚至是难以抹平的伤害。为了让我们的消费环境更加完善和健康,我们将今年 3·15 晚会主题定位为"让消费更有尊严"。

欧阳夏丹:消费看上去非常简单,就是掏钱买东西,一手交钱,一手交货,但除了这些外,人在消费的时候彼此交换的还有信任和尊重,毕竟谁都不希望在别人的眼中自己是一只待宰的羔羊,或者被踢来踢去的皮球,大家渴望的是诚信守信的消费环境。

谢颖颖:确实如此,每个人都是消费者,维护消费尊严就是维护大家共同的尊严。在 20 年前的今天,也就是 1994 年 3 月 15 日,我们迎来了《消费者权益保护法》,为维护大家的消费权益提供了法律武器。20 年后的今天,我们又迎来了新的《消费者权益保护法》的正式实施,我们的《消费者权益保护法》在升级,我们的法律武器也在升级。

王小丫:是的,这是一场全社会集体大行动。共同主办今年 3·15 晚会的还有最高人民法院、最高人民检察院、全国人大常委会法制工作委员会、国家卫生和计划生育委员会、工业和信息化部、公安部、司法部、农业部、商业部、国家工商行政管理总局、国家食品药品监督管理总局、国家质量监督检验检疫总局、国务院法制办公室、国家知识产权局、中国消费者协会等政府部门和相关机构,欢迎大家。

陈伟鸿:每一年的3·15都是我们消费者自己的节日,在今年的3·15晚会举办之前,我们特别联合中国消费者报以及搜狐新闻客户端,共同发起了3·15维权成本大调查。欢迎大家拿出自己的手机,扫描屏幕下方的二维码,把您消费维权过程中的经历,以及您付出的成本和代价,以及您的心愿,一起告诉我们,让我们可以做得更好。

欧阳夏丹:可以登录我们的央视网,来同步收看我们的晚会。同时,您还可以通过腾讯微信,以及新浪微博,把自己的笑容和消费的心愿传递给我们。

谢颖颖:今天全国工商系统六万多名干部将会和3·15晚会一起来守护您的权益,今天晚会现场还有36部热线电话,这将是您申诉举报最畅通的渠道,我们的电话号码010-12315,让消费更有尊严,3·15我们期待您的参与。

陈伟鸿:墨子说,"信者,诚也"。这两个字合在一起其实就是我们常常所说的诚信。在很多人的眼中可能诚信没有大小、多少、高低之分,但是至少诚信会有0和1的区别。比如说如果一家企业他们在诚信上失了分,那么不管这家企业规模多大、招牌多么闪亮,在消费者心目当中的位置终究会被归零的。反过来我们再看,哪怕这家企业现在规模很小,可是它一直都秉持着诚信的理念,即便它很微小,它在我们消费者心目中的地位也是屹立不倒的,我想这就是诚信的力量。今年的3·15晚会,让我们再次聚焦诚信,再次从诚信出发,一同来拷问经营者的所作所为。

王小丫:其实,这个食品的产业链就像一条河,从进口的源头到中间的批发再到下游的生产,其中任何一个关口只要把得住诚信,这些过期的东西都不会流向消费者。这次调查当中,我们的行动也得到了国家食品药品监督管理总局的大力支持,而此刻就在我们的晚会直播的时候,当地的执法部门已经把刚才我们看到的这些曝光的企业进行了处罚。我们知道民以食为天,而食品安全还大过于天。而在今年李克强总理的《政府工作报告》中再次强调,我们要用严格监管、最严厉的处罚以及最严肃的问责来保证我们老百姓餐桌上的食品安全。好,接下来进行我们本场晚会的第一次权威发布。

谢颖颖:平常我们买到的产品上面的那些数字不仅仅是一个生产日期,或者是保质期,其实它更是一种诚信,我们说到这个诚信是用这些日期来保证的。但是同然,我们前不久在北京市出入境检验检疫局的监管当中发现有一批进口奶粉的保质期被篡改了,那么监管部门对此会采取什么样的措施呢? 接下来我们有请国家质量监督检验检疫总局办公厅主任、新闻发言人陈熙同先生来告诉我们,有请。

…………

"飞天奖"颁奖晚会主持词(节选)

董卿:尊敬的各位领导,各位来宾,

李咏:来自全国电视剧领域的同仁们、朋友们。

张泽群:欢迎大家走进梦幻的水立方,

春妮:共同欢庆中国电视人的盛大节日。

董卿:今晚的水立方碧波荡漾,星光灿烂;我们将在这里隆重举行中国广播影视大奖·第27届中国电视剧飞天奖颁奖盛典。

李咏:美丽晶莹的水立方曾经放飞过太多太多我们的光荣与梦想,今天在这里,又将见证中国电视剧的兴盛与辉煌。

张泽群:本届飞天奖由国家广播电影电视总局主办,由中国电视艺术委员会、中央电视台、北京市委宣传部共同承办。

春妮:诞生于改革开放年代的飞天奖,与时代同步,与祖国同行,它不断推动中国电视产业走向兴盛,它也代表着中国电视剧艺术的最高成就。

董卿:今年的飞天奖也有着它特殊的意义,适逢新中国60周年大庆,所以我们也把它看成所有的电视人为共和国六十华诞献上的一份厚礼。

李咏:岁月如歌,江山如画。中国电视剧正是以一幅又一幅画面展现了新中国发展史。

张泽群:中国画面,是一个自豪的称呼,是一个生动的写照。

春妮:在这里,让我们共同祝愿中国广播影视大奖·第27届中国电视剧飞天奖为中国画面增添更光彩夺目的新篇章。

董卿:接下来让我们一同来欣赏各位影视表演艺术家为我们带来的音画朗诵《中国画面》。

(音画朗诵·中国画面)

董卿:仿佛是人物的独白,却也道出了时代的心声,再一次感谢各位。观众朋友,第27届中国电视剧飞天奖是对2007—2009年度中国电视剧创作的一次集中巡礼和检阅。

李咏:角逐本届飞天奖的电视剧作品,无论从选题的广度还是从思想挖掘的深度都可以说达到了一个相当高的艺术水准,竞争势必会非常激烈。

董卿:入围本届飞天奖的作品有189部,5 129集,而从质量上看,无论是《金婚》《潜伏》《士兵突击》《北风那个吹》几乎每一部都引发了街头巷尾的热议。

李咏:接下来我们要颁发的是中国广播影视大奖·第27届电视剧飞天奖——长篇电视剧奖。

董卿:有请开奖嘉宾,著名影视表演艺术家于洋、蒋雯丽。

(中间略)

张泽群:中国电视已经走过了51年的辉煌历程,特别是改革开放30多年来我们的电视剧取得了飞速的发展。今天,中国电视剧已经成为当代中国的主流艺术。

春妮：所以我们看到很多思想精深、艺术精湛、制作精良的电视剧作品。接下来我们将要开启的是获得本届飞天奖二等奖、三等奖的长篇电视剧。

张泽群：获得本届飞天奖二等奖的长篇电视剧是《北风那个吹》《战争目光》《井冈山》《漂亮的事》《李小龙传奇》《台湾1895》《彭雪枫》《国家行动》《奋斗》。

春妮：获得三等奖的长篇电视剧是《我是太阳》《中国往事》《特殊使命》《走西口》《大工匠》《春早》《绝密押运》《郭海的家事》《东归英雄》《美丽人生》。祝贺大家！

张泽群：我们都不会忘记不同寻常的2008年，这一年让所有中国人悲喜交加，在这一年我们中国电视剧与祖国和人民同呼吸共命运，在第一时间创作了与时代同步的作品，显示了当代电视剧工作者的使命感和责任感。

春妮：有一部纪实系列片《震撼世界的七日》，它记录了震惊中外的汶川大地震，还有一部作品《奥运在我家》，它表现的是北京奥运会期间全民参与的热情，所以本届飞天奖也特别授予这两部作品特别奖。让我们用掌声向他们表示祝贺，接下来让我们有请著名歌手毛阿敏为我们带来电视剧渴望的主题曲《悠悠岁月》。

（中间略）

董卿：悠扬的歌声仿佛一下子又把我们带回了1991年的那个冬天。

李咏：《渴望》我看过，当时是万人空巷。

董卿：的确是，《渴望》这部电视剧当时也被评论界称为首部中国电视室内剧，你看，时间将近过去了20年，如今的电视剧品种和形式可以说是越来越多了。

李咏：比如系列电视剧一集讲一个故事，还有中短篇电视剧非常适合现在快节奏的生活。

董卿：另外还有戏曲电视剧，也是让戏曲借助电视这种传媒优势将传统文化推广到更多观众。

李咏：还有少儿电视剧，不管是什么形式的电视剧都有特定的收视群体，可以说我们的电视剧工作者为了满足不同人群的收视需要真是煞费苦心。

董卿：接下来我们将要为大家开启的是第27届中国电视剧飞天奖系列电视剧、中短篇电视剧、戏曲电视剧，少儿电视剧和译制片奖。

（中间略）

李咏：回顾中国电视剧走过的道路，我们油然而生的感受就是无限的感动和骄傲。

张泽群：展望中国电视剧美好的前景，我们信心百倍，我们将超越梦想，让飞天与时代一起腾飞。

春妮：新中国成立60周年的大庆之年的日子正一天天向我们走来，我们正满怀激情地期待那庄严而神圣时刻的到来。

董卿：理想在前方召唤，祖国在我们心中。

李咏：由国家广播电影电视总局主办，由中国电视艺术委员会、中央电视台、北京市委宣传部承办的中国广播影视大奖·第27届电视剧飞天奖颁奖盛典到此结束。

张泽群:我们祝愿大家身体健康,工作顺利!

春妮:祝愿新中国六十华诞幸福美满!

董卿:祝愿伟大的祖国繁荣富强!

合:朋友们,再见!

欢乐中国行(节选)

董卿:观众朋友大家好!欢乐中国行,快乐在进行!随着陕西民歌《山清水秀太阳高》的熟悉旋律我们来到了秦岭、巴山之间的神奇大地——陕西的安康市。安康这颗镶嵌在秦岭的绿宝石,有着"万年丰乐、安宁康泰"吉祥寓意的名字,是秦巴汉水造就了这里奇妙的自然生态环境,集秦风楚韵于一身。包容并蓄的深厚文化底蕴,无处不透露出安康的与众不同。在安康第九届龙舟文化节开幕和端午佳节的日子里,我们将为大家如数家珍地从各个方面来说一说安康的独特之所在。首先让我们有请凤凰传奇带来《自由飞翔》!

(中间略)

董卿:如果你来到安康,第一个出乎意料的地方是,你会很惊奇地发现,秦岭之南,巴山脚下,汉江之滨的安康:山,奇秀多姿,峰峦叠嶂;水,江河如带,蜿蜒缠绕;树,四季长春,层层叠翠。一派江南水乡的温柔景色,然而又不失大山汉江之滨的安康俊秀。南宫山、香溪洞、千家坪、凤凰山、擂鼓台、碧水蜿蜒、绿野连绵,既有北方的雄浑,又透出南方的秀美,真是适宜人居的好地方!恍惚间我们会不知自己身处何方,究竟是南方还是北方,这就是安康的第一奇——南北兼备,东西交融。所以,无论你是哪里人,来到安康都会感到似曾相识的熟悉,感受到一份暖暖的阳光,就让我们在这里一起度过一段最美的时光!下面让我们掌声有请满江,为我们带来《最美的时光》。

(中间略)

董卿:短短一分钟的时间我们就初步了解了非同寻常的安康,不过安康有太多的惊喜在等着我们,若要真的认识它,一分钟哪里够啊?我们在接下来的时间里继续为您诉说安康的与众不同。掌声有请徐誉滕带来《等一分钟》!

……

思考题

1.舞台主持与电视节目主持对主持人的要求有什么不同?

2.舞台主持中,主持人怎么才能更好地调动现场观众的气氛?

3.在生活中,如何练习主持人的救场应变能力?

第三章

会议主持

　　会议是由具有共同目标,要达到共同目的的一定数量的人员汇集一起,为解决某一问题或商讨某一决定而形成的集会。会议主持是常见的一种日常主持形式,主持人在会议中的主持一般体现为会前、会中、会后三个方面。

　　由于目的和形式的不同,会议的种类也非常多,具体来说会议主持分为:商务会议主持、赞助会主持、展览会主持。

第一节　商务会议主持

一、商务会议主持与商务会议主持人

　　一般来说,把带有商务性质的主持统称为商务会议主持。比如公司年会、产品发布会、公司培训会议等。

　　商务会议主持人和许多媒体的主持人从某种意义上来讲是一样的,所从事的都是主持工作,都要有一定的专业素质和工作能力,只不过他们不像那些活跃在电视荧屏上的同行那样广为人知,这一点是受到工作性质和行业特点制约的。随着现代人们物质生活和精神生活的不断提高,对商务活动的要求也在不断提高,人们的主观欣赏水平也在提高,因此,也就给主持人这个职业提出了更高的要求。

二、商务会议主持人的任务

　　在这种会议上,主持人只是一个"配角",只不过在开头和结尾部分有点"戏"。会议主持人在这种场合说话总的原则是:少而精。宣布程序、布置任务要简洁明了,说明背景、概括

内容要提纲挈领;介绍人物、点评报告要言简意丰。

在具体操作上,应把握好两个环节:会前介绍和会后小结。

（一）会前介绍

主讲人是会议中的"主角",与会者急于目睹的是主讲人的风度形象,急于了解的是会议程序及主讲内容,因而主持人的当务之急是迅速把主讲人推上前台,把主讲题旨公之于众。而最简易的操作办法就是实话实说。如:"同志们,今天的大会议程有两项,第一是行政工作报告,第二是党委工作报告。大会大约需要两个小时。下面就请×××院长作今年的行政工作报告,报告的题目是'××××××',大家欢迎。"这样的大白话、大实话,听起来没有什么特色,但与会者也不会挑剔。因为它适合主持人的身份和当时的场合,是常用的基本方法。

当然,有些时候,主持人还兼有活跃会场气氛,调动听众积极性的重任,尤其是对与会者不太熟悉的主讲人,对大家普遍关心的热点问题,主持人若能巧妙地开个好头,为主讲人出场创造出良好的气氛,就能倍增会议效果。如某大学从外校请来一名教授给学生作《红楼梦》的学术报告,主持人是这样介绍的:"同学们,据我所知,世界上专为某个作家成立而且其影响经久不衰的学会只有两个,一个是研究莎士比亚戏剧的莎学会,一个是研究中国曹雪芹《红楼梦》的红学会。《红楼梦》是咱们国家文化宝库中的宝中之宝,是一部百读不厌的优秀著作。《红楼梦》共一百二十回,数十万字之巨,我们设想一下,生活当中有没有人真的把《红楼梦》读了一百遍? 我告诉大家:有! 今天我们请来的唐教授,一生痴爱《红楼梦》,读了不下一百遍,甚至能把其中的大部分内容熟练地背出来。唐教授对《红楼梦》很有研究,出版了六部专著,发表了四十余篇论文,是国内外知名的'红'教授。现在我们就欢迎唐教授来给大家讲一讲'大学生如何欣赏红楼梦'。"

这段介绍有三巧:第一,通过莎学会与红学会的介绍,再一次唤起听众对《红楼梦》的自豪之感和热爱之情。第二,抓住"百读不厌"这个成语,望文生义,设置悬念,然后亮出真相,令人肃然起敬。第三,把唐教授巧妙地说成"红"教授,顺理成章,既轻松幽默,又使人备感亲切。

另外,在会前介绍中有些主持人介绍领导人喜欢用"非常非常荣幸""重要指示"等字眼,介绍专家喜欢用"最最著名""国际大师"等字眼,而介绍先进人物则往往把他们说成似乎是不食人间烟火的圣人。主持人对主讲人的身份地位,成就事迹作一些实事求是的介绍,对他们的光临表示感谢和欢迎,是完全必要的,关键是要把握好"度"。

（二）会后小结

会后小结比会前介绍难度更大,出问题也多在这一环节,主要有三个原因:第一,听众坐了很长时间,身心比较疲倦,加之主报告已毕,注意力难再集中,人心思走,盼望的是早点散会。第二,"主角"退场,让出了"舞台"和"观众",很容易刺激起"配角"的"表现欲"。第三,主报告已确定了会议的主旋律,主持人的小结要紧扣主题,但他们往往准备不够充分,常常是说得越多,失误越多。此时此刻,主持人一定要善于控制自己。

小结时一般不宜作过多评价,且评价宜粗不宜细,尤其是下级对上级、外行对内行的报告作评价更应慎重。另外,无论是点评还是小结,最好使用概括性强、提纲挈领式的语言,既节省时间,又便于巩固或升华会议内容。

如"同志们,刚才××给我们做了一场生动形象、很有教育意义的报告,从他身上体现出了四种精神,这就是:把癌症当作纸老虎的斗争精神,把荣誉当作起点站的进取精神,把金钱当作淡水的洒脱精神,把事业当作生命的实干精神。这些精神都非常值得我们学习,××同志不愧是我们学习的榜样。让我们再一次以热烈的掌声对××同志表示衷心的感谢和崇高的敬意——会议到此结束,散会"。

三、商务会议主持人的主持技巧

(一)商务会议主持人要果断而自信

在会议开始前,会议主持人可以先用几秒钟的时间面带微笑地审视一下会场的与会者,表情友好真诚,这样做可以起到两个作用:一是让与会者感觉到自己对他们的尊重;二是可以给自己留一点空间。在扫视会场时,可以让自己在瞬间调节情绪,更好地发挥自己的主持才能。

(二)准时宣布会议开始

会议是否准时开会,是与会者最为关注的问题,很多主持人不能准时开会,令与会者不满。有的主持人认为推迟会议,责任不在自己,他们的理由是责任不在我,因为还有人没准备好,要等他们。

这种自我开脱并不是理由。要真的面临这种情况时,比如,临时出现了某人的演讲稿需要改或是演讲的人迟到了等问题时,主持人可以向与会者微笑数秒钟,表示自己和他们一样,也在期待着早点把信息传递给他们。如果能由主持人来指出演说后会有答疑时间,可以利用开会前的这段时间声明,请与会者在那时提问。

(三)准确把握开场白的内容

会议气氛是否轻松愉快,决定于支持人的开场白。在会议开始的时候,主持人为了同与会者拉近距离,可以先介绍一下自己的情况,也可以让与会者互相介绍,以便于他们能互相认识。

开场白应包含的内容如下:

(1)如果眼前的会议与以前的会议内容有关,主持人可以简要地概述一下上次会议的结论。

（2）明确地说明这次会议所要讨论的主题或要解决的问题。

（3）指出此次会议的目的,声明已安排了紧凑的会议事项。

（四）集中精力解决问题和提出行动计划

当主持人告诉与会者应该采取什么措施时,应使用合理的方法,启发他们思考解决的办法以及应采取的行动。也可以在提出问题的解决办法后向与会者作出解释,向他们提供一些解决问题所必需的信息。

（五）让与会者具有参与意识

主持人应该在会议准备工作时,为了使自己的主持更成功,不妨让与会者多说自己的观点,增强他们的参与意识。一次成功的主持意味着让与会者也能参与到所讨论的问题中来。主持人要明白,与听众沟通得越少,自己得到的支持也就越少,对与会者的了解就越少,取得的成功也就越小。

四、商务会议主持示例

各位领导、同志们:

大家新年好!

今天,我们在这里隆重召开商务局全体干部、职工大会。会议主要是为了总结 2012 年的工作,部署和安排 2012 年的工作。

今天,抽出宝贵时间前来参加这次会议做指示的领导有:×××,×××,……

在开会之前,我强调三条会议纪律:

一是请与会人员把通信工具全部关闭;二是不准早退、走动、讲小话;三是请大家认真听、认真记。

下面,我宣布,××县商务局 2012 年全体干部、职工大会正式开始,大会进行第一项:请局长×××同志做工作报告。

刚才,局长做了一个很好的报告,报告实事求是地总结了 2012 年的商务工作;认真分析了当前的国际国内经济局势;对 2012 年的工作做了全面的部署和安排,对如何搞好今年的商务工作提出了具体要求,请大家仔细领会,认真落实。

下面,会议进行第二项:请副局长、党组副书记×××同志宣读表彰决定;第三项:给先进集体和先进个人颁奖;刚才,我们对 2012 年度的先进集体和先进个人进行了表彰,希望受表彰的单位和个人戒骄戒躁,继续努力,为我县的商务工作作出更多更大的贡献;同时,也希望在座的全体同志以他们为榜样,向先进学习,迎头赶上。

第四项,请定屠办、民爆办、市场服务中心、酒管办向局长递交综合治理、安全保卫、计划生育责任状。

下面,会议进行第五项:请县长做指示;县长对商务工作作了重要指示,他强调:一、把握一个基调——坚定信心，迎难而上，切实把思想和行动统一到中央和省、县决策部署上来；二、突出一个主题——抢抓机遇，科学发展，找准推动商务工作平稳较快发展的着力点；三、强化一个保障——凝心聚力、营造氛围，优化商务经济平稳较快增长的环境。我们要按照县长的指示要求，在工作中认真组织落实。

会议进行第六项：请市商务局副局长×××同志做指示。

大会议程全部结束，散会！

会议到此结束，散会。

第二节　赞助会主持

一、赞助会与赞助会主持人

赞助是现代社会慈善事业的重要组成部分之一。某一单位拿出自己的资金、物品对其他单位或者个人进行帮助和支持，不仅可以扶危济困，体现出高度的社会责任感，也有助于树立企业良好的公众形象，提高知名度和美誉度。为了扩大影响，企业在公开进行赞助活动的时候，往往会专门举行一次正式的会议，这种以赞助为主题的会议，就是赞助会。

一般来说，企业热衷于赞助的事项大致有以下十类：公益事业、慈善事业、教育事业、科研活动、专著出版、医疗卫生、文化活动、展览画廊、体育运动以及娱乐休闲。赞助的形式包括现金、实物、义卖和义工。

赞助会通常由受赞助者或者中间人出面承办，赞助者予以支持。赞助方要在前期论证研究的基础上，根据既定的赞助政策和赞助方向认真制订赞助计划；而受赞助方即主办单位要了解赞助计划的具体内容，并进行审核。审核的内容主要有：赞助方的资质、赞助能力和所参与的赞助项目；赞助方是否符合赞助活动的主旨，是否合法；赞助的具体方式是否得当；赞助方提出的赞助要求能否接受；时机是否妥当；如果是实物，是否合乎受助者需要等。最后，要对赞助活动产生的社会影响进行估计。

赞助会的举行地点，一般选择赞助单位的会议厅或租用社会上的会议厅，布置得简单庄重即可，不要铺张，给人以作秀之感。主席台正上方需悬挂一条大红横幅，印上"××单位赞助××项目大会"或者"××项目赞助仪式"的字样。除赞助单位、受赞助者双方的主要负责人及员工代表之外，赞助会应当重点邀请政府代表、社区代表、群众代表以及新闻界人士参加。

赞助会主持人一般都是由受赞助单位的负责人或公关人员担任，有时也会请形象良好、热心公益的社会知名人士担任。除了一些原定的赞助方，也会有现场拉赞助的可能，至少是呼吁社会的关注和支持。因此，主持人要把对赞助方的感激之情用语言表达出来，还要调动现场与会者的积极性，激发人们的责任感，营造志愿受助方的气氛。主持人的形象也要严肃认真,穿着正式、落落大方。

二、赞助会会议流程及主持人的任务

赞助会的一般流程是:

(1)与会者各就各位,贵宾到主席台上就座后主持人宣布会议开始;

(2)奏国歌,之后可以演奏本单位标志性歌曲;

(3)主持人请赞助方代表首先出场,赞助单位宣布赞助的方式和数额,阐述赞助目的和动机,也可对本单位进行简略介绍;

(4)随后受助方代表上场,双方用标有一定金额的巨型支票或实物清单进行简单地交接;

(5)受助方单位代表发言,表达对赞助单位的感激,将赞助物资落到实处的决心和举措;

(6)来宾代表发言,或者邀请政府有关部门的负责人讲话,主要是肯定赞助单位的义举,同时呼吁全社会积极倡导这种互助互爱的美德;

(7)赞助会宣告结束,主持人与赞助单位、受赞助单位的主要代表和主要来宾一起合影。

注意:赞助会结束后一般不安排宴会,来宾和主办方稍事晤谈后即可告辞。主持人要注意把握时间、推进议程,不要超过一个小时。

三、赞助会议主持人的主持技巧

(一)训练自己良好的口才

赞助会现场很有可能会需要现场拉赞助,面对这种情况主持人要学会调动现场的积极性,同时也要组织语言,将受赞助方的感谢表达出来,这就需要良好的口才,一般来说,在赞助会上,主持人不需要说特别多的话,但适时地表达出赞助方和受助方的想法,对口才还是有一定要求的。

(二)要端正自己的态度

赞助会是一个严肃的会议,要求主持人不能嬉皮笑脸,不能随意调侃,要注意自己的态度,营造庄重、严肃的现场氛围。

(三)注意语言选择

在赞助会上主持人要尽量选择口语来表达,不要用过多书面语。这样可以拉近人与人之间的关系,比如主持人和与会的来宾之间的关系,再比如赞助方和受助方之间的关系。同时,不要讲过多的空话套话,过于形式主义。一般来说,受助方是弱者,主持人应调动现场来宾的情感,激发大家的道义感和责任感。

四、赞助会主持示例

学生用船捐赠仪式主持词

各位领导、同志们：

大家好！

今天我们在这里举行济宁市航运局向微山县鲁桥镇黄河小学捐赠学生用船仪式。出席今天捐赠仪式的领导有：

（略）

近年来，济宁市航运局在加强自身建设的同时，更加关注微山县教育事业的发展，关心我们湖区孩子们的成长。市局领导曾多次深入湖区开展调研活动，在了解到我镇黄河小学具体情况后，决定向该小学捐赠一艘学生用船，用以解决我镇黄河、湖西两村多名学生上学难的问题。今天，学生用船已正式交付使用。下面，我宣布捐赠仪式正式开始。

仪式进行第一项：请市×××讲话。（大家欢迎）

仪式进行第二项：请县×××讲话。（大家欢迎）

仪式进行第三项：请市教育局×××讲话。（大家欢迎）

仪式进行第四项：请微山县鲁桥镇黄河小学校长×××发言。

仪式进行第五项：由×××为微山县鲁桥镇黄河小学颁发学生用船证件证书。（同时鸣放鞭炮）

同志们，与人玫瑰，手有余香，奉献爱心，收获希望。我们从这一捐赠义举中，从市、县领导的殷切希望中，从黄河小学校长的真诚致谢中，看到了政府对教育事业发展的爱心、关心、责任心，看到了学校教师和同学们报效祖国、回报社会的信心和决心。我们深信，一定会有更多这样的义举，为湖区贫困学生捧起一片晴朗的天空。我们深信，黄河小学学生一定会不忘恩情，珍惜机会，好好学习，天天向上，以优异的成绩报效祖国！

第三节　展览会主持

一、展览会

展览会是组织或个人为了展示成就、产品实力或者作品等，所组织或参加的宣传性聚会，是通过集中陈列实物、模型、文字、图像、影像资料和示范性的表演等供人参观了解的平台。对企业来说，展览会多角度、多层次利用了多种传播媒介，是一种十分直观、形象的复合型传播方式，展览会上的展品琳琅满目，可供触摸、试用、品尝和体验，非常具有娱乐性和吸引力。展览会可以分为不同的种类。

（一）根据展品的种类多少分类

根据展品的种类多少，展览会可以分为单一型展览会和综合型展览会，单一型展览会往往只展示某一大门类的产品、技术或专利，而具体的品牌，型号和功能有所不同，如化妆品、汽车等，参展单位通常是同一行业内的竞争对手。综合型展览会是一种包罗万象的展示多种门类产品、技术或专利的大型展览会，与前者相比更注重参展单位的综合实力。

（二）根据展览会的规模分类

根据展览会的规模，展览会可以分为大型展览会、小型展览会和微型展览会。大型展览会通常是由社会上的专门机构承办，其参展的单位多、项目广，因而规模较大。参展单位必须经过申报、审核、批准等一系列程序，有时还需要支付一定的费用。小型展览会一般由某一单位自行举办，其规模相对较小，展品主要代表主办单位最新成果。微型展览会是小型展览会的进一步微缩，一般不在社会上进行展示而是在本单位展览馆或荣誉纪念室进行，用于教育本单位员工，供来宾参观。

（三）根据参展单位所在的地理区域分类

根据参展单位所在的地理区域，展览会可以分为国际性展览会、洲际展览会、全国性展览会、全省性展览会和地方性展览会。规模较大的国际性和全国性展览会往往被称为博览会。

（四）根据展览会所占场地分类

根据展览会所占场地，展览会可以分为室内展览会和露天展览会。室内展览会大都设计考究，布置精美，不受时间和天气的制约，但费用较高，适合展示价值高昂，制作精美的展品。露天展览会场地较大，不必为设计布置场地花费较多，适合展示大型展品或需要以自然界为背景的展品，如花卉、农产品、工程机械、大型设备。缺点是受天气等自然条件影响较大，极易使展品丢失或受损。

（五）根据展览会举办的时间长短分类

根据展览会举办的时间长短，展览会可以分为长期展览会和定期展览会。长期展览会大都常年举行，展览场所固定，展品变动不大。定期展览在某一特定时间举行，其展览会主题大都固定不变，但允许变动场所、展品内容。

除此之外，个人作品展、书画展、收藏品展等也是一种展览会，这些展览会规模较小，一般不设主持人，只要在展览会开始前举行开幕式即可，由观众自由参观、欣赏。

二、展览会主持人的任务

对于商家而言，展览会的主持人和产品会作为整体形象进入观众的眼帘，所以，对于一个成功的展览会而言，展览会主持人的首要任务是要维护参展单位的整体形象。

展览会的主持人有时还要代表参展商回答来宾的提问等，所以要时时注意自己的言行举止，礼貌用语等，以热情服务为自己的天职，而不是什么高高在上的主持人。

三、展览会主持技巧

（1）展览会往往是新闻媒介追踪报道的对象，是企业和单位建立良好的形象或打开产品销路的有效途径，所以对展览会主持人的要求较高。主持人要有良好的身形条件，穿着打扮应大方得体，态度诚恳亲切，以赢得观众的信任。不仅是主持人，在展位上工作的人员也应该统一着本单位制服或深色西装套服，佩戴标明本人单位、职务、姓名的胸卡，礼仪小姐除外。

（2）因为展览会提供了与公众直接进行双向沟通的机会，在商务性的展览会上，展览者还可以了解消费者的需求，搜集市场信息，直接听到社会对新产品或样品的反馈。所以，一般来说，展览会的主持人要富有亲和力和良好的沟通能力，不仅善于传播理念，也要善于倾听。

（3）主持人事先一定要了解展览会的性质目标、展品的性能特点、宣传资料等，还要多作巧思，平铺直叙和照本宣科会使主持词显得枯燥无味。

（4）如果是讲解员，在向观众介绍说明展品时要善于因人而异，有针对性，在实事求是的基础上扬长避短，突出产品的特色，有时可邀请观众动手操作或主持人亲自示范。当观众走进展位时，主持人应面带微笑主动欢迎，向对方发出邀请。当观众进行参观时，主持人应随行其后，等待对方向自己进行咨询，也可以请观众自便，不加打扰。若观众较多，主持人可在左前方引导，主持人应认真回答观众提问，最后欠身施礼，恭送对方离去。

（5）展览会主持人往往在展览期间要周而复始地进行，机动性也很强，工作量很大。长时间保持高度饱满的精神状态和细致细心的工作态度是很不容易的，主持人要注意休息和调整，控制好现场主持周期的节奏，最好能根据每次主持的情况及时地总结经验，加以改善。

四、展览会主持示例

产品展览会主持词

尊敬的各位来宾、朋友们：

中午好！

欢迎各位的到来，我是这次活动的主持人。

为了保证此次的产品展览会的顺利进行，请各位将您的通信工具调到振动状态或关机，大会中请各位不要随意走动,谢谢各位的支持!

今天我们在这里将共同见证××产品在××上市,一起分享××产品所带来的成功与喜悦。

首先,我为大家介绍莅临活动现场的嘉宾,今天到场的领导和嘉宾有:

××有限公司总经理×××先生;

××有限公司副总经理×××先生;

××公司经理××先生;

××公司经理××先生;

××公司区域经理×××先生。

请大家以热烈的掌声对各位嘉宾的到来表示欢迎!

光临现场的还有××区域的新、老客户朋友们,欢迎你们!

下面我们的活动正式开始!

①有请××有限公司总经理××先生致辞!

②谢谢×总的致辞!让大家对××有限公司的发展历程和市场定位有了一个基本的了解。众所周知,××公司从××起家,发展到今天,所取得的成就是非常突出的。那么×年来,×总为什么会对××产品情有独钟、充满信心呢?或许您经常看到××产品的广告,或许您已经使用过××产品,那么××公司到底是怎样的一家企业呢?下面我们有请××公司×经理给我们讲解答案,有请×经理。

③通过×经理的介绍,我们知道,××产品不愧是国际品牌,从进入中国市场,到企业产品定位,一直到今天的挑战×××,充分说明××产品的品质,那么,在性价比上××产品到底有哪些优势呢?让我们有请××公司客户服务部经理×先生作产品介绍,让我们来近距离解读××的产品特性。有请×经理。

④谢谢您的精彩讲解!××产品拥有着高科技的令人信服的内在品质。可以看出,××产品不仅在研发上瞄准了现代化××要求"××××"的市场需求,同时在产品功能上提供了最强有力的支撑。我们有理由相信,××产品在××市场中主流产品的地位不是浪得虚名的。"技术创造价值,质量赢得市场,始终以市场为主导的产品理念,不仅创造了××产品的市场辉煌,市场占有率及销售量节节攀升,同时也赢得了用户的支持与信赖。有人会说:你王婆卖瓜,自卖自夸。到底现实使用情况怎么样呢?很高兴,我们今天也有部分××产品的老客户光临现场,让我们听听他们对××产品的评价和使用体会。下面有请客户代表×先生!

⑤没有词藻华丽的语言,全是真挚感人的肺腑之言,谢谢客户代表的发言!消费者的信任是对××有限公司最大的鼓励和支持!谢谢你们!从客户的评价中,我们也看到了××有限公司对于××产品市场的信心和美好前景。听了专家的介绍,听了老客户的发言,各位嘉宾对××的选用肯定有了自己新的感受,接下来我们安排了20分钟的开放式时间,为各位来宾朋友提供专业的咨询及服务,如果有关于××产品的各方面疑问,可现场向您身边的业务代表或专家提出咨询。如果您在这20分钟的时间里作出投资决定,我们将按照今天的市场促销优惠活动价格执行(××××××),同时将现场送您精美礼品一份。路遥知马力,日久见人心。×

×有限公司着眼于:朋友恒久远。开放时间之后,××有限公司为各位嘉宾准备了答谢宴会。敬请参加。好,现在进入开放时间,今天的主要活动到此结束,谢谢大家!

思考题

1.假如你所在的学校邀请某知名教授开展一次讲座,身为主持人你将如何设计开场白来引出主讲人?

2.假如你主持一个赞助会,内容为某企业向贫困山区学生捐赠钱物,同时在场的还有其他企业及社会人士,作为主持人你将如何组织语言进行现场拉赞助?

3.假如你主持一个小型展览会,在嘉宾都到位的情况下,你突然发现展品没有及时到位,主办方需要你拖延开场时间 3 分钟,你将如何组织语言?

新闻发布会又称记者招待会,是一个社会组织直接向新闻界发布有关该组织的信息,解释组织重大事件而举办的活动,简称发布会。它是一种主动传播各类有关该组织的信息,以谋求新闻界对该社会组织或该组织的活动、事件进行客观而公正报道的一种有效沟通方式。实际上,新闻发布会也是媒体所期待的。从全国性的媒体调查中发现,媒体获得新闻最重要的一个途径就是新闻发布会,几乎100%的媒体将其列为最常参加的媒体活动。由于新闻发布会上人物、事件都比较集中,时效性又很强,且参加发布会免去了预约采访对象、采访时间的一些困扰,所以通常情况下记者都不会放过这些机会,积极参加新闻发布会。

第一节　新闻发布会的筹备

一、联系场地

注意新闻发布会的选址必须与所要发布新闻的重要程度相匹配。

注意考虑交通是否方便,硬件设施如电话、传真、打字机、照明设备、上网条件、音响设备、投影设备等是否完备。在以上因素中,重点考虑音响设备和投影设备是否符合要求,具体要求如下。

(一)场地选择

(1)企业的新闻发布会通常选择在3至5星级的宾馆或新闻中心等地举行,根据会议邀请人员的级别和重要程度决定宾馆的级别。

（2）一般选择能够容纳 100 人左右的新闻发布会场地，会场外应有泊车位。

（3）发布会场地应该有足够的空间布置 1 排主席台（6~7 人）、1~2 排前排嘉宾席以及足够座席与参会人数相匹配。

（4）会场应留有安放背景板的位置和相应的背景板支架，一般专业酒店的会场会提供这类设施，如果酒店不能提供，则需要与酒店沟通，通过租赁或制作等方式准备背景板支架，要求酒店给予相应配合。

（5）若是矩形会场，要留意会场中央区域有无影响听众视线的柱子或其他障碍物。

（6）有重要嘉宾参与的会议还需要准备一间单独的贵宾休息室，供贵宾在会议前后休息以及进行重要专访之用。

（二）音响设备

（1）音响控制室要能够顺利播放各类背景音乐，同时能够兼容现有的存储介质（如磁带、CD 等）。

（2）音响控制室应留有笔记本电脑的音频接口，并有足够长的电缆。

（3）至少保证有 1 个固定麦克风、2 个移动麦克风，麦克风的声音没有杂音，并有备用的麦克风。

（4）以上所有的音响设备的音量大小适宜，保证会场每个角落都能清楚地听到声音。

（三）投影设备

（1）拥有固定可升降的投影幕布，同时根据实际需要，备有 1~2 个活动投影幕布，最好采用 1.8 m×1.8 m 的大投影幕布。

（2）配备相应数量的投影仪，采用流明数（亮度的参数）大的投影仪；用投影仪具体的大小和数量，以坐在会场后排的来宾能够看清屏幕为原则。

（3）投影仪和电脑之间的数据线接口能够匹配，同时有足够长的电缆。提前一天抵达现场，调试设备。

二、会前各项准备与确认

1.确认参会人员
注意与嘉宾保持联络，进一步确认他们的日程是否有变动，是否可以准时出席。

2.请柬准备派送
根据嘉宾确认到会情况填写请柬，指定专人一一登门派送。

3.中心宣传资料准备
中心的宣传资料提前撰写、印刷/打印好，根据预计的到会人数准备若干份，并预留 20 份备用。

4.领导讲话稿、新闻通稿、发布会后半程记者提问及答案的准备

（1）领导讲话稿。根据领导身份和发言方向，为需要提供讲话稿的领导撰写讲话稿。按到会嘉宾人数打印若干份，至少提前一天完成。

（2）新闻通稿。至少提前一天完成新闻通稿、发布会后的提问稿的撰写。

新闻通稿包括：

A.消息：字数较短，一般在 500~1 000 字，发布起来快，有的媒体在新闻发布会结束不到一小时就已经刊登相应报道。

B.通讯或综述：篇幅较长，内容充实，一般是深度分析、重点报道、专访。对消息无法涵盖的内容进行详细阐述。消息通常提供 1 篇即可，通讯稿可以从不同角度提供 2~3 篇，也可以用答记者问的形式来表现。

5.礼品准备

注意根据当地习俗和惯例，为到会的嘉宾准备礼品；也可为记者准备一些小礼品。

6.拍照、摄像人员联络确定

拍照人员：可由新闻发布中心的人员担任；摄像人员：注意聘请有经验的人员担任摄像工作，如新闻发布中心无人胜任，建议外请专业人员，以便为日后持续宣传准备资料。

7.确定主持人或翻译，并及时沟通

视发布会规格及莅临的领导而定，主持人可由新闻发布中心人员担任，也可以联系当地专业主持人。如果是后者，至少提前 1 天把发布会的背景、目的及内容告知对方，并至少提前一天将完成的主持人串词提供给主持人。如会议安排有外籍嘉宾发言，则需配备一名翻译人员，新闻发布中心市场经理需提前与之沟通，使其了解公司规模、业务状况，以便准确翻译。

8.资料和礼品装袋

宣传资料、新闻通稿、领导讲话稿、礼品都准备好之后，则可进行装袋，注意使用带有公司统一标志的文件袋或手提袋。资料必须整理妥当，按顺序摆放，在新闻发布会前发放给新闻媒体，顺序依次为：

（1）会议日程。

（2）新闻通稿。

（3）公司宣传资料。

（4）礼品（或纪念品领用券）。

（5）市场经理名片（新闻发布后进一步采访、新闻发表后及时联络）。

（6）背景材料。

（7）重要发言。对新闻记者有用的发言稿。比如，嘉宾的发言、新闻发布中心领导的发言等，有些有新闻价值的代表的发言也可以列入新闻记者的资料中，以对记者报道有益为标准。

9.布展物料准备

包括签到台、签到本/签到单、签字笔、桌签。签到台：如条件允许，可准备一个长台，或为嘉宾和媒体各准备一个短的签到台，注意台面铺设深红或墨绿色金丝绒或其他面料，放置桌签、签到本、签到单、签字笔、名片盘。签到本、签到单：一般为嘉宾准备红色或撒金底色，面积为 A4 或 16 开的硬皮专用签到本；为媒体记者准备签到表。签字笔：为嘉宾准备白板笔，为记者准备出水流畅的签字笔。桌签：注意桌签除嘉宾姓名牌之外，还应该准备指定座位范围、签到人员的标牌，如：媒体记者、企业代表、媒体签到处、嘉宾签到处等。

布展物料准备还包括海报、易拉宝、背板、横幅、指示欢迎水牌、飘空球、拱形门，后两项也可选择不用。提前将海报、易拉宝、背板、横幅、指示欢迎水牌喷绘或印刷好，所有物料必须包含 LOGO、发布会主题、主办单位，颜色、字体注意美观大方。

媒体记者签到表：

媒体类型	媒体名称	姓　名	负责版面	联络方式		
				办公电话	手机	邮箱
平面媒体						
电视媒体						
网络媒体						
其他媒体						

除了以上九点需要提前准备以外，布展物料准备，包括鲜花、花篮、嘉宾胸花都需要提前半天预订，以防凋谢。内部接待人员确定，接待人员、礼仪小姐培训也是必须的，礼仪小姐可以从新闻发布中心内部选择形象好、气质佳的工作人员担任，会议当天的接待人员也可选择内部人员，特别需要时，礼仪人员和接待人员也可外请，一般 3~4 人；对接待人员、礼仪小姐

进行培训,讲解会议主题、重要性,使之明确自己的职责。还有揭牌或剪彩等重要环节彩排也可以在考虑范围之内,如发布会中个别重要环节,最好组织礼仪小姐与相关嘉宾或领导进行1~2次的简短彩排,以确保会议顺利进行。

三、现场实施

(一)内部环境布展

内部环境布展包括海报、易拉宝、背板、横幅的布置、张贴和摆放;签到台、桌签、鲜花、花篮的布置摆放。请注意桌签的摆放,职位高者靠前居中,其他人的按顺序摆放。相关设备、投影仪、麦克风的调试,音像资料的试播放。

(二)外围环境布展

(1)酒店外围布置,如酒店外横幅、条幅、飘空气球、拱形门等,各个酒店有所不同,需根据情况进行布置。

(2)签到与迎接:在大堂、电梯口、转弯处安放指示欢迎牌,安排礼仪小姐迎宾。

(3)会场必须设置记者、来宾签到处,签到处最好设在入口或入场通道处,准备好名片盘,注意收集到会人员的名片和其他联络方式。

(三)遵照会议日程执行

严格遵照日程执行,嘉宾发言时间总量以不超过1小时为宜。主持人注意掌控时间和调节气氛。

(四)安排好调度

指派1~2名机动人员,进行调度,全场监督,出现问题,及时解决。

四、分析总结,后续推广

(一)跟进新闻发布与深度报道

新闻发布会结束之后,中心应指派专人与到会记者保持联络,落实相关新闻报道的发布,以便借助传媒的力量通过各种宣传方式和宣传渠道,让社会上更多的人知道此次新闻发布会召开此次实现召开新闻发布会的主要目的。

(1)积极争取媒体记者的理解和好感。在新闻发布会和会后及时联系各类媒体的新闻记者,追求与媒体记者的深入沟通,力争从会议形式到内容方面都给记者以良好的、可信赖的印象,并引发媒体追踪报道的兴趣和热情。

(2)关于文章的形式和内容。新闻稿、专访、特写、侧记、评论等稿件形式互相补充,文章内容力求深刻、生动,形成事件和理念相印证的传播攻势,在社会大众中形成社会热点。

(3)新闻发布会发布的两天内,市场经理应该保证至少在1家主流媒体、2家以上的二类媒体上发新闻通稿。

(4)在新闻发布会1周内至少在1家当地主流媒体、2家以上的二类媒体上发布专访、特写、侧记、评论等方面的深度报道,报道内容可以围绕本次活动的主题来组织。可以参考以下几种报道角度:行业发展趋势、当地产业及相关政策、人才缺口、产业对人才的要求、传统教育和职业教育比较、大学生就业、全国就业形式、成功学员就业案例、如何促进当地产业发展等方面。

(5)如条件允许,新闻通稿和深度报道相呼应,平面媒体传播和强势的电视专题传播齐头并进,形成系统整合的传播效应,市场经理可对各类媒体的报道进行总结,并指导下阶段的市场宣传。

(6)强化内部传播:市场经理及时组织人员,将本次活动的报道、评论以及活动图片进行整理,增加内部刊物、宣传材料以及宣传栏等处。

(二)活动分析与总结

市场经理注意组织全体人员对本次新闻发布会及宣传效果进行分析总结。

(三)媒体关系维护(长期保持联络)

注意长期与媒体保持联络,让"一面之交"的朋友成为企业长久的朋友。

附:新闻发布会媒体报道跟踪统计表

媒体类型	媒体名称	编辑/记者姓名	联络方式	发布时间	版 面	负责人
平面媒体						
电视媒体						
网络媒体						

续表

媒体类型	媒体名称	编辑/记者姓名	联络方式	发布时间	版　面	负责人
其他媒体						

五、避免新闻发布会的误区

误区一:没有新闻的新闻发布会。有些企业似乎有开发布会的嗜好,很多时候,企业并没有重大的新闻,但为了保持一定的影响力,证明自己的存在,也要时不时地开个发布会。造成的后果是,企业虽然花了不小的精力,但几乎没有收成。新闻性的缺乏使得组织者往往在发布会的形式上挖空心思、绞尽脑汁,热闹倒是热闹了,效果却未见得理想,如果过于喧宾夺主,参会者记住了热闹的形式,却忘记了组织者想要表达的内容。

误区二:新闻发布会的主题不清。从企业的立场出发,主办者恨不得把它的光荣史一股脑端上去,告诉大家什么时候得了金奖,什么时候得到了认证,什么时候得了第一,什么时候捐资助学。但是偏离了主题的东西在媒介眼中,形同废纸。又有的企业在传播过程中,生怕暴露商业机密,凡涉及具体数据时总是含含糊糊,一谈到敏感话题就"环顾左右而言他",不是无可奉告就是正在调查。这样一来,媒体想知道的,企业没办法提供;媒体不想搭理的,企业又喋喋不休。

第二节　新闻发布会主持人的参与性（作用）与要求

随着我国媒体事业的不断发展,主持人行业也在发生着变化。以前的主持人只负责台前的工作,甚至除了开口说话外他们什么也不需要干,而现在,主持人不仅要会说更要会做,要参与整个节目的策划。那么在新闻发布会中,主持人更应参与整个新闻发布会的策划与执行。为了更好地主持新闻发布会,主持人就要积极参与准备发布会。

一、新闻发布会主持人参与的部分

（一）会议的筹备

会议的筹备是主持人首先应该参与的部分,只有这样才能够熟悉会议的流程和细节,使其在任何环节都能够应对自如。在会议开始之前,筹备工作不单单是会议组的事情,一个优秀的主持人也应该积极参与其中，包括整个会议的时间、地点、各项事务的确定，以及涉及的会议的流程、策划等，主持人在其中既可以当作熟悉过程，也可以相应地给出自己的意见或建议，帮助整个新闻发布会更加具有专业性和流畅性。

（二）媒体的邀请

媒体的要求可以说决定着新闻发布会是否能取得成功。要请哪些媒体才能帮助企业最大限度地宣传自己，扩大影响力。发挥会议的最大优势是值得举办方和主持人都思考的问题。这个时候，主持人应该运用自己媒体的知识和力量，尽量地为主办方设想媒体邀请的名单，发挥自身的作用，也能够在会议进行中更好地与来的媒体方进行交流，以最好的状态完成会议的主持。

（三）现场的应酬

虽然一般的新闻发布会都会有专门的接待和礼仪，但是这并不代表主持人可以只进行单纯的主持部分，而不用管其他的事物。在会议的现场，主持人代表的就是主办方的"扬声器"，也是与主办方有着共同目的的责任人，应当主动承担一部分现场的应酬，特别是对于来的嘉宾、媒体朋友更应该随机应变，加强与其的沟通，不要让嘉宾有被怠慢的感觉，从另一方面也能为自己接下来的主持奠定更加良好的基础，这也就是"混个脸熟"的说法。

（四）善后的事宜

新闻发布会结束以后，主持人并不能马上就结束自己的工作，而应该积极参与到各项事情的善后处理。这不仅是一个优秀的主持人应具备的素质，也是主办方非常看重的。直到所有的事情处理完毕，并与主办方进行会后的沟通，会议的主持工作才算结束。这也是一个主持人责任心的体现。

二、新闻发布会主持人的说话技巧

新闻发布会主持要注意自己讲话的分寸。在新闻发布会上，主持人的一言一行，都代表着主办单位。因此，主持人必须对自己讲话的分寸予以重视。

（一）会议中的讲话技巧

新闻发布会主持虽然不像电视主持那样是公众人物，但面对的却是媒体，稍不留意说错一句话，马上就会被记者传得到处都是。因此，新闻发布会主持人在主持中的讲话很重要。

1.要坦率、诚实

主持人的发言要建立在坦率、诚实的基础上，在引导发言人和记者提问时，不要含糊其辞，要条理清楚，重点集中，令人一听就懂。但是，在新闻发布会上，主持人有意卖弄口才、口若悬河，往往会费力不讨好。

2.要提供新闻

新闻发布会,自然就要有新闻发布。新闻界人士就是特意为此而来的,所以在不违法、不泄密的前提下,主持人要善于引导发言人满足对方在这方面的要求,至少,也要使他在讲话中善于表达自己的见解。

3.要随机应变,机智地调节会场气氛

会议主持人要充分发挥主持和组织作用,以庄重的言谈和感染力,活跃整个会议气氛,引导记者踊跃提问。当记者的提问离会议主旨太远时,要善于巧妙地将话题引向主题;当会议出现紧张空气时,要能够及时调节缓和,不要随便延长预定会议时间。

4.语言幽默风趣

主持人在主持之际,适时地运用幽默风趣的语言来引导发言回答记者,可以直接影响现场的气氛。当记者提一些刁难问题时,主持人用准确幽默的引导往往可以带动发言人化险为夷。因此,适当地采用一些幽默风趣的语言、巧妙的典故,也是必不可少的。

5.要温文尔雅,不卑不亢

主持人和发言人一样,对记者不能傲慢无礼,更不要随意打断记者的讲话或提问,不能冲动、发怒,要表现出深刻的涵养。主持人唯有语言谦恭敬人、高雅脱俗,才会不辱使命。

6.谨言慎行

因为各新闻记者大都见多识广,加之又是有备而来,所以他们在新闻发布会上经常会提出一些尖锐而棘手的问题。遇到这种情况时,主持人要引导发言人讲话时要时刻想到,自己的举止是在众目睽睽下,说的话可能会被记者在媒体中曝光,因此一定要慎之又慎,讲话要准确,能答则答,不能答则应当巧妙地进行闪避,或是直接告之无可奉告。

(二)要注意相互配合

不论是主持人还是发言人,在新闻发布会上都是一家人,因此二者之间的配合默契必不可少。要真正做好相互配合,一是要分工明确;二是要彼此支持。一唱一和,掌握好节奏。

1.主持人要清楚自己的身份

主持人要认清自己在新闻发布会上并不是会议的主角,主持人与发言人分工有所不同,因此必须各尽其职,配合默契,主持人不要与发言人抢话头,替人代劳,以炫耀自己。

2.主持人在新闻发布会要做的主要事情是主持会议、引导提问

在新闻发布会上,发言人要做的主要事情是主旨发言、答复提问。有时,在重要的新闻发布会上,为慎重起见,主办单位往往会安排数名发言人同时出场。若发言人不止一人,主持人事先必须对他们进行内部分工,让他们各管一段,否则人多嘴杂,话么没人说,要么抢

着说。一般来讲,发言人的现场发言应分为两部分,首先进行主旨发言,接下来才回答疑问。当数名发言人到场时,只许一人进行主旨发言即可。主持人一定要牢记,自己是为发布新闻服务的,协调会场气氛,协助发言人完成精彩的讲话,才是自己要做的事情。

3.主持人、发言人的彼此支持,精诚配合

主持人、发言人的彼此支持、精诚配合在新闻发布会上通常是极其重要的。在新闻发布会进行期间,主持人与发言人必须保持一致的口径,不允许公开顶牛、相互拆台。当新闻界人士提出的某些问题过于尖锐或难以回答时,主持人要想方设法转移话题,不使发言人难堪。而当主持人邀请某位新闻记者提问之后,发言人一般要给予对方适当的回答。不然,不论对新闻记者还是对主持人来讲,都是非常失敬的。在主持过程中,主持人一定要集中精力,头脑灵活,与发言人一起,同心协力地克服会议中的难题。

三、新闻发布会主持人的主持技巧

1.会前做足准备

会前的一切巨细主持人都应该参与其中,自己的主持稿、服装等都应该提前准备并仔细检查,不要出现纰漏。

2.了解出席新闻发布会记者的组成和特点

对于出席的媒体以及嘉宾一定要有所了解,才能应对自如,也才能更好地加强会议中的互动。

3.准备答问口径

虽然提问和回答都是有所准备的,但是也难免出现小的插曲,所以主持人最好自己还备有一套答问口径,以备不时之需。

4.准备新闻背景资料

既然是整个会议的主持,对于新闻背景资料更是要准备齐全,以免在主持中出现与主办方不符合的地方,出现闹笑话的情况。

5.准备彩排

要把会议主持得漂亮、连贯,彩排是必须的,这样才能更好地预料会出现的状况以及熟悉整个会议的流程。

6.发布会过程中灵活运用技巧

主持人不是说话机器,应该根据不同的现场情况作出不同的反应,随时调动现场气氛,达到最终会议的目的。

7.跟踪媒体对新闻发布会的报道及反响

主持结束后,要积极跟踪媒体对于会议的反响。这样既能够评断自己的主持是否到位,也能够及时了解自己在这场会议主持中的不足。

四、主持人的选择标准

1.良好的形象

所谓良好的形象并不是说要多么的漂亮或者帅气,而是指主持人应该有较好的气质,符合会议的形象定位、亲和力等。一个看上去就不像主持人的主持人,有谁会愿意要呢? 所以主持人首先应该衣着得体、举止得体、言谈得体,具备主持人应有的基本素养。

2.良好的表达能力

作为一个主持人,良好的表达能力是最为基础的,能说话是很容易做到的,会说话、说好话却不是每个主持人都能做到的。要想成为一个优秀的主持人,训练和提高自己的表达能力是必不可少的课程。

3.丰富的会议主持经验

经验都是积累而来的,经验少的主持人难免会更紧张,应对也会略显不足;而有丰富的会议主持经验能够帮助主持人临时发挥,也能让主办方更加放心。这就需要不断地去练习和主动积累。

4.具备随机应变、灵活掌控全局的能力

在会议中,万事是不能"倒带"的,形同于电视的直播,所以在会议中有可能发生一切事情,可能出乎之前的准备和设想。这个时候,主持人就必须随机应变,掌控整个会议的节奏,把会议顺利地进行下去,这也是对主持人最大的考验。

五、发布会中的注意事项

1.发言时要真诚坦率,井井有条

发言既包括自己的主持稿,也包括主办方领导的发言词。在会议开始之前,一定要对自己的主持发言稿一再审核,既要突出重点,也要有条有理,不要篇幅太长,喧宾夺主。除此之外,还应该积极地帮助主办方领导审核发言稿,突出会议特色。

2.发布会中要有服务意识

除了自己的主持环节外,主持人应该树立良好的服务意识,与主办方、来参加会议的嘉宾等进行良好的沟通,热情地为其服务。

3.充分发挥组织协调的作用

主持人可以说是整个会议顺利进行的桥梁,对于会议的各个环节、各项事宜应该充分发挥组织协调的作用,以保证会议的进行,也可以给主办方留下良好的印象。

4.态度要温文尔雅,不卑不亢

主持人既要做到大方端庄,也要做到不卑不亢,既不能给人太过强势的感觉,也不能卑躬屈膝,事事听从。一个优秀的主持人应该有自己的主持风格,既要能够熟悉会议的流程,

也能随机应变地应对现场发生的临时事情。亲切、随和、专业、热情是新闻发布会主持人应该具备的素质，也是我们在学习中必须完善和做到的。

5.要注意与发言人相互配合

一唱一和、相辅相成才能把会议主持得漂亮，让主办方满意，自己也能积累经验。主持人在会议中各个环节都要连接，不能只顾自己的主持，也应该熟悉发言人的各项准备和稿件，及时对其作出正确的反应，帮助现场效果的制造，完成主办方交给的任务。

第三节　新闻发布会示例

一、新闻发布会主持词示例一

女士们、先生们、朋友们：

大家上午好！

欢迎参加第五届国际矿泉节新闻发布会。今年的 8 月 18 日至 9 月 8 日，国际饮水资源保护组织、中国矿业联合会等八家单位在白山市联合举办第五届国际矿泉节。为借助各新闻媒体的作用和影响力，将矿泉节的相关信息及时向国外传递，吸引国内外宾朋和客商积极参与节会活动，提升矿泉城的影响力，将特色白山推向世界，为本届矿泉节的成功召开营造良好的舆论氛围，今天本届矿泉节组委会在这里隆重召开新闻发布会。

出席今天新闻发布会的领导同志有：本届矿泉节组委会主任、中国矿业联合会天然矿泉水专业委员会主任、国土资源部地质环境司司长姜建军先生，本届矿泉节组委会主任、执委会主任、白山市代市长先生，本届矿泉节执委会副主任、白山市委常委、常务副市长先生。

参加今天新闻发布会的媒体有：人民日报、新华社、中央人民广播电台、中央电视台、经济日报、光明日报、中国经济导报、中国绿色时报、中国青年报、旅游卫视、中华工商时报、中国产经新闻、中国贸易报、中国经济时报、中国食品质量报、中国金融时报，吉林日报、吉林电视台、吉林人民广播电台、城市晚报、东亚经贸新闻、吉林朝文报、新文化报，人民日报海外版、中国日报、中国国际广播电台、中国新闻社、香港文汇报、香港大公报、香港商报、国际日报、欧洲时报、环球早报、凤凰卫视、东森电视、人民网、新华网、中国新闻网、中国吉林网、省政府网、搜狐网、新浪网、北京日报、北京晚报、北京青年报、北京电视台、中联文化传媒等新闻单位。

首先我代表矿泉节组委会，并谨以第五届中国·白山国际矿泉节执委会的名义，对各媒体记者朋友们的到来，表示热烈的欢迎和衷心的感谢！

下面，请本届矿泉节组委会主任、执委会主任、白山市代市长××先生作新闻发布。

（代市长作新闻发布）

下面,我们把时间交给在场的记者朋友们,欢迎大家提问。

(记者提问,提请领导作答)

请中央电视台记者提问(大家都知道矿泉水有很多,请问白山市矿泉水有什么独特的性质?到底有多大的开发潜力?)

下面请本届矿泉节组委会主任、执委会主任、白山市代市长先生回答。

(回答省略)

请记者提问。

下面请白山电视台记者提问。(白山市已经成功举办了四届矿泉节,请问举办矿泉节对白山经济发展会产生什么影响和作用?)

下面请本届矿泉节执委会副主任、白山市委常委、常务副市长先生回答。

(回答省略)

请记者提问。

下面请香港凤凰卫视记者提问。(为什么白山能够发展矿泉水产业?建立国际矿泉城的优势是什么?)

下面请本届矿泉节组委会主任、中国矿业联合会天然矿泉水专业委员会主任、国土资源部地质环境司司长先生回答。

(回答省略)

……

二、新闻发布会主持词示例二

××市"三打"办公室新闻发布会主持词

时间:2012 年×月×日下午 3:00

地点:市委×号楼 10 楼会议室

各位新闻界的朋友,各位领导,同志们:

自省委、省政府部署开展"三打两建"专项行动以来,全市各地、各专项行动小组、各有关部门在市委、市政府的高度重视和强力推进下,认真贯彻落实省委、省政府工作部署,迅速动员,周密部署,全面开展"三打两建"尤其是"三打"工作,并取得了初步成效。今天,市"三打"办公室在这里召开××市"三打"工作情况新闻发布会,一是对全市开展"三打"以来的工作情况进行公布,二是对部分典型案例和下一步的工作进行通报。

出席今天会议并在主席台就座的有:市"三打两建"领导小组副组长、市"三打"办主任×××同志;市"三打"办常务副主任×××同志,市打击欺行霸市专项行动小组发言人×××,市打击制假售假专项行动小组发言人×××,市打击商业贿赂专项行动小组发言人×××。

参加会议的有:中央、省新闻单位驻市记者,市各新闻单位记者。

现在进行第一项议程:请××同志对××市开展"三打两建"以来的主要工作情况进行

发布。

……

现在进行第二项议程:请市打击欺行霸市专项行动小组发言人通报打击欺行霸市主要工作情况。

……

现在进行第三项议程:请市打击制假售假专项行动小组发言人通报打击制假售假主要工作情况。

……

现在进行第四项议程:请市打击商业贿赂专项行动小组发言人通报打击商业贿赂主要工作情况。

……

同志们,各位发言人已发言完毕,下面,是记者提问环节,各位记者有什么问题请提问。

……

朋友们,由于时间关系,今天的新闻发布会到此结束。

谢谢大家!

三、新闻发布会主持词示例三

各位记者、各位来宾:

大家上午好!

安阳市第十二届人民代表大会第四次会议于 5 月 20 日胜利开幕以来,代表们认真听取和审议了《政府工作报告》《安阳市建设中原经济区区域性中心强市纲要(草案)》的说明及其他重要报告,以高度的政治责任感和饱满的政治热情,共商全市改革发展大计,为努力保持经济社会发展的良好势头,加快建设豫北区域性中心强市和中原经济区综合实力领先城市积极建言献策。会议进展得非常顺利,开得很圆满。

人民代表大会制度是我国的根本政治制度,是坚持党的领导、人民当家做主、依法治国有机统一的最高实现形式。过去一年来,市人大常委会在市委的正确领导下,深入贯彻落实科学发展观,坚持“四个重在”实践要领,围绕全市中心工作,依法履行监督职责,扎实开展各项工作,为推动民主法制建设、促进科学发展、保障改善民生、维护和谐稳定作出了积极贡献。

2012 年是实施“十二五”规划承上启下的重要一年。在新的挑战和机遇面前,我们要统一思想、认清形势、坚定信心、明确任务,做好今年的各项工作,对于推动安阳经济社会平稳、较快、可持续发展,具有十分重要的意义。为进一步增加大会的透明度、公开度,今天上午,大会秘书处在这里举行新闻发布会,邀请了市政府副市长葛爱美、高雁卿、张曼如、刘国辉,市政府秘书长张赓与大家见面,就全市人民关心的我市经济社会发展的有关问题回答记者提问。让我们以热烈的掌声表示欢迎!

下面,请记者朋友们提问。

记者:葛爱美副市长,2011年全市上下继续强力推进"四大兴农计划、三大惠民工程、六大现代农业示范区和城乡一体化新农村建设",农业农村工作成效显著。请问我市2012年农村和农业工作有哪些打算?

葛爱美:2011年,我市农村和农业工作取得了巨大成就。一是粮食生产再创历史新高。粮食总产量达到338万吨。滑县被国务院评为"全国粮食生产先进单位",蝉联全国"九连冠"。二是农业产业化水平得到新提升。新建扩建规模农业龙头企业34家,"十大农业产业链"开发带动优质专用农产品生产基地452万亩,新增各类农民专业合作社410家。三是高效农业开发实现新发展。新增土地流转面积14万亩,新建高效农业园区59个,新增温棚瓜果菌菜高效农业面积16.3万亩。四是现代畜牧业再上新台阶。新建畜禽养殖密集区52个,新建大型规模养殖加工企业113家。五是"三大惠民工程"取得新成效。新增沼气用户3.05万户,新建大中型沼气工程57个,新解决41万农村居民的饮水问题。完成农村劳动力培训"阳光工程"9 560人。六是林业生态建设取得新进展。完成造林面积12.7万亩,"两岭"造林开发1.23万亩。我市提前两年成功创建为全省林业生态市。七是农田水利建设再掀新高潮。14座水库除险加固工程全部竣工并投入使用,四大灌区技改完成年度建设任务,新建高标准水利示范区20万亩。我市再夺省"红旗渠精神"杯。八是城市水系建设呈现新亮点。洪河水系景观基本形成,洹河于曹闸工程完成基础开挖,城市水系景观总体框架初步形成。九是现代农业示范(引领)区建设开创新局面。六大现代农业示范(引领)区新建、扩建项目164个,完成投资13.77亿元,集群发展优势初步显现。十是新农村建设取得新成果。启动建设新型农村社区113个,广大农村水、电、路、气等九大基础设施建设顺利开展。深入实施乡村清洁工程,农村环境面貌大为改观。

记者:高雁卿副市长,您分管卫生和民政等方面的工作,涉及诸多重大民生问题,关系到千家万户。请您谈一下我市实施新医改的有关情况和今年卫生工作的中心任务。

高雁卿:这次新医改从2009年开始实施。过去的3年,在市委、市政府的正确领导下,在人大和政协的有力监督下,全市公共卫生服务基本普及,基本医疗保障制度全面覆盖,基本医疗卫生服务明显提高,切实缓解了看病难、看病贵的问题。具体表现在以下几个方面:一是各级政府投入逐年增加。各级政府相继投入医改专项资金,2009年为6.16亿元,2010年为10.11亿元,2011年为13.15亿元,累计达到29.42亿元。二是医疗保障水平明显提升。新农合筹资标准从120元提高到230元,参合率已达99.54%,高出全省2.5个百分点;将6种疾病纳入重大疾病保障范围,大病统筹基金利用率达93.4%,高出全省3个百分点;住院费用补偿封顶线提高到10万元;3年累计有90.27万农民享受到住院补助,金额达13.46亿元。今年5月1日起,我市又启动了新农合补偿方式的改革。三是基本药物制度逐渐建立。在全省范围内,我市率先在所有乡镇卫生院、社区卫生服务中心全部实行基本药物制度。四是基层卫生体系更加完善。我市先后实施各类基层卫生项目1 500余个,总投资近6.5亿元。五是农村卫生人才素质提升。实施人才素质"51111"工程和"512""522"行动计划。

(以下内容略)

四、新闻发布会发言稿示例一

"国际台招聘专职驻外记者"新闻发布会讲话稿

各位领导、各位来宾、新闻界的朋友们：

大家好！

今天，我们在这里召开中国国际广播电台招聘专职驻外记者新闻发布会，在此，我谨代表中国国际广播电台向与会的各位领导、各位来宾、新闻界的朋友们表示热烈的欢迎！向长期以来关心、支持国际广播事业发展的上级领导机关和社会各界表示衷心的感谢！

下面，我向大家简要介绍中国国际广播电台基本情况：

一、中国国际广播电台基本情况

中国国际广播电台创办于1941年12月3日，是我国唯一的国家级对外广播机构，目前使用43种语言(38种外语和汉语普通话及4种方言)向全世界广播。截至2005年底，每天累计播出节目时数已达1 035小时，全年共收到听众来信、电子邮件等217万件。

中国国际广播电台在世界各大洲及中国港澳地区建有32个驻外记者站，并在国内各省、自治区、直辖市以及香港、澳门特别行政区建有记者站，拥有庞大的信息网。

中国国际广播电台的"国际在线"网站是中国国家重点新闻网站之一。目前，已发展成为由43种文字、48种语言音频节目组成的中国语种最多的网站。

中国国际广播电台开办的"环球资讯广播""英语综合广播""欧美流行音乐广播""多语种奥运频率"等多套对国内广播的节目，深受听众喜爱。

中国国际广播电台电视中心每天制作和传送上星的国际电视节目已达5个多小时，用户遍及全国300多个频道、台。

中国国际广播电台主办的《世界新闻报》，以报道国际新闻为主，面向全国发行。中国国际广播电台还办有《国际广播影视》等多种报刊杂志。另外，国际台还办有中国国际广播出版社和中国国际广播音像出版社。

中国国际广播电台在多年的发展中，逐步形成了一支知识密集型、人才密集型的队伍。目前，共有38种外语干部近1 000人，编辑记者以及专业技术人员等近600人，外籍工作人员100余人。

经过65年的发展，中国国际广播电台已成为拥有面向境内外的广播、电视、报刊、出版等传统媒体业务及网络、手机等新型媒体业务综合性现代媒体。

二、现代国际广播体系建设初具成效

2004年1月16日，中央领导同志视察中国国际广播电台，明确提出构建"现代国际广播体系"的战略思想。

在中央宣传部、国家广电总局党组的正确领导下，中国国际广播电台分党组带领全台干部职工，围绕"构建现代国际广播体系"这个战略目标，本着"开放办台、改革立台、

创新强台、人才兴台"的办台理念,扎实工作,狠抓管理,团结奋进,各项事业都有了新的发展:

1. 舆论阵地进一步扩大

2005年9月28日,"环球资讯广播"(FM 90.5)开播,现已初步形成"第一资讯"的品牌效应;2006年8月8日,"多语种奥运频率"(AM 90.0)开播,将为中外听众打造一个服务北京2008年奥运会为目标的多语种全天候信息资讯平台。加上"英语综合广播"(FM 91.5)、"欧美流行音乐广播"(FM 88.7),四个频率优势互补、形成合力,共同打造对外宣传的新阵地。

2. 落地工作扎实推进

2006年1月28日,中国国际广播电台在肯尼亚建立了我国在海外的首家调频台。今后5年,在全球范围内力争建设100个左右海外调频广播电台。目前,中国国际广播电台境外落地总时数已达370小时。

3. 多媒体业务全面发展

2006年5月8日,中国国际广播电台数字付费电视频道"环球奇观"正式开播,视频媒体播出业务全面展开。

4. 在线广播继续保持超常规发展

据最新统计,"国际在线"在继续保持世界主要国际广播电台网站排名第一的同时,又在2 547家网络电台网站排名中位居第一,成为全球同行业网站的"双料冠军"。

目前,中国国际广播电台正在全面推进现代国际广播体系建设,致力实现由传统媒体向现代媒体转变,由单一媒体向综合媒体转变,由对外广播向现代传播转变,建设成为集无线广播、在线广播和多媒体广播于一体的综合性现代媒体,国际影响力和竞争力将进一步增强。

三、公开招聘专职驻外记者,打造高素质的国际新闻报道队伍

实现"构建现代国际广播体系"这个战略构想需要坚实的人才保证,加速建设一支政治可靠、门类齐全、数量充足、结构合理、符合对外广播事业发展需要的国内一流并具有国际竞争力的人才队伍,直接关系着国际广播事业和产业的发展与壮大,关系着对外宣传和舆论引导水平。

根据中央外宣工作会议精神,为全面贯彻科学发展观,落实中央提出的新世纪、新阶段外宣工作的任务,配合大外宣格局建设和实现中国国际广播电台构建现代国际广播体系的目标,需要打造一支反应迅速、视野独特、业务精良的驻外记者队伍。作为对外宣传的重要岗位,中国国际广播电台的驻外记者以新闻敏感性强、角度新、发稿速度快的特点,在我国乃至世界的国际报道领域中占有重要的一席之地。为适应国际广播事业的持续、快速发展的需要,为国际台构建现代国际广播体系提供坚实有力的组织保障和人才支持,经国家广播电影电视总局批准,我台本着公开、平等、竞争、择优原则,向社会公开招聘10名专职驻外记者。热烈欢迎有志于国际传播事业的同志们加入国际台!

谢谢大家!

五、新闻发布会发言稿示例二

各位领导、各位朋友

大家好！很荣幸参加今天的打开艺术之门新闻发布会。

感谢今天这个美好的时代，经过半个多世纪的发展，我们国家已立于世界民族之林，也为广大的文艺工作者提供了更加舒心的工作环境，文化艺术迎来了一个从未有过的繁荣，文化作为提升民族软实力的重要组成部分，提到了一个前所未有的高度。这也使我们可以享用现代科技带来的一切便利，让我们体验到艺术的多元化交流与融合。

感谢河南保利艺术中心管理有限公司承办的"高雅艺术讲座活动"，在"服务品位高，社会形象好"的"河南艺术中心"给我们提供了一个展示自己、服务于社会的机会；感谢公益活动的策划者王玉蒙先生、路晓明和他的团队为本次活动所付出的辛勤汗水；感谢一直关心、支持、帮助公益活动的新闻媒体的新老朋友们；同时也感谢各位学生、家长及同行、朋友的无私付出和奉献。谢谢大家对公益活动的支持，谢谢大家对我本人的关爱。

现代人的生活离不开音乐，音乐已成为人类日常文化生活中不可或缺的部分。那么既然我们要跟音乐打交道，要做音乐的工作，都离不开一个东西：懂音乐。就像读书，我们要读懂了它，才会明白其中的意思，才对我们有作用。这个事情看起来很简单，我从事音乐工作有三十多年了，但是要问我真的懂音乐了吗？我觉得还差得很远。甚至于有一些懂得过程需要积累几十年的经验。所以这个话题虽然是一个很粗浅的、很基础的问题，但是却需要一生的努力。

2010河南艺术中心的公益讲座、演出活动，对专业音乐工作者来说：我认为，每个人的阅历不同，视角不同，切入点不同，那么每个人对同一首音乐作品的理解、感受也不尽相同。能够被选入2010河南艺术中心公益活动作讲座的艺术家都是在各自专业潜心经营多年的人，他们各自的思维方式及艺术成果，也都具有较高的社会认可度，那么通过这种公益性音乐讲座、演出活动的平台，给有需求的、从事专业音乐工作者的朋友们一个相互沟通、相互交流、共同学习、共同促进的机会，同时对充实自己的知识，丰富自己的阅历，提高自身的艺术修养，升华自己的思想境界，有着非常积极的作用。

对正在走向专业道路的青年朋友们而言，这种公益性音乐讲座、演出活动，可以给他们一些启发，可以借鉴到自己系统以外各门各派的一些很实用的方法、技巧，使自己少走弯路，降低时间成本，具有较好的引领、点化作用。通过这个能量转移平台，把自己所学到的知识转化成为知觉。有知识很重要，知识是基础，但更重要的是要有知觉，知觉是什么？知觉是你努力的方向，是通向成功的快速通道；当你对未来有了知觉的时候，把你的知识变为资本，你的知识才能有价值，才能被社会认可，否则，你满腹经纶，没有业绩，和无知没有什么区别。所以，在很多时候，有知觉比有知识更重要！祝愿未来的青年朋友们早日拥有属于自己的鲜花和掌声。

对音乐爱好者的朋友们而言，这种讲座、演出活动，兴许是一把打开音乐之门的钥匙，把自己从一个看热闹的人变为能看出门道的内行。也可以逐步学会借鉴音乐处理的方法,运用于日常生活,可能条理清晰、分寸合适有度。学音乐,特别是学古典音乐、民族音乐,它可以培养人的细腻作风和情感,对提高自己的生活情调,增加生活趣味,有很多的益处。

看来,音乐艺术在人生的成长过程中,的确起到了某种不可忽视的、潜移默化的浸润作用。

7月30日是我的专场音乐讲座,这段时间我会认真地准备自己的课件,去反思、琢磨、体会,让理性的音乐语言具有较好的可看性、实用性,为我们文化艺术的发展、繁荣去努力工作。

欢迎朋友们光临现场,指导工作!再次感谢大家对公益活动的付出!

感谢大家对民族音乐和我个人的关心支持!谢谢大家!

六、新闻发布会策划方案示例一

会议目的:以南航南天公司在业内首家通过 HACCP 质量认证为新闻由头,塑造、宣传企业形象,树立企业品牌,扩大企业影响,加强 HACCP 体系认证的公众认知度,沟通传媒与公众。

会议时间:预计 9 月 20 日 9:30(以取得 HACCP 证书为准)

会议地点:新闻大酒店五楼会议厅

主办单位:南航南天实业有限公司

协办单位:中国质量认证中心湖南评审中心

拟请参会领导:中国质量认证中心主任、南航湖南公司领导、湖南省出入境检验检疫局局长、湖南省烘焙协会会长、中国质量认证中心湖南评审中心主任、长沙市质量技术监督局食品蔬菜检验中心主任等。

拟邀请媒体及记者:新华社、湖南日报、三相都市报、潇湘晨报、长沙晚报、家庭导报各两人;湖南卫视、湖南经视、都市频道、长沙政法频道、新闻频道各三人;当代商报、东方新报、今日女报、红网各一人;共计 31 人。

七、新闻发布会策划方案示例二

开启快乐生活2008悦泉新品发布会

一、会议议程安排:

1.12:00 接待厅接待来宾、经销商

2.2:00 引导嘉宾经销商和记者入场

3.2:10 钢琴伴奏

4.2:20 播放企业宣传片

5.2:25 主持人请来宾就座

6.2:30 主持人宣布新品发布会开始并介绍公司领导来宾与媒体

7.2:35 悦泉啤酒董事长总经理徐容鑫致辞

8.2:40 上海蓝海营销策划驻马店分公司总经理薛茂川讲话

9.3:25 公司领导与嘉宾共同拉开新品幔布,并请市领导讲话

10.3:28 新产品模特展示

11.3:40 记者来宾提问,悦泉啤酒总经理和蓝海策划总经理作答

12.3:50 会议结束,请媒体记者到厅稍候,各位经销商到厅稍候(钢琴或萨克斯伴奏,为来宾赠送礼品)

13.4:00 公司领导和媒体详细交流意向

14.4:20 与媒体交流结束(赠送礼品)

15.4:10—5:50 悦泉厂家领导与各位经销商座谈,签约交押金

16.5:50 各签约经销商摸奖

17.6:00 洽谈结束,发赠房卡和共享晚餐

18.7:30 晚宴结束,就寝(赠送礼品)

二、场地布置布展

①酒店门口悦泉企业彩虹门、彩旗、巨型条幅、停车位导向牌布置。

②酒店正门,接待人员佩戴悦泉绶带,要摆有标明会场、休息厅、就餐、领奖品等地点明显的指示牌。

③宾客接待台,接待人员两名,登记来宾和发放会议标准资料袋和参会证企业画册,并配两名礼仪向导。

④酒店门口和会议厅门口各摆放×展架多个,写真贴多张。

⑤主会场背景墙巨型喷绘,舞台两旁各做一堆物展架,上放新品遮盖幔布,演讲台正面贴悦泉VI写真,上面摆贴悦泉VI写真电脑和麦克风、啤酒、鲜花。

⑥会场顶部彩旗交错,墙壁贴条幅贺词,走廊前台两旁×展架。

⑦主席台和各座位贴带悦泉VI的编号,台上摆悦泉啤酒和专用杯,文件夹DM封尾页,台前摆贵宾名签。

⑧配备礼花,专用整场音乐配音,抽奖箱由悦泉写真包制。

⑨配备企业纪录片和新品讲解幻灯片播放。

⑩调试好音响设备,指定好录像人员。

三、参会应邀人员

①邀请嘉宾、市政领导代表

②各地经销商和意向客户

③部分分销客户

④部分零售及餐饮终端客户

⑤邀请媒体(30人)

四、新品发布会提供给媒体的资料

以文件袋装,在新闻发布会前发放给新闻媒体,顺序依次应为:

①会议时间项目安排流程

②新闻通稿

③演讲发言稿

④发言人的背景资料介绍

⑤公司宣传册

⑥新产品说明资料

⑦有关图片

⑧纪念品礼品领用券

⑨企业新闻负责人名片(新闻发布后进一步采访、新闻发表后寄达联络)

⑩空白信笺、笔(方便记者记录)

思考题

1.湖南卫视将举办第三季《我是歌手》节目,此次不但延续歌手大比拼,还加入了观众与歌手对唱的环节,请你以此为中心,策划一个新闻发布会,并以主持人的身份进行发布会的主持。

2.××化妆品牌将推出一系列冬季植物护肤系列,既延续××化妆品牌的高贵品质,又将以平民化的价格推入市场。请你以此为中心,策划一个新闻发布会,并以主持人的身份进行发布会的主持、以代理商的身份书写一份600字左右的发布会发言稿。

▶ 第五章
婚礼活动主持

　　婚礼是一种法律公证仪式或宗教仪式，用来庆祝一段婚姻的开始，代表结婚。婚礼在中国古代又称为昏礼，多在黄昏举行。在中国，相传最早的婚礼仪式是伏羲氏嫁娶女娲订立媒约。在基督教，婚礼是天主向世人宣告两个人要连结成为一体，双方发誓永不离弃对方的仪式。婚姻是人类社会共有的制度之一。从古至今，几乎在任何一种社会文化中，婚礼习俗都是至关重要的。然而，因文化习俗、所处地域环境等的不同，婚礼在形式上也各有差异。

　　而在整个婚礼中，起着连接作用的就是婚礼的主持，一个优秀的婚庆主持能够为婚礼增光添彩，使得婚礼圆满而浪漫。要成为一个优秀的、出色的婚礼主持，不但要熟悉各种类型婚礼的流程，更要有婚礼主持人的必备素质。本章就一起来学习各式婚礼的基本策划方案和如何成为一名出色的婚礼活动主持。

第一节　中式婚礼

一、什么是中式婚礼

　　婚礼是中国传统文化精粹之一，大红花轿、浩浩荡荡的迎亲仪仗队、拜天地、掀盖头，身穿"凤冠霞帔、状元服"的是中式婚礼。"追寻文化根源、重视传统民俗"成了现代人的新"时尚"。周代是礼仪的集大成时代，那时逐渐形成了一套完整的婚姻礼仪，《仪礼》中有详细规制，整套仪式合为"六礼"。六礼婚制作从此为华夏传统婚礼的模板，流传至今。而现代婚礼是由古代婚礼演变而来的婚娶之礼。古时于黄昏举行，取其阴阳交替有渐之义，故称之为"昏礼"。古代昏礼有六：纳采、问名、纳吉、纳徵、请期、亲迎。在《礼记·昏义》篇中对中国古代的昏礼的形式及意义有着较为详细的描述："昏礼者，将合二姓之好，上以事宗庙而下以继后世也,故君子重之。是以昏礼纳采、问名、纳吉、纳征、请期,皆主人筵几于庙,而拜迎于门外。入,揖让而升,听命于庙,所以敬慎重正昏礼也。"

婚礼随着时代的进步而发生着不断的变化,除去保留了古代流传下来的风俗习性以外,有的加入了新鲜时尚的元素,从而使现代婚礼有了多样性、时代性。现代婚礼形式根据新人数量分为个人婚礼和集体婚礼,结婚场地可以是家庭、酒店、草坪或者海边等,根据新人的不同喜好又有许多创意婚礼的诞生。

二、中式婚礼相关的习俗

中国的婚礼可分为三个阶段:婚前礼,即"订婚"。正婚礼,即"结婚"或"成婚"的礼仪,就是夫妻结合的意思。婚后礼,是"成妻""成妇"或"成婿"之礼,这表示了男女结婚后扮演的角色在中国传统的结婚习俗里,婚前礼和正婚礼是主要程序,这些程序都源自周公的六礼。

（一）抬轿起程

在锣鼓、唢呐、舞狮的伴随下,花轿开始起程。按传统,新娘应该被兄弟背出来送上轿子。不过现代人多独生子女,只能由表兄弟或伴郎代劳,通常也改背为抱了。

（二）跨火盆和射箭

古礼中是新娘坐花轿过炭火盆,不过现在通常都是新娘在媒人的搀扶下直接跨了。然后在下轿之前,新郎还得拉弓朝轿门射出 3 支红箭,用来驱除新娘一路可能沾染的"邪气"。

（三）拜堂和喝交杯酒

火盆之后有的还要跨过马鞍,征兆新人婚后合家平安,然后才由新郎用条红布包着的秤杆挑开新娘头上的喜帕。这时,一对新人就该正式拜堂了。拜堂后最重要的部分不是喝交杯酒（合卺酒）,而是给双方高堂敬茶,通常这个时候是弄得一群人声泪俱下,在热烈的喜庆气氛中也渗透着浓浓的亲情。

（四）同心结发和谢媒

现代的娶亲仪式,很多都是把该在洞房里的事搬出来展示。比如说结发,应是新人在洞房里相互剪些头发,作为夫妻关系的信物放在一起保存,现在则是当众表演。之后双方母亲同点龙凤烛,新人交换香书美玉做信物,再请出媒人赠送蹄膀。

（五）合婚禁忌

过去合婚最重要的一条就是同姓不婚。这一方面是古人认为同姓结婚会削弱"合二姓之好"的作用,另一方面也是出于优生优育的考虑。

三、中式婚礼的必备道具

(一)花轿

花轿作为传统婚礼的核心部分是从南宋开始流行的。它分四人抬、八人抬两种,又有龙轿、凤轿之分。轿身红幔翠盖,上面插龙凤呈祥,四角挂着丝穗。有钱人家娶亲为五乘轿,花轿三乘,娶亲去的路上女迎亲者坐一乘,其余二乘由压轿男童坐;迎亲回来时新娘、迎亲、送亲者各坐一乘,另有二乘蓝轿,用蓝呢子围盖,上面插铜顶,由新郎、伴郎各坐一乘。

(二)旗锣伞扇

它位于迎亲队伍之中、花轿之前,可令整个迎亲仪式热闹、壮观。

(三)鞭炮

迎亲礼车在行进途中,应一路燃放鞭炮表示庆贺。

(四)凤冠霞帔

嫁女儿的人家无论贫富对嫁衣都是十分地讲究。内穿红袄,足登绣履,腰系流苏飘带,下着一条绣花彩裙,头戴用绒球、明珠、玉石丝坠等装饰物连缀编织成的"凤冠",再往肩上披一条绣有各种吉祥图纹的锦缎——"霞帔"。

(五)盖头

古时新娘着凤冠霞帔的同时都用红布盖头,以遮羞避邪,红色取吉祥之意。

(六)马鞍

"鞍"与"安"同音,取其"平安"长久之意。多放于洞房的门槛上,表示新娘跨马鞍,一世保平安。当新娘前脚迈入门槛,后脚抬起还没有落下的时候,这时由上有父母、下有子女的全人把马鞍抽掉,正好符合了"烈女不嫁二夫,好马不配双鞍"的意思。

(七)火盆

它是放置于大门口的一盆火,让新娘迈过去,寓意婚后的日子红红火火。

(八)天地桌

多置于院中,桌上放大斗、尺子、剪子、镜子、算盘和秤,称为"六证"。意思是:可知家里粮食有多少、布有多少、衣服好坏、容颜怎样、账目清否、东西轻重等。民间常有只有"三媒(媒人)六证"俱全,才表示新婚合理合法的说法。等到吉时举行的结婚典礼,就俗称为"拜

065

天地",由司仪主持,一拜天地、二拜高堂、三是夫妻对拜。

(九)秤杆

入洞房后,新郎用秤杆挑去新娘的红盖头,取意"称心如意"。

(十)花烛

在婚礼仪式中使用大红色的成对蜡烛,点燃于厅堂及洞房之内。因其上多有金银龙彩饰,故称为"花烛"。

四、中式婚礼的基本流程

(一)婚礼前期准备

(1)确定婚礼的基本方案。

(2)与主持人沟通婚礼形式和内容。

(3)确认花轿、服装、婚宴地点、场景装饰等细节。

(4)通知亲朋好友,并告之婚礼形式,希望他们也能身着中式服装,真正体现民族特点。

(5)安排化妆场地布置婚庆用品菜单酒水等细节。

(6)提前一天,与轿夫、主持人、摄像师等一起到现场实地勘察一下,演练一下当日过程。

(二)婚礼中期准备

(1)新娘开始化妆,新郎准备更衣。

(2)新郎乘坐花车迎接新娘,花轿等已准备完毕。

(3)新郎到达新娘家,新娘蒙红盖头,在伴娘的伴随下,由新郎手持的大红绸牵着,慢慢地登上花车;花车到达花轿位置。

(4)婚礼行列已经准备好,两面开道锣在前,前面是舞狮表演,后面是八位吹鼓手,紧接着是手举冠盖的八位执事,最后是披红挂彩的八抬大轿;新人改乘花轿,轿夫起轿。

(5)新郎手扶花轿而行。在鼓乐喧天的乐曲声中,浩浩荡荡向婚礼地点进发。

(6)中途颠轿;新娘下轿;轿帘打开,新娘在女傧相的搀扶下,走下轿子;迈火盆,寓意未来的生活红红火火。

(三)婚礼后期事项

婚礼的全套仪式并不是随着闹洞房的结束而结束,婚后仍有一些仪式需要新人完成。在新婚之后的第一天,新娘在新郎的陪同下拜见男方家长及叔伯兄弟。这是公婆与新妇第一次见面,中国老话说"丑媳妇总要见公婆"指的就是这一刻。讲究的家庭,新娘还要由公婆、丈夫带领到男方家族的祠堂行"庙见"礼,即谒拜列祖列宗,然后依次拜谒族中尊长。上述礼仪被称为"成妇礼",是新娘被男方家庭接纳的必要程序。同样,新郎要成为岳丈的女婿,也得履行一定的程序,即"成婿礼",俗称"回门"。也就是新郎新娘于婚后择期双双去女家拜谒女方父母和尊长并赠送礼物。由此新郎"姑爷"的身份才得以确认。整个婚礼也就完成了。一般程序包括:

(1)进门:狮子封门,讨要红包。

(2)射箭:射天,祈求上天的祝福,射地,代表天长地久,射向远方,祝愿未来的生活美满幸福。

(3)拜天地:一拜天地,二拜高堂,夫妻对拜。

(4)掀盖头:用秤杆挑下新娘的盖头;喝交杯酒。

(5)敬茶改口;进入洞房;新娘更换服装,为来宾敬酒。

(6)民俗表演;婚宴结束。

第二节 西式婚礼

一、什么是西式婚礼

与中式婚礼注重喜庆热闹的气氛不同,西式婚礼显得更加庄重、浪漫和神圣。虽然原则上举办西式婚礼的新人至少应该有一方加入基督教会,但随着越来越多的中国年轻人青睐西式婚礼的形式,这一标准已经不是那么严格了。西式婚礼一般举行的地点选在教堂或者是适合的酒店礼堂、花园、草坪、海边,如果选定在教堂举行,则要事先和教堂联系,商定具体的时间(一般是下午)。西式婚礼的主持人可以由神父、牧师或者是司仪来担任。西式婚礼的主持词较为简短,往往夹杂着较多《圣经》的节选。牧师或司仪用平缓而庄重的口吻宣告婚礼开始,询问是否有法律等因素阻拦婚礼的进行,祈祷上帝赐福,询问双方家庭是否祝福;接着就可以进行婚约问答,签署结婚证书,宣布一对新人正式成为夫妻。

二、西式婚礼的相关仪式

(1)钻石订婚戒。这个传统始于15世纪,当时奥地利大公麦西米伦以钻戒向玛丽许下海誓山盟。以戒指作为礼物是非常古老的传统,这种传统常常是为了确定某一重要的或者神圣的约定而存在的。订婚戒指通常被视作是男方对女方做出的承诺,假若婚约取消,戒指将不再奉还。

(2)新娘要戴手套,手套是爱的信物。在中古世纪,许多绅士送手套给意中人表示求婚。如果对方在星期日上教堂时戴着那副手套,就表示她已答应他的求婚。

(3)婚戒要戴在左手无名指上。古人认为左手无名指的血管直通心脏。中古世纪的新郎把婚戒轮流戴在新娘的三个手指上,以象征圣父、圣子和圣灵三位一体,最后就把戒指套在无名指上。

(4)钻石是爱情的象征。热能和压力孕育出颗颗结晶的钻石,钻石是人类目前所知硬度最高的物质。在古代,人们并没有切割钻石的工具和技术,钻石因此自然成为永恒不渝的爱情的象征,孕育钻石的热能就代表着炽热的爱。

(5)新娘要戴面纱。最初,新娘的面纱象征着青春和纯洁,基督徒的新娘或戴白色面纱以表示清纯和欢庆,或戴蓝色面纱以示如圣女玛丽亚般纯洁。据说,当年美国首位第一夫人玛莎·华盛顿的孙女妮莉·华莱士在结婚时别出心裁地披着白色的围巾,掀起一种风尚。这就是今天新娘戴白面纱习俗的由来。

(6)新娘穿白色礼服。自罗马时代开始,白色就象征着欢庆。在1850年到1900年的维多利亚女皇时代,白色也是富裕、快乐的象征。后来则加强了圣洁和忠贞的意义,形成了纯白婚纱的崇高地位。而再婚的女性,可以用白色以外的其他颜色,如粉红或湖蓝等,以示与初婚区别。

(7)结婚典礼时新娘总是站在新郎的左边。在结婚典礼上,新郎让新娘子站在自己的左边,是因为一旦情敌出现,就可以立即拔出佩剑,击退敌人。

(8)结婚蛋糕特别定制。自罗马时代开始,蛋糕就是节庆仪式中不可或缺的一部分。在那个时代,婚礼结束时,人们会在新娘头上折断一条面包。制造面包的材料——小麦,象征着生育能力。而面包屑则代表着幸运,宾客无不争着捡拾。依照中古时代的传统习俗,新娘和新郎要隔着蛋糕接吻。后来,想象力丰富的烘焙师傅在蛋糕上饰以糖霜,也就成了今天美丽可口的结婚蛋糕。

(9)蜜月旅行。“蜜月”(Honeymoon)一词的由来起源于古欧洲的习俗。新婚夫妇在婚后的30天内,或直到月缺时,每天都要喝由蜂蜜发酵制成的饮料,以增进性生活的和谐。古时候,蜂蜜是生命、健康和生育能力的象征。“蜜月”是新婚夫妇在恢复日常生活前的单独相处。

三、西式婚礼的基本流程

(1)奏序曲;来宾入席,牧师(或神父、司仪)入场并宣布婚礼开始。

(2)伴郎伴娘入场;伴郎与伴娘在音乐声中手挽手肩并肩走过婚礼通道,伴郎着深色西装,伴娘着白色拖地长裙,捧红色玫瑰。

(3)戒童入场;两个戒童则手捧两个红色托盘,上面放结婚证书和戒指入场。

(4)新郎新娘入场;前行时,两个花童手持装满花瓣的花篮(一男一女)一路把花瓣撒在新娘将要经过的红地毯上。

(5)奏《婚礼进行曲》;新娘由女方男性家长带领入场,新娘站在新郎的左侧,伴郎和戒童站在新郎右侧,伴娘和花童站在新娘左侧。

(6)牧师证婚;新郎新娘签字;新人互戴戒指,婚戒戴在左手的无名指,宣誓,点燃“同心烛"。

（7）新郎解开新娘的面纱，亲吻；证婚人致辞。

（8）主婚人致辞、签字祝愿；父母致辞、签字祝愿。

（9）切蛋糕、抛捧花，向来宾赠送小礼物并共同举杯祝愿。

（10）礼成退场，奏退场曲，一对新人走在前面，然后是戒童和花童，伴郎伴娘两两一对退场。

四、西式婚礼的注意事项

（一）音乐的选择

没有什么比音乐更能渲染婚礼仪式的气氛了。仪式音乐很严格地分为三种：序曲、入场曲和退场曲。序曲，可以在仪式前45分钟奏响，用一些古典、经典的曲目供宾客们欣赏。歌唱家的现场演唱适合安排在入场曲响起之前。

人们入场的队伍排好的时候就是入场曲奏响之时了。人们踏着适中的节奏神圣庄严地走上地毯。虽然不是必须的，但一些新人仍希望在仪式时听到优美舒缓的音乐。

接下来，便是退场曲了，新人退场时响起退场曲，那将是欢快的、让人精神振奋的一刻。音乐是服务的一种，所以是要付费的。事先讨论和安排好付费给演奏者的事宜。如果是您的朋友或亲属进行表演，您不方便付钱的话，一份精美的小礼物也是很好的酬谢方式。

（二）宣誓环节的准备

1.站立位置

在踏上地毯走进通道时，新娘一般站在左边，新郎站在右边，面对神父。伴郎站在新郎的旁边，戒童和伴郎们站在他的右边。主伴娘站在新娘子旁边，其他的伴娘团成员和花童站在她的左边。

2.退场顺序

在仪式结束时，一对新人率先退场，身后是戒童和花童。姐妹团成员和伴郎团各成一队，两两一对。伴娘要先走，走在伴郎的右手边。如果人数不平均，一位伴郎要护送两名姐妹团成员离开；多出来一个伴郎便单独走，两个便组成一对同时行进。当队伍走到门口或仪式现场的后面时，指定的伴郎要回到里面护送新人的母亲、祖母和一些尊贵的客人退场。

3.宣读和祈祷者

这个特别的环节可以把本是极为苛刻的宗教婚礼仪式变得个性化。我们所能选择的程度依赖于神父的要求，在选择时要和他进行商讨。一旦想到了要宣读或由祈祷者传达什么信息后，这时神父会帮忙确定一个最为合适的选择。对于一个非常严格的宗教婚礼来说，我们应该选择圣经中的经典段落。没那么传统和正规的仪式时可以选择一首能很好地表达对婚姻情感的诗。我们还可以把不同的精选段落分给亲朋好友来朗读。这样更多的要好的朋友会有机会加入到婚礼当中去,邀请他们,他们也一定会感到很荣幸。

4.互许誓言

誓言可以写到什么程度这也要根据神父的要求来定。但是就算是最传统的婚礼誓言也可以加进自己个性化的现代词语,来使誓言和心愿相契合。誓言是使表达仪式庄重和独特的一种方式。可以选择在仪式上去背诵誓言,但是如果怕因为紧张会忘词,也可以选择朗读,或是肯定地答复神父提出的问题,如:"您可以保证……""您会永远……"。

第三节 主持人参与婚礼的策划

婚礼庆典是新人一生中最重要的事情,他们肯定没有经验,即使以前参加过别人的婚礼或给别人结婚帮过忙,但轮到自己时也是一头雾水。因此作为主持人,从婚礼策划到婚礼的每个细节以及迎送亲的注意事项都要为新人考虑到。有数以百计的来宾,不仅要秩序井然,还要创造出欢乐喜庆祥和的气氛,让所有来宾都能高兴而来满意而去。还要时刻关注新人在敬酒当中的动态,避免让新人陷入尴尬。协调摄影、摄像、乐队、音响、化妆、礼仪小姐配合、现场道具(烛台、香槟塔、追光灯、烟雾机、泡泡机、冷焰火)、舞台灯光,甚至餐桌摆放、上菜时间,等等。从容面对、巧妙处理突发事件,庆典人多、工作多、事情多,甚至有很多意想不到的突发事件,这就要看主持人的应变能力了。

一、婚礼的流程策划

对于准新郎新娘来说,婚礼的筹备工作是十分费时费力的。准新郎新娘首先要确定一个最佳的日期举办婚礼,然后联系婚庆礼仪公司,确定婚礼的流程和主持人、化妆、摄像、婚车;落实婚礼邀请人数、被邀请人名单、举办婚礼的地点、宴请的规格等问题;提前制作、发放请柬,置办婚礼中所需的物品,如结婚礼服、喜糖喜酒、婚戒、喜字鲜花等装饰用品和来宾礼物等。还有一点非常重要,选出适合的亲朋好友担任证婚人、伴郎伴娘以及婚礼招待人员。

婚礼的流程一般分为:

(1)开场乐曲;

(2)司仪主婚人、介绍人及男女来宾入席;

(3)新郎新娘登场;

(4)证婚人宣读证婚书;

(5)新郎新娘行结婚礼;

(6)致辞;

(7)新郎新娘答谢来宾;

(8)退席;

（9）开喜宴。

婚礼的流程比较自由，前后顺序并不是一定的，可以根据婚礼策划的需要，增添或者删去某些环节，但是新人入场、证婚、致辞、行结婚礼这几个环节一般是不可缺少的。常见的婚礼流程还包括给父母敬茶、宣誓、播放短片、交换信物、朋友助兴、倒香槟、切结婚蛋糕等。

二、婚礼主持的要求

婚礼主持人是整个婚礼的灵魂，他控制着整个婚礼现场的情绪和氛围。每一对新人都有着自己与众不同的性格特点、恋爱经历、文化背景，每一场婚礼上的来宾情况以及婚礼现场布置风格也都有所不同，因此对婚礼主持人的要求也就随之而不同。一位优秀的婚礼主持人应该根据具体情况表现出不同的主持风格。同时借助这种浓浓的感情交流，让婚礼的文化底蕴得到升华。所以婚礼司仪应该具备以下基本素质。

（一）应该具备一定的文化艺术底蕴

优秀的主持人能说一口标准的普通话是至关重要的，它的主要能力都体现在嘴上。试想用一口带有方言味儿的普通话去主持婚礼，尽管在其他方面都很出色，但总给宾客留下一种不是很正规的感觉。所以字正腔圆是婚礼主持人的首要基本功，深情的朗诵，激昂的开场白，能给婚礼增加感情的成分，给新人及宾客留下深刻的印象。

其次，婚礼前一定要做到和新人及家人沟通了解情况。精心准备仪程，串联词是非常重要的。串联词准备得充分，不说错话的把握才会大一些。因为婚宴过程是不可逆转重复的，历史性的时光不能再来，现场摄像也不会倒拍，这都是婚礼主持与其他主持的区别。副词要少，"这个""那个"等词要尽量少用。另外，刻意模仿港台腔等也不可取。串联词喜庆大方是主持的特点，一味地调侃新人更是不可取的。

除此之外，多才多艺的表演才能可为婚礼主持锦上添花。从某种意义上来说，新人请主持人主持他们的婚礼，另一侧面也体现了新人的个人爱好与文化品位。而多才多艺的主持，深厚的文化底蕴，也给新人的文化品位带来平衡点。难忘的歌声，器乐的演奏，会留在客人的记忆当中。所需注意的是适可而止掌握尺寸，切不可喧宾夺主。现场表达能力也决定主持人的成功与否。一个出色的主持人必须能正确把握婚礼现场的气氛。成功的婚礼是新人和宾客的共同庆贺。烘托新人情绪、调动现场宾客参与气氛也是主持人表达能力的正确体现。

（二）应具备一定的职业道德、职业素质

出色的婚礼主持人应具备一定的职业道德，这是特别重要的。新人把自己的婚礼交给主持人，就意味着对他极大的信任。任何新人都希望把自己的婚礼举行得热热闹闹的。新人把具有人生重大意义的婚礼托付给主持人，从这点意义上来说，主持人是幸运的，也肩负着巨大的责任。换位思考是主持人应该经常想到的问题，把整场婚礼应看成与自己息息相

关的事情,尽心尽责,力求完美。注意仪表,严格着装,给新人和宾客亲和力、安全感。在婚礼开始之前就让人感到今天的婚礼一定会很出色且与众不同。男主持人应穿着西装佩带领带,头型整洁,皮鞋光亮;女主持人应举止得体大方,淡妆相宜,时装秀与浓妆艳抹都是不可取的。主持人是新人请来的形象代表,他(她)体现着新人的穿着打扮爱好,更是婚礼过程中的出彩点。所以主持人的着装体现着对婚礼的重视程度,以及对新人宾客的敬意。一个优秀的婚礼主持人,必定是遵守时间的模范,切不可姗姗来迟,故作高贵。

（三）应该具备懂行守规、维护婚庆行业信誉的素质

婚礼主持人作为业内人士,应该努力维护行业信誉,并经常了解行业内外动态信息,积极参加各种培训、交流,倡导先进的婚姻理念,弘扬地区婚俗文化,推动婚庆产业发展。婚礼主持人还应积极参加考核和职业认证,使自己成为合格的、有职业资质的婚礼主持人。那些漫天要价、故意压价、恶性竞争、不讲信誉等现象,应为业内人士所唾弃。婚庆行业是一个朝阳产业,而婚礼主持人则是行业中备受瞩目的主要角色。一个出色的婚礼主持人应自觉地完善自己,提高自己的意识和能力,以实现自己的人生价值,为婚庆行业增辉,为天下的有情人添彩。

（四）注重主持的细节

出色的婚庆主持应具有专业的舞台风范,放松自如、表情自然、姿态端庄、动作优雅、稳重大方、举止潇洒,还要有较强的逻辑思维能力,根据婚礼各个环节之间的内在联系,合情合理、周密细致地策划安排婚礼程序,使整个婚礼程序自然流畅,富有创意,高潮迭起,打动人心;也要有良好的表达能力,理解力强,反应快速,词句使用准确,言语生动传神;而较强的表演能力也是必备的。主持人是通过自己的言语、表情、体态和动作等来传达信息的。为了生动地表达主题,营造现场气氛,感染观众的情绪,就必须对自己的言谈举止加以有效的利用和控制。因此,主持过程也是一个表演的过程,但切忌表演夸张过度,给人以虚假之感。

第四节　婚礼主持人的现场语言运用

一、婚礼主持人的语言任务

（一）奠定婚礼的基调

主持人的风格很大程度上决定着婚礼的基调,按婚礼的特点,主持人最好采用对应的主

持词和主持风格。如果是联欢会式的婚礼,主持人往往要以较明快的声调、积极的态势带动婚礼现场的气氛;如果是烛光或主题婚礼,主持人要合乎会场的氛围和婚礼的主旨,语速尽可能要放慢,语言色彩要多掌控,风格要更趋向于温婉抒情。

(二)推动婚礼的程序

(1)连接要紧凑,婚礼各项要紧密相连,浑然一体。

(2)过渡搭桥处要自然不露痕迹,主持人要区别于旧司仪喊"下一项",也不同于报幕员"下面请欣赏"。

(3)串场词、连接语要力求简洁,开场白和结束语更是如此。

(三)营造现场气氛

主持人的亲情融入以及婚礼中的人文关怀,在婚礼的爱情、亲情、友情的主线中构筑的是一种深入人心的感人氛围。减少主持人个人的大段独白、减少朗诵式的诗一样的华丽语言,增加对新人的采访和对话、增加和嘉宾的互动和交流,主持人言之有物,同时借助道具的使用,舞台灯光音响等的配合,可有效地刺激到现场受众的参与热情,达到类似于综艺节目的现场氛围。

二、婚礼主持人的语言特点

(一)交流的多向性

与新人的交流、与主婚人以及现场亲友嘉宾的交流、与伴郎伴娘的交流等,交流中还要注意对方的反应。

(二)内容的关联性

一场婚礼犹如一期电视专题节目或一台综艺晚会,必须围绕着一个鲜明的主题进行,使整个过程浑然一体。婚礼的主题是爱情,同时也融汇了亲情和友情,主持人要紧扣主题去设计语言,避免离题,不说与"本案"无关的话,更不要去耍无聊的噱头。如果能在主题突出、格调鲜明的基础上,做到环环相扣,前后关联就更好了。

(三)话语的兼顾性

好的婚礼主持语言要做到雅俗共赏、庄谐相融、老少皆宜、男女同好,还要因地制宜,因时制宜。因地制宜主要是根据主持的地点和受众群体的不同,主持人的语言要求有变化。例如到了乡村,受众大多是农民,通俗易懂的语言就会受到欢迎,过于文绉就会曲高和寡,但通俗易懂绝非是大土话、大白话,主持人要把握尺度,大体上要保持原有的风格和品位。若在城里特别是受众整体文化素养较高的情况下,语言就要雅,要体现庄重和品位。还应该注意婚礼举行的日子是否是节日,如"五一""十一"及父亲节、母亲节等,是否有特殊意义,如结婚当天便是新郎或新娘的生日等情况,都要用语言给予强调和体现。

话语的兼顾性中还要有针对性,电视节目主持人面对的是大众群体,而婚礼主持人面对的是小众。婚礼的参与者与嘉宾中有个特殊的受众群体,因为都是东道主一家的亲朋好友,所以他们的职业、文化层次、身份地位等都与东道主一家包括新郎、新娘的身份地位以及社交范围有很密切的联系。例如,新人是教师,现场一定会有一个教师群体,新人是警察,现场就会有一个警察队伍,所以主持人的语言要适当兼顾到这些嘉宾,借赞誉新人(职业)也对他们进行了赞美,会收到很好的效果。当然,现场的宾客中也会有各行各业的人士,五湖四海的朋友,主持人全部顾及到是不可能的,也不需要逐个去赞美,这就需要主持人进行合理地把握了。

三、婚礼主持人语言的准则

(一)科学性——主持人语言的第一准则

主持人的语言必须符合客观实际,要从受众的认识、思维和试听的客观规律出发,即要求主持人的语言确切无误,大到思想内容,表达形式,小到语法,修辞都不能出错。

(二)审美性——衡量婚礼主持人成败的重要标准之一

1.声音悦耳

运用自然的口语,切忌油腔滑调。应加强普通话的练习,并可沿用专业主持人、演员的训练方法对声音加以美化。

2.语言流畅

平时多做练习,将常用的主持语言烂熟于心中;练绕口令、贯口可加强语言表达能力;"惠于心而秀于口"平时就要注重文化的修养和积淀,另外临场发挥或应变的语言要通俗明快,减少修饰。

3.品位典雅

婚礼是大喜事,典礼中常见主持人用调侃、甩包袱的方法制造现场喜庆、热闹的气氛,这是必要的,但这一切必须以文明为基础,否则一味低俗搞笑,便降低了主持人自身及整个婚礼的品位。中国是有着五千年文明史的文明古国,有着丰富的地域文化、民族文化包括婚礼文化,主持人可巧为利用穿插在婚礼当中,使婚礼显得有文化品位,抬高了婚礼的档次,同时还适时、适当地即景抒情和煽情深化主题,提高人文关怀,这些都可提升婚礼的意义。

4.情感真诚

这与主持人的品质、为人、敬业精神密切相关。"感人心者先乎于情",但是要感动别人首先得先感动自己。有的婚礼主持人视语音、表情为技巧,拿腔、拿调、拿情、拿动作,让人感觉十分虚伪讨厌,这是千万要不得的。

(三)技巧性——主持人经验积累的体现

(1)幽默风趣——极为重要的主持技能。

(2)适切语境,适切角色——从主持人的角度出发,讲自己该讲的话。

(3)适切受众——根据现场受众的层次、文化等确定自己的语气、语调。

(4)适切时机——主持人的语言要能"火上浇油""锦上添花",起到推波助澜的作用,应变语要快。

四、婚礼主持人语言的技能

(一)语音技能

语音技能并非单指语音优美动听,还包括语调的抑扬顿挫,语言表达方法中的重音、停连的运用及节奏的把握,这些都隶属于专业从业人员基本功练习的范畴,虽然专业的主持人(电台电视台)或专业团体的演员未必就都能主持好婚礼,但高端的婚礼主持人大都是经过专业技能训练的人。

(二)态势技能

上场环视一下现场,一可安定自己的情绪,二可告诉观众:"我要讲话了",安静现场。眼神要时刻想着与受众交流,用眼神抓住受众使他们不分神,但不可过久地注视同一个人,也不可以一扫而过,前者令其不自由,后者会产生不被重视和尊敬的感觉。态势技能还包括身姿、手势等。提高的途径:学习舞蹈,训练形体。

(三)自身形体塑造技能

1.站相

所谓"站有站相,坐有坐相",首先是求"稳",不要站在那里一摇三晃。其次是求"正",不要歪着肩、缩着脖子或者驼着背。要从形体上体现出一个主持人的朝气和活力来。

老作家牧野先生年轻时候当过空军教官,他曾说,那时候训练军人讲究"站如松、行如风、眼如盯",就是要站得挺拔,走得潇洒,目光有神,心底坦然。这对电视节目主持人来讲,很有借鉴意义。

有的主持人不知怎么回事,"O型腿",立正的时候两个膝盖就是并不到一块儿去,视觉上不好看。有的主持人"A型腿",一条腿站定,一条腿撇着,也不好看。还有的"丁字步",同样不好看……这些或大或小的问题,都可以通过有意识的练习矫正过来。

在注意形体练习的同时也要注意养成良好的表达习惯。不要一紧张就下意识地望着天或者看着地,一般来讲,摄像机镜头与人的平视目光水平,你要望着天,那拍出来就是翻白眼。也不要小动作太多,有的人撇着嘴说话,有的人眨眼睛太频繁,还有的说着说着嘴就开始歪……这些都不好看。

2.步态

女主持走路应该亭亭玉立,男主持走路应该虎虎有生气。要克服大大咧咧的"八字步",也要克服软绵绵的"脚拖地"。所以职业主持人进行一些健美类的形体训练十分必要。

3.手势

手势是自然的表达,所以不要做作;手势是语言的辅助,所以不要杂乱;手势是修养的体现,所以不要拘谨;手势可以精心设计,但要追求漫不经心的效果。总的来说,好手势应该是简单的、自然的、得体的、为有声语言传播服务的。

五、婚礼主持人的语言类型

(一)开场语

开场语的任务是交代清楚时间、地点、谁和谁结婚,并代表主婚人和新人对嘉宾朋友们的到来表示欢迎。开场语一定要简洁明了,交代清楚后马上引领新人入场。有很多婚礼主持人不明就里,在入场前啰唆了一大堆话,结果徒劳无益,浪费时间,甚至冲淡了现场气氛,这是千万不行的。

(二)衔接语

过渡自然,求少求精。衔接语属主持人独白,一定要说得情感投入,圆润动听,毫无程式化背词的感觉,这样才能说到观众心里去。

(三)终结语

结束语要精练连贯,干脆利索,一气呵成,且仍要紧扣婚礼的主题,一场好的婚礼不能虎头蛇尾,在结尾处可安排新娘抛手捧,或新人送出互动礼物,最后的爱情主题的高潮,主持人也可以极力营造气氛,然后戛然而止,令人回味无穷。

(四)应变语

应变语是最能检验主持人功力的地方,同时也需要长期的实践和锻炼,不过单就婚礼而言,主持人使用应变语的范围较为有限,一般常在设计和预料中,对于主持经验较为丰富的婚礼主持人来说并不难驾驭,但主持技能尚显稚嫩或初入行的新人要切记:临场发挥组织语言的时候,一定要避免啰唆,达意即可,不必过于修饰,最好及时结束话题,进入下一环节。

六、婚礼主持人语言的风格

常见的婚礼主持风格有:

（一）儒雅型

此类型主持人兼有学者风范,临场时潇洒、大方、自然、从容,常能随机应变,妙语连珠,十分的睿智。此种类型的婚礼主持人要具有厚重的文化修养和较深的生活感悟,不太适合资历浅薄的年轻主持人。

示例(节选):

尊敬的各位领导,各位来宾,女士们,先生们:

大家晚上好! 今天是公元 2008 年 11 月 8 日,农历戊子年十月十一日,是个大吉大利、大喜大庆的日子。我是今天的婚礼主持人:叶振林。今天我很荣幸能主持这场婚礼,首先我谨代表一对新人及他们的父母,对各位来宾的到来表示最热烈的欢迎和衷心的感谢! 亲爱的各位亲朋、各位好友,今天我们欢聚在南京金陵饭店共同参加×××先生和××小姐的盛世婚礼,婚姻是爱情和相互信任的升华,不仅需要双方一生一世的相爱,更需要双方一生一世的相互信赖。

现在是北京时间下午 6 点 30 分整,吉祥的时刻马上就要到来,在这里,我有一个小小的要求——当我们的新郎新娘携手走进这个新婚的殿堂的时候,我希望我们在座的每一位朋友能用你们的掌声和喝彩声,迎接新郎新娘的到来,大家说,好不好? 接下来,我宣布:×××先生与××小姐新婚庆典仪式现在开始。好,请我们的音响师奏响庄严的婚礼进行曲,让我们大家以最热烈的掌声有请二位新人登场!

执子之手,与子偕老。身披着洁白的婚纱,头戴着美丽的鲜花,沐浴在幸福甜蜜之中的佳人伴随着神圣而庄严的婚礼进行曲,正手挽着手,肩并着肩,面带着微笑向我们款步走来。朋友们,让我们衷心地为他们祝福,为他们祈祷,为他们欢呼,为他们喝彩,为他们完美的结合,让我们再一次热情鼓掌,祝福他们美好的未来!

（二）活泼型

语调较高,语速较快,身体动感较强,容易带动起现场气氛,适用于年轻主持人,这样的风格容易使婚礼凸显欢快、热烈、喜庆的特点。

示例(节选):

尊敬的各位来宾、各位领导、女士们、先生们:

大家好!

金秋十月,阳光明媚,惠风送爽,欢声笑语,天赐吉祥,在这美好的日子里,在这春华秋实的大好时光,我们迎来一对情侣×××先生和×××小姐的幸福结合。首先,请允许我代表二位新人以及他们的家人对各位来宾的光临,表示衷心的感谢和热烈的欢迎!

现在我宣布:

新婚庆典仪式现在开始! (燃放鞭炮、奏婚礼进行曲)

请各位来宾掌声响起,热烈欢迎新人登场。

鹊上枝头春意闹,燕飞心怀伊人来。身披着洁白的婚纱,沐浴在幸福甜蜜之中的佳人,在新郎的相拥下,伴着幸福的婚礼进行曲,肩并着肩、心贴着心、手牵着手,面带着微笑向我们款步走来。

执子之手,与子偕老。此一刻,意味着两颗相恋已久的心,终于走到了一起;此一刻,意味着两个相爱的人步入了神圣的婚姻殿堂;此一刻,意味着两个人在今后日子里,无论是风是雨都要一起度过;此一刻,意味着两个人将在人生的旅途中相濡以沫、恩爱到老,携手一生。

接下来,请允许我向各位来宾介绍一下今天的二位新人。

站在旁边的这位亭亭玉立、婀娜多姿的漂亮妹妹,就是今天的新娘×××小姐,向前一步,让来宾们认识一下。翘首望,看新娘,美妙佳人真好看,身形苗条似仙女,风姿翩翩似鹤翔,有如出水芙蓉娇艳美,赛过五彩金凤凰,还是新郎有绝招,梧桐引来金凤凰。

介绍完新娘我们看新郎,新郎就在新娘旁,站在新娘旁边的这位美滋滋、乐颠颠的小伙就是咱们今天的新郎×××先生,向前一步,让大家来认识一下,好,看新郎,真俊男:英俊潇洒,相貌堂堂,浓眉大眼,落落大方,这正是,才子配佳人,美女配俊男,花好月圆,地久天长!

(三)幽默型

要真正成为一个诙谐幽默的主持人是很不容易的,这也需要主持人的天赋,一定得有幽默细胞,懂得幽默的方法,可要借鉴综艺节目主持人和相声演员的功底和技能。幽默型的主持人也应重视语言的内容和自身文化素质的培养。如果片面地理解幽默的寓意,一味地追求搞笑,结果就会忽视婚礼应有的庄重、神圣、高雅的品位,顾此失彼,也会使婚礼降低品位,得不偿失。

示例(节选):

阳光明媚,春风送福,欢声笑语,天赐良缘,在这美好的日子里,我们迎来了×××先生和×××女士的幸福结合。首先,请允许我代表两位新人对各位来宾的光临,表示最衷心的感谢和最热烈的欢迎。自我介绍一下,我叫×××,是两位新人大胆起用的从未主持过任何节目的著名的新司仪。我知道,对我的大胆起用,给两位新人也带来了前所未有的压力,据民意调查结果显示,两位新人担心我的主持会让他们留下太多美妙的回忆,不过,我在这里要向他们保证,他们的担心不是多余的。废话不说了,现在我庄严宣布:新婚庆典仪式现在开始!

让我们以最热烈的掌声欢迎两位新人闪亮登场。现在,我给大家介绍一下两位新人(×××、×××)。请新郎向现场的观众朋友举手示意一下:大家说今天最帅的小伙子是谁? 下面我将隆重介绍今天的男主角——看! 我们眼前这位天庭饱满、地廓方圆、双眉带彩、二目有神、可做国家栋梁的英俊潇洒的帅哥就是我们的新郎×××。站在帅哥旁边的这位人见了不散、鸟见了不飞、小狗见了都不舍得咬的美女就是今天的新娘×××女士。大家说咱们新娘子漂亮不漂亮?(鼓鼓掌)其实,他们的结合,不只是他们个人的事情,首先应感谢现场的朋友!

下面,请新郎、新娘向各位来宾行新婚大礼。一鞠躬,衷心感谢各位来宾对他们长久以来的热心帮助,可以说没有你们的帮助就没有他们的今天,同时,并希望大家继续关心帮助他们。二鞠躬夫妻对拜,谁鞠躬鞠得越深说明谁爱对方爱得越深。

第五节　婚礼主持词典范示例

一、婚礼主持词典范示例一

这是一篇比较标准的婚礼主持词,通篇看来,主持人是善于活脱气氛并力争做到以情动人,从新郎新娘、双方父母和在座宾朋的角度出发,典雅端庄又亲民,很好地融入到了婚礼气氛当中,婚礼环节俱全。

开场白:阳光明媚,歌声飞扬,欢声笑语,天降吉祥,在这美好的日子里,在这大好时光,我们迎来了一对情侣×先生和×小姐幸福的结合。在这里首先请允许我代表二位新人以及他们的家人对各位来宾的光临表示衷心的感谢和热烈的欢迎!

奏乐:接下来我宣布新婚庆典仪式现在开始,好,请我们的音响师奏响庄严的婚礼进行曲,让我们大家以最热烈的掌声有请二位新人登场!

新人出场:红杏枝头春意闹,玉栏桥上伊人来,身披着洁白的婚纱,头上戴着美丽的鲜花,沐浴在幸福甜蜜之中的佳人在庄严的婚礼进行曲当中心贴着心、手牵着手,面带着微笑向我们款步走来。朋友们,让我们衷心地为他们祝福,为他们祈祷,为他们欢呼,为他们喝彩,为了他们完美的结合,让我们再一次热情鼓掌,祝福他们美好的未来! 在这灯火辉煌、热闹非凡的婚礼殿堂,我想是缘是份把他们两颗纯洁的心相撞在一起,把这对钟爱一生的新人结合得甜甜蜜蜜,是天是地把这对心心相印的夫妻融合得恩恩爱爱,美满幸福。

父母上台:世界上有一种人,和你在一起时,总是千万次嘱咐要多穿件衣服,要注意自己的安全,你觉得很烦,却也觉得很温暖,缺钱的时候他总会说些赚钱不易之类的话来训你,边说省着点花,边塞钱给你,这种人叫做父母。我们的童年都是在父母的关爱与呵护下,无忧无虑地度过的。阳光灿烂的日子,父母送我们一片明媚的晴空;飘雨落雪的时节,父母为我们撑起一把温情的伞。少年时代充满了多少求学的喜怒哀乐,却又包含了父母的多少苦辣酸甜。父母常因我们的欢乐而喜上眉梢,也常因我们的烦恼而愁在心头,父母盼望我们找到如意的工作,父母盼望我们建立美满家庭,父母盼望我们过上幸福生活。今天,父母欣慰地笑了,而在这由衷的笑容里,我们却看到了父母的额头上不知何时爬满了一道道深深的皱纹,父母的鬓角也不知何时增添了一缕缕花白的头发。可怜天下父母心,可敬天下父母情。现在让我们用热烈的掌声请出这四位含辛茹苦、操劳半生的父亲和母亲吧,掌声有请双方父母上台。

敬茶改口:请两位新人与父母面对而站,拉着父母的手,让我们感受一下来自父母手心的温度,曾几何时,他们父亲宽大坚强的臂膀不如从前;曾几何时,母亲那光滑细嫩的手也有了岁月的痕迹;曾几何时,由于我们平时工作的繁忙,很少能注意到父母脸上有哪些细微的变化，两鬓是否多了几许白发，额头是否多了几许皱纹，父母所写在脸上的辛劳功绩，我们做儿女的应当永世难忘，所以请你们为父母深深地三鞠躬：一鞠躬，感谢你们把我带到这个世界上；再鞠躬，感谢你们把我抚养成人；三鞠躬，祝你们身体健康，长命百岁！

证婚人致词：二位新人，你们忠贞不渝的爱情由天地为你们作证，由在场的所有来宾为你们作证，下面掌声有请××为二位新人主婚，致证婚词。

（中间略）

感谢××的庄严证婚，有了您的证婚，天地可鉴，日月同心，二位新人将拥有一个幸福甜蜜的婚姻，掌声送给证婚人。

交换戒指：我们都知道钻戒代表爱情的坚贞与永恒，现在我们的一对新人将要在这里互换他们爱的信物——一对非常漂亮的钻戒！听老人们常说，结婚这一天要为新郎新娘准备两枚镌刻着长辈祝福的婚戒，这新郎的叫作许戒，他是让男孩用心去许下一生的心愿，那新娘的戒指则被称为诺戒，要女孩承诺一辈子的相守，当新郎新娘食指交替，相互交换的时候，也就意味着他们将承诺：彼此相亲相爱，相伴永远。

拜天地：俗话说一方水土养一方人，茫茫天地养育了天下众人。新郎新娘的婚礼得到了天地的庇护。下面请新郎新娘拜天地感谢天造一对佳偶，一鞠躬，感谢地结金玉良缘；二鞠躬，感谢地结金玉良缘；三鞠躬，愿天地姻缘传佳话。相亲相爱好几年，嘴上不说，心里甜，彼此一切多奉献，就等结婚这一天，来夫妻相向而站。夫妻对拜：一鞠躬，头碰头，相亲相爱永相守；二鞠躬，鼻碰鼻，比翼双飞不分离；三鞠躬，脸贴脸，天长地久爱相随！

喝交杯酒：有请美丽伴娘奉上美酒。两位新人在舞台的中央面对面站好，端起这杯"情有独钟"，轻轻地碰碰杯，心心相印手挽手，幸福美满共饮天长地久。这是一杯交心的酒，喝了这杯酒，从此就是小两口，喝了这杯酒，恩恩爱爱到白头，喝了这杯酒，该出手时就出手，喝了这杯酒，温馨甜蜜全都有，喝了这杯酒，风雨人生一起走！请你们双手牵起对方的手，眼睛望着对方的眼睛，两位新人，此刻站在你对面的这个人已经正式成为你的爱人，你们要用自己全部的热情，甚至用自己的生命去爱他、关心他、照顾他、保护他，从今天开始将不会有任何人能用任何的风雨和困难把你们彼此分开。现在有请新郎新娘用你们充满热情的拥抱和亲吻，让我们现场所有来宾证明你们那坚贞不渝的爱情！

倒香槟并举杯：两位新人请亲手相牵地走到香槟塔前，这层层叠叠的香槟塔象征着你们的爱情经过，请你们用幸福的源泉来浇灌你们的爱情之树吧！晶莹的香槟美酒在水晶宝塔之间缓缓流淌，就像我们两位新人把他们的心，把他们的情，交于对方，混合交融。让我们忠心地祝福他们爱情之花常开，爱情之树永远常青。

今天这么多的亲朋好友在百忙之中来参加这次婚礼，各位嘉宾的光临也使今天的喜筵更加蓬荜生辉、祝福满堂，所以请二位新人向我们的来宾朋友们行鞠躬礼表示感谢。一鞠躬，祝各位朋友八方进财，四季福满，合家安康，生意兴隆；再鞠躬，祝大家万事如意，身体健康，爱情美满，生活甜蜜；三鞠躬，一天更比一天强，一年比一年好。

结束语：今天的新婚庆典就要结束了，下面请双方家长入席就座。在座的各位宾朋，把你们最美好的祝愿放入你桌前的美酒中,大家干杯!

二、婚礼主持词典范示例二

这篇主持词比较注重与新郎新娘、与亲朋好友的互动,更偏向于中式,环节设计合理,语言表达生动。

尊敬的各位来宾、各位亲朋好友:

大家好!

天赐良缘,云端上月老含笑;花开并蒂,绿阳春新人踏歌。新婚燕尔日,良辰美景时。今天是××小姐与××先生喜结良缘的大好日子,我是××,非常荣幸能够为这一对新人主持婚礼!我和大家一样,都等不及要看看美丽的新娘子和英俊的新郎官了。吉时已到,现在我宣布,××小姐与××先生的结婚典礼正式开始!美妙的音乐已经响起,现在请各位起身,迎接新人入场!伴着《结婚进行曲》神圣的旋律,带着所有亲朋好友最美好的祝福,一对新人肩并着肩、手牵着手、心贴着心、踏着红毯款款而来,许下"执子之手、与子偕老"的美丽誓言。让我们用热烈的掌声表达对他们的衷心祝愿!

站在我身旁的这位英俊潇洒、气宇不凡的小伙子就是我们今天的男主人公××先生。请××向我们的来宾朋友们挥一挥手,向大家打个招呼。我们中国有句成语叫郎才女貌,我觉得这个词用到我们今天的这一对新人身上是再恰当不过了。好,让我们把目光聚焦在这位美丽的公主××的身上。接下来,我们也请新娘子向来宾朋友们挥一挥手,也向大家打个招呼。一对新人真是天作之合、志同道合、珠联璧合,让我们用热烈的掌声来祝福他们百年好合,永浴爱河。

心与心的交换,爱与爱的交融,交织出一份美好的誓言。接下来,请二位新人为自己的亲密爱人送去他(她)一生的承诺。朋友们,婚礼是一种命名,苍天之下命名永远,要求的是一生一世的相依相伴,没有终生相爱的决心,不可妄称夫妻,一旦结为夫妻,就不能伤害对方,××先生××小姐,如果你们愿意将你们的一生交给对方的话,就请你们相互面对,用你们真诚的信念,来回答婚礼誓言。

新郎:你是否愿意和你眼前的××结为合法的夫妻,新郎请你记住,在新娘的心中,你是一座高大的山,是她值得一生依靠的山,在以后的日子你要好好地呵护她如同呵护自己的眼睛,好好地珍惜她,如同珍惜自己的生命,从今天起不能让她受到一点点的伤害和委屈,用你所有的爱,给××一个美好的明天,你能够做到吗?

新娘:你是否愿意和你眼前的××先生结为合法的夫妻,那么也请新娘记住,在新郎的心中,你是一朵娇艳的玫瑰,是他值得用一生滋养的鲜花,未来的人生旅程,有可能经历风风雨雨,你是否能够做到永远是××的后盾,在生活中、在事业上照顾他,帮助他,关怀他,用你所有的爱,给××一个温暖的家,你能够做到吗?

我愿意,我能够做到,简单的话语道出一对新人的心声,这句话,打动了山河,感动了天地,百年修得同船渡,千年修得共枕眠,一对新人为了表达他们一千年来的缘分,下面请证婚人××宣读结婚证书!

(中间略)

下面,新人将向双方父母献上深深的感恩礼,敬茶并改口。

一鞠躬,感谢父母的生育之恩;二鞠躬,感谢父母的养育之恩;三鞠躬,祝双方父母健康长寿;向双父母敬茶并改口。

(请双方父母给我们的新人和来宾讲几句话)〈合影〉

下面两位新人互相行礼:

一鞠躬,一生一世一往情深;二鞠躬,心心相印恩恩爱爱;三鞠躬,三生有幸来宾作证(掌声)。

接下来两位新人将互送新婚的信物并喝下新婚的美酒。朋友们,这浓香的美酒将祝他们今后的生活幸福美满。来宾们,让我们再次祝福他们!

各位朋友,在两位新人生活和工作中,在座的亲朋好友,同学同事,单位领导,都给予过他们帮助,在此他们将献上深切的致谢礼。

一鞠躬,感谢同学同事的关心;二鞠躬,感谢亲朋好友的关心;三鞠躬,祝大家身体健康、万事如意。

下面我们的新人将给我们带来一个更温馨的时刻。他们将点燃新婚的生活,爱情的烛光。

朋友们,这烛光充满了温馨,充满了爱更充满了光明,今天××先生和××小姐在我们面前携手点燃了这新婚的圣火,愿他们今后的生活像这燃烧的烛光一样光明温馨!朋友们,让我们全体起立,共同举杯祝福他们!幸福的新郎新娘让我们再次感受到了生活一定像蜜糖般甜蜜;他们的爱情一定会像钻石般永恒;他们的事业一定会像黄金般那样灿烂。愿各位来宾分享这幸福时刻,度过美好的时光。最后我代表两位新人再次对各位嘉宾的到来表示感谢,并真诚地祝愿大家在今后的生活里:一帆风顺、两全其美、三羊开泰、四季平安、五福临门、六六大顺、七星高照、八面聚财、九九(久久)安康、十全十美!谢谢大家!

三、婚礼主持词典范示例三

开场:尊敬的各位来宾、各位朋友、女士们、先生们,大家上午好。今天是公元××××年的××月××日,在这样一个充满喜庆的日子里,我们迎来了新郎×××先生、新娘×××女士的结婚庆典,我是来自于中原婚庆主持团队的主持人,我叫×××。非常荣幸受到二位新人的委托为他们主持并见证这一神圣而又浪漫的婚礼时刻,在此我代表两位新人以及他们双方长辈,对各位来宾的光临表示热烈的欢迎和衷心的感谢,谢谢你们!谢谢大家。(司仪给来宾鞠躬)

新人入场:如果说爱情是美丽的鲜花,那么婚姻则是甜蜜的果实;如果说爱情是初春的小雨,那么婚姻便是雨后灿烂的阳光。在这样一个美妙的季节里,一对真心相恋的爱人,从相识、相知、到相恋,走过了一段浪漫的爱的旅程。好的,亲爱的朋友们,此时此刻,我想所有的嘉宾和我的心情都是一样的,都是怀揣着一颗万般激动、期待的心情,等待着我们今天的新郎和新娘的出现,下面就让我们一起把所有的目光都聚焦在幸福之门,并且以最热烈的掌声有请二位新人步入这神圣的婚礼殿堂。

新人进场进行时:音乐在大厅回响,礼花在空中绽放,朋友们,来宾们,让我们祝福的掌声再热烈些……热烈些!

伴随着这美妙的音乐,一对新人正携手并肩向我们走来,他们正接受月下老人的洗礼,享受这人生中最美好的时刻,让时间定格在这里,让历史记住今天,公元××××年的××月××日,新郎×××、新娘×××缘定今生真爱永恒!典礼开始:鸣炮。

今天,是他们人生的转折点和里程碑,让我们用热烈的掌声祝贺他们吧。两人手挽着手走上礼台,这一刻是一幅两个人共同撑起的一方天空的风景,像两棵依偎的大树,枝叶在蓝天下共同盛放,树根在地底下相互盘缠。风也罢,雨也罢,每一刻都如此的美好,每一刻都是一首动人的情诗,每一刻都值得用所有的时光去回味……执子之手,与子偕老。这该是一种并肩站立、共同凝望太阳的升起、太阳落下的感觉;这该是一种天变地变情不变的感觉。

拜天地:吉祥的日子,那么今天,我们的××先生和××小姐怀着两颗彼此相爱的心,终于走上了这庄严神圣的婚礼圣堂!

这正是,才子配佳人,织女配牛郎,花好月圆,地久天长!新郎新娘拜天地:

一拜天地之灵气,三生石上有姻缘;——一鞠躬!

再拜日月之精华,万物生长全靠她;——再鞠躬!

三拜春夏和秋冬,风调雨顺五谷丰!——三鞠躬!

拜完了天地请新人面对来宾。

宣誓问誓:朋友们,婚姻是相互的理解和信任,更是彼此的托付和珍惜。婚姻是爱与爱的交融,情与情的交换,更是心灵与心灵的碰撞,生命与生命的相连。传颂着一个美丽的爱情故事,交织出一个美好的爱情誓言。此时此刻我想新郎新娘都会有一句话想对彼此说,那么现在有请二位新人转过身来,相对而立,看着彼此的眼睛,新郎请你拉起新娘的手,在众人面前说出这份爱的告白吧。×××先生,当你的手牵定她的手,从这一刻起,无论贫穷和富贵,健康和疾病,你都将关心她,呵护她,珍惜她,保护她,理解她,尊重她,照顾她,谦让她,陪伴她,一生一世,直到永远,你愿意吗?(我愿意)掌声为新郎见证!×××女士,当你的手牵定他的手,从这一刻起,无论贫穷或富贵,健康或疾病,你都将忠于他,支持他,帮助他,安慰他,陪伴他,一生一世,直到永远,你愿意吗?(我愿意)。掌声见证!

交换信物:一句誓言承诺一生相随,一刻感动足以相伴风雨人生。此时此刻苍天播下了幸福的种子,大地盛开了吉祥的花朵,合法夫妻开始了他们美满的新婚生活,人生旅途掀开了他们崭新的一面,为了这个新家庭的诞生,他们带来了珍贵的信物,这信物象征着两颗真诚不变的心,还包含着更多的责任和承诺,下面有请小天使给二位新人送上属于他们的爱情信物。新郎,真诚地望着你的爱妻,记住,×××是你今生无悔的选择!现在请将钻戒佩戴在新娘左手的无名指上。新娘,真诚地望着你的先生,记住,×××是你今生幸福的依靠!现在请将钻戒佩戴在新郎左手的无名指上。天长地久有尽时,此情绵绵无绝期。一枚小小的钻戒,牢牢地套住了他们绵绵的情,套住了他们彼此相爱的心。

拥吻:现在,将你们两只戴着戒指的手紧紧地拉在一起并高高地举起接受大家的祝福吧。我们衷心希望你们记住今天彼此的诺言,永远把对方当成自己手心里的宝。那此时此刻,新郎你还在等些什么呢?拥她入怀吧!用你那男人般有力的臂膀拥抱你的爱妻,拥抱你的天使,拥抱你心中的太阳!亲爱的朋友们掌声响起让我们祝福他们:执子之手,与子偕老。恩恩爱爱,直到永远!掌声在哪里?

主、证婚人致辞:来宾朋友们,事业要前行需要领路人,那么幸福的婚姻当然也离不开我们的主婚人、证婚人。下面,掌声有请×××先生/女士做主婚人/证婚人致新婚贺词。

(中间略)

感谢×××先生/女士的精彩致辞,同时也让我们再一次的把掌声送给×××。欢迎领导入席就座!

圣火仪式点烛台:朋友们,烛光是幸福、温馨、喜悦、吉祥的象征,传说在婚礼上点燃的烛火是为了让新人在今后的生活中找到心灵的光明。现在就让我们再一次有请小天使送上爱的火种,让新郎新娘引燃这象征着薪火相传的爱情火焰,点燃这象征着锦绣前程的水晶烛台。有请新郎新娘四手合力拿起你们爱的火烛;点燃你们新生活开始的烛光!乐曲悠扬,烛光闪亮。看:那燃烧的蜡烛,燃烧着他们爱情的火焰,照亮着他们美好的理想。预示着他们生活的幸福,象征着他们一生的安康。常相伴,永相随。情意的大地无限美,爱情的天空尽朝晖。手挽手来心连心,海誓山盟不变心。一对鸳鸯结同心,同甘共苦一条心,祝你们婚后的生活就像这爱的火种一样如火如荼、红红火火!掌声见证!

有请父母上场:人世间最正直善良、无私奉献的,莫过于我们的父母。父亲的爱像一轮温暖而严厉的太阳,闪耀着光芒。母亲的爱像一眼清澈而甜美的泉水,静静地流淌。在人生的道路上,我们可以走得很远很远,却永远也走不出父母心灵的广场。下面有请二位新人走过去把劳苦功高、含辛茹苦的父亲母亲请上礼台!

拜父母同时改口敬茶:来,新郎新娘请面对爸爸妈妈站好,请问新郎:二十多年的养育之恩能不能忘记?(不能)尊老敬老是不是我们中华民族的传统美德?(是)孝敬父母是不是我们每个公民应尽的义务?(是)那么请问我们中华民族尊老敬老的节日是不是重阳节?(是)是不是每年的九月初九?(是)九月初九常回家看看能做到吗?(能)好,那就现在好好看看你的父母吧!20多年了,如今父母已不再年轻:头上也有了一些白发,腰身也不再挺拔,曾经明亮的眼睛也失去了往日的光华,脸上的皱纹也仿佛在诉说着岁月的沧桑和变化。可他们无怨无悔,依然对孩子充满着牵挂,他们最大的心愿就是盼望孩子能够立业成家!×××,父母的养育之恩永远都不能忘记,来,拉起你最爱的人,走向你最亲的人,为你们的父母,敬上一杯甜甜的孝心茶。以感恩的心永远孝敬父母亲。请问新娘:爸爸要吃苹果、梨,新娘快点来削皮,削不削(削),吃不吃(吃),父母将来要过大寿,你俩快把那钱给够,给不给(给),真给假给(真给),好!妈妈渴了要喝水,你赶紧端上那蜜糖水,端不端(端),喝不喝(喝),来、新娘请双手端一杯茶敬向妈妈,说一句,妈,你辛苦了请喝茶,(妈妈喝茶喝一口后把红包递给新娘)喝了孝心茶，健康又发达！来，也给爸爸端上一杯茶，爸，辛苦了请喝茶，(爸爸喝茶后也把红包递给新娘)喝了儿媳茶。幸福是一家，先改口，再敬茶，新娘接受了爸妈的红包，把孝心化作三鞠躬献给爸和妈。

一鞠躬：一拜父母生育情，情深似海伴儿行；

再鞠躬：再拜父母养育恩，恩重如山记在心；

三鞠躬：三拜父母身体好，寿比南山永不老！

二位新人，再次重温爸爸妈妈那温暖的怀抱吧！(示意新娘主动上前和妈妈拥抱，新郎主动上前和爸爸拥抱)

此时此刻，我想所有的话语都将变得苍白，所有的情感都将在这一瞬间纵情宣泄，一个拥抱把两代人的亲情、交融在了一起，朋友们，把掌声送给这幸福的一家人，也送给天下所有的父亲、母亲！

家长发言：在今天这样一个喜庆的日子里，此时此刻，我想新郎的父亲一定有很多话想对新郎和新娘说，下面就让我们以热烈的掌声有请新郎的父亲发言……

父母退场：新郎新娘，你们结婚以后，一定要记住要常回家看看，父亲母亲一辈子不容易就图个团团圆圆，平平安安！来宾们让我们掌声有请父母亲入席观礼就座！掌声欢送！

新人讲话：亲爱的朋友们，在这样一个喜庆的日子里，在这样一个美好的时刻，我想二位新人也一定有很多祝福和感慨。他们一定有感谢的话想对大家说。下面有请新郎官给大家讲上几句：来宾们掌声鼓励！(新人讲话)

亲爱的朋友们，掌声接受！

夫妻对拜：两情如水春(夏、秋、冬；啥季节讲啥词)为伴，夫妻对拜比蜜甜。接下来是夫妻对拜，二位新人向左向右转，在咱们这里有这么一个风俗，夫妻对拜的时候啊谁鞠躬鞠得越深说明谁爱对方爱得越深：

一拜有福同享，有难同当；白头偕老，风雨同舟——一鞠躬，谢谢您选择了我，我的心里只有你，相伴一生不分离；

再拜夫妻恩爱，相敬如宾；早生贵子，光耀门庭——再鞠躬，白头偕老；

三拜勤俭持家，同工同酬；志同道合，尊老爱幼——三鞠躬，永结同心！

香槟酒塔：接下来，有请二位新人走到香槟酒塔的面前；来共同浇灌你们爱情的金子宝塔，请一对新人四手合力，共同托起这爱的香槟美酒，共同浇灌这爱的源泉。看！二位新人已经打开了他们幸福的源泉……看！这每一杯酒都在倾诉着一个爱的故事，这每一杯酒盛满了他们彼此忠贞不渝的诺言，让这香甜的美酒注入这晶莹的杯塔中，散发出爱的芬芳，汇聚成爱的海洋，让这甜蜜的一刻永远停留在你们的心头！让这温馨的时光永远在心海中荡漾！……让我们衷心地祝福一对知心爱人有情人终成眷属！也祝福现场所有的已成眷属者情深意更长，愿这爱情之水长流！爱情之树常青！同时也祝愿新郎新娘的婚后幸福生活就像这美酒一样香醇犹在、韵味悠长。掌声在哪里？

交杯美酒：朋友们，洞房花烛夜，欢喜到天明，举杯邀明月，共饮相思情。那接下来有请二位新人面对面站好，来共同饮下这香甜的交杯美酒。下面有请礼仪人员为新人送上爱情的甘露、交杯美酒。来，新郎新娘请你们各端一杯爱情的美酒，手挽手，臂挽臂，挽着星星，挽着月亮，挽着你们美好的幸福和梦想，喝上一杯永生难忘的交杯酒。新郎喝了这杯酒，能陪妻子到白头，新娘喝了这杯酒，能伴丈夫度春秋。这红红的交杯酒是两位新人用他们的情、用他们的爱酿造的，也只有真心相爱的人，才能喝得上这香甜的美酒。亲爱的朋友们，掌声响起来吧！让我们共同祝愿新郎新娘在以后的生活中相濡以沫、同甘共苦，幸福齐天、天长地久！

抛花：朋友们，在今天这样一个吉祥的时刻，我们的新郎、新娘为大家准备了一份特别的礼物，大家都知道，红红火火的花球象征着幸福、吉祥和如意。那此时此刻，我们这对新人将用这种抛花球的形式来表达他们对大家的祝福。好，下面就请在场的所有未婚男女朋友们赶快到前台抢个好位置，朋友们，如果说你今天接到了这个吉祥之物，那么在你今后的生活中将出现一个又一个的你想都想不到的惊喜，也许是你的事业会蒸蒸日上，也许你美丽的爱情将会在下一刻降临，更也许是你的钱包会向这个花球一样圆圆鼓鼓，这种机会可要好好把握啊！

礼成退场：伴随着祝福，亲爱的朋友们，让我们借着这美丽的花束，祝福所有还没有结婚的朋友们都能够像我们的新郎、新娘一样早日有情人终成眷属。

尾声结束：婚姻是什么，有人说，婚姻是男人停泊的海港，有人说，婚姻是女人幸福的天堂，其实，婚姻很简单，婚姻就是两个人在一起的时候，当你快乐，他会与你一起静静分享，当你忧伤，他会借给你停靠的臂膀，他会与你一起在人生的长河中乘风破浪、扬帆远航。朋友们，在婚礼即将礼成的时刻，让我们的新人面对所有的来宾深深地一鞠躬，感谢全场所有来宾的祝福，让我们在座的所有来宾把你们的祝福凝聚成喜庆热烈的掌声，欢送一对新人手牵着手，肩并着肩，心连着心，走向他们爱的世界、花的海洋，人生的辉煌！让我们把祝福相送，来，让我们踩着音乐的节拍，把掌声源源不断的送给新郎、新娘。掌声不断、祝福不断，伴随着掌声，伴随着祝福，我们的新人将踏上人生新的旅程，让我们共同祝愿他们的人生，一步一步辉煌、一步一步精彩！掌声欢送。

我宣布×××先生和×××女士的新婚大典到此圆满礼成。我是司仪主持人×××，在这里祝愿在座的所有来宾吃好喝好身体好。谢谢大家！

四、婚礼主持词典范示例四

①开场白：(神秘花园)我们每个人都生长在同一个蔚蓝的星球；我们每个人都是从平坦或不平坦的一端开始。

男人和女人的世界是浪漫的，有趣的，刹那间化作永恒。爱情是什么？爱情就是悬崖峭壁上的玫瑰，摘取它，你要获得十足的勇气还有信念。有一对相爱的人，今天将要实现他们自己的梦想。

(音乐转换《婚礼进行曲》)

主持人:听,婚礼的钟声敲响了,一个神圣的时刻到来了,×××先生和×××小姐,你们的婚礼庆典圣台就在你们的面前,请问,此时此刻,登上圣台,就意味着你们将成为对方的另一半,你们的肩头就自然会担起沉甸甸的责任,从今往后相守一生、相伴一生、共同去面对生活中的一切,你们准备好了吗?

新人共同回答:准备好了。

主持人:好,请把掌声送给一对亲密爱人,我们请一对新人登上典礼台。(新人登台)

请一对新人携起手来,共同走上你们婚礼的圣台。

主持人:漫天的花雨飘然而降,这份浪漫和感动传遍四方,相爱的人啊,当你们相携相拥,走上这婚礼圣殿的时刻,所有的祝福、所有的感动,会化作潮水般的掌声在这一刻绽放,这掌声将永远伴随着你们向着你们美丽的人生起航!

②交换婚戒:(乐起:弱起,弱收。音乐:《巴格达之星》)

主持人:此时的圣台五彩纷呈,此时的圣台金碧辉煌;我们请这对新人互换婚戒,在海天间,诠释你们彼此真挚的情感。(空爆球炸开,婚戒从天而降,新人交换婚戒)

③新人共同浇筑幸福荧光香槟塔:(音乐:《爱的力量》)

喜庆的时候少不了一样东西,就是香槟美酒,我们的新郎将开启甜美的香槟酒,共同浇筑属于他们自己的幸福生活。

倒香槟进行中:从一个人的精彩到两个人的世界,在今晚,晶莹的香槟美酒在水晶宝塔之间缓缓流淌,就像我们两位新人把他们的心,把他们的情,交于对方,混合交融。在今天,在这样一个喜气洋洋的日子里,让我们深深地祝愿你们俩,祝福你们俩,用你们的双手,勤劳的双手,去开创一片洁净而又美好的天地,用你们的双手,勤劳的双手,去共筑一个浓情蜜意的爱巢,去开创美好的未来。

④和和美美婚礼蛋糕:(音乐:《月亮女神》)

在这喜庆的日子里,新郎和新娘将共同分享洁白的百年好合婚礼大蛋糕,这象征着他们对爱情永恒的宣誓和为未来美好新生活剪彩。

分享蛋糕进行中:洁白芬芳的蛋糕,香甜美美,也预祝他们今后的生活如同芝麻开花——节节高。

⑤四季水(音乐:《柔曼音乐》)

有一个叫做爱情海的地方,在海的中央,有一座岛屿,叫作爱情岛,那里有蓝蓝的天,白白的云,绿绿的树,清清的海水,细细的沙滩,住着他和他爱的她。

春天来的时候,他们播下爱的种子,用爱的心情不断浇灌,爱的种子开始发芽,破土而出,他们日出而耕,日落而息,用爱的汗水细心呵护这嫩芽,让他们茁壮成长。夏天来的时候,他们沿着情石铺起的路,在情人滩欣赏风景,日出的壮丽,朝霞的绚烂,伴着喜悦的歌声,回应着他们甜蜜的生活。秋天是丰收的季节,多彩而富有诗意,心田里收获着幸福的果实,秋天也是多雨的季节,从爱情海带来的清凉让她们彼此偎依,在朝霞与晚风里,勾画着人生写意。冬天给人的感觉有些萧瑟,其实,这样的季节更富有创意与生活,心情带来洁白的雪,层层叠叠,铺满整个心田,他们扫开铺满情石的路,暗红色的情石如同艳丽盛开的玫瑰,点缀着这个纯洁的世界。在爱情岛,相爱带给快乐;在爱情岛中互相尊重,互相体贴,互相爱护,过着永远相爱的生活。

⑥新婚礼成(音乐:《祖国颂》前奏)

好,各位来宾,接下来,让我们共同举杯,共祝一对亲密爱人新婚礼成!

干杯!(主持人引导新人、双方父母,伴郎伴娘带领全体来宾举杯同庆。)

五、婚礼主持词典范示例五

此篇主持词是传统的中式婚礼的主持词,在练习时可仔细体会与西式婚礼主持词的区别,同时作为司仪也应当掌握中西式婚礼主持词的整个流程。

今天是公元××××年元月××日,农历××××,今天久负盛名的××鹏天阁大酒楼6楼的宴会大厅,是高朋满座,金碧辉煌,正在恭候一对新人的到来。承蒙曹氏家族和邢氏家族的厚爱,在这里为一对新人主持新婚庆典,我感到万分的荣幸,希望大家在仪式当中,给予一对新人和主持人,多多的掌声支持,谢谢!(响乐)

在这里我也要代表一对新人和他们的双方家长,对各位来宾的到来表示热烈的欢迎和衷心的感谢!祝各位来宾朋友们,在今后的工作、生活中生意兴隆,财源广进,心想事成,万事如意,抬头见喜,低头见钱。谢谢!(响乐)

现在良辰吉时已到,我宣布曹先生邢小姐新婚庆典现在开始。有劳嘉宾大驾,全体起身。这正是"新人到堂前,宾主站两边,才子配佳人,鼓乐响连天。"有请新人入花堂!(响乐)

"借来天上火,燃成火一盆,新人火上过,日子过得红红火火啦!"(响乐)

"一块檀香木,雕成玉马鞍,新人迈过去,步步保平安。"(响乐)

"一撒金,二撒银,三撒新人上台转过身。"(响乐)

有请新郎官在自己新婚庆典的舞台上三箭定乾坤:

一箭射天,天赐良缘,新人喜临门啦!

二箭射地,地配一双,新人百年好合。

三箭定乾坤,先射天,后射地,天长地久,地久天长。(响乐)

一对新人在大家的掌声祝福下,已经来到了花堂上,有请来宾落座。

各位来宾,各位贵友,按照咱老祖宗的规矩,新娘的盖头是到了洞房新郎才能挑开的,但是,今天来了这么多的客人,这么多的朋友,这么多的嘉宾,大家是不是想早一点看看新娘的花容呀!(想)。那好!今儿咱们就来个"与时俱进",提前在这里让新郎揭开盖头,好不好?(好)(然后拿一称杆,问?)大家知道这是什么呀?(称杆)对,这是称杆,称杆这上面的是什么?(称星)这秤杆也叫"喜竿",咱们让新郎官,拿这个"喜竿"挑开新娘的盖头,新郎官"称心如意"啦!(响乐)

这正是"芙蓉出绿水,新人露花容"。大家掌声祝福!(响乐)

（介绍新人）朋友们，下面请允许我向大家介绍以下这两位新人：这位英俊潇洒、精明干练、满脸沾沾自喜又有一点洋洋得意的先生，就是新郎××先生；掌声祝贺。（响乐）站在新郎旁边的这位美丽大方、满脸甜蜜的就是新娘×××小姐。掌声祝福他们！（响乐）

（三拜九叩大礼）

下面请新人行大礼，行三拜九叩之礼。

（一拜天地）

一拜天地日月星，请一对新人转过身，整衣冠，拱手作揖，拜。

风调雨顺，一鞠躬，

五谷丰登，再鞠躬，

家业兴旺，（响乐）三鞠躬，起身。

（再拜高堂，老祖宗）

有请双方家长上台入座，依次为女方家长，男方家长。

整衣冠，拜。（响乐）

祝父母多福多寿，一鞠躬。

愿高堂幸福安康，再鞠躬。

愿父母双亲，寿比南山，三鞠躬。请新人起。（响乐）

在这里我也代表一对新人，祝愿双方老人"福如东海常流水；寿比南山不老松"。愿你们来年的此时共享三世同堂的天伦之乐。

（夫妻对拜）

请新人面向北，相对而立—互相整衣官—拱手作揖—拜（响乐）

夫妻恩爱，一鞠躬。

百年好和，再鞠躬。

早生贵子，三鞠躬。请新人起。（响乐）

（改口敬茶、给红包）

双方家长握手合影，"天上牛郎会织女，地上才子配成双，今日两家结秦晋，荣华富贵万年长。"（响乐）

（早生贵子）

拿桌上准备好的四喜果（枣、栗子、花生、核桃），问新郎、新娘这是什么意思？

核桃——白头偕老，花生——花搭着生，

枣、栗子——早生贵子，吃子孙饺子。

子孙饺子有七个——五男二女，新娘咬一口饺子，问新娘生不生。

（谢仪词）

牵马的，抬轿的，敲锣打鼓放炮的；

接客的，嘹哨的，还有招呼不到的；

梳头的，扶女的，亲朋好友知己的；

看客的,送礼的,四面八方贺喜的;

烧火的,做饭的,挑水切菜捞面的;

扫地的,看院的,提茶倒水抹案的;

还有门口立站的;扒到窗台偷看的;

新郎、新娘咱们一起行礼啦!

六、婚礼中意外情况的主持词应对典范示例

(1)新娘上场的时候裙子边在凳子上一挂,给扯掉了,新娘子生气了,说不能穿着破裙子上场,于是拒绝上场! 这时候,作为主持人你怎么办?

圆场词:今天可能很多朋友和来宾已经注意到了,在入场的时候,发生一点小小的意外,我们新娘的裙子被凳子撕破了一点儿边,这是个好事啊,您看,新衣服撕没边了,代表着幸福无边,让我们共同祝贺我们的新人,祝他们新婚幸福,幸福无边。

(2)某次婚礼上,主持人在介绍新人时突然卡壳,忘了新郎的名字,情急之下司仪说道:"咱们的新郎潇洒大方,娶了这位美丽的新娘,看他高兴得合不拢嘴了,是否连姓啥叫啥也忘了,请问新郎您贵姓? 叫什么名字? 请告诉大家。"接下来顺理成章地报了两个人的名字,尽管此时司仪心惊肉跳,但台下的人全然不知。

(3)婚礼上,司仪稍不留神,把所介绍的一位女同胞称之为先生,场下哑然失笑,于是司仪干脆错到底,连叫这女同胞三次先生后正色道:"把这位女同胞称之为先生自有其道理,在中国的历史上把女性称之为先生者实乃凤毛麟角,如宋庆龄、何香凝等,由此看出称先生者必为女性之大家,我见眼前这位女同胞气度不凡,想必也有成为中华女杰之希望,那就祝您努力成为中华女性之豪杰。"台下掌声顿起,事后甚至有人误以为司仪故意所为。

(4)按常理,司仪问新娘爱不爱新郎,一般都正面回答:"爱。"然而一次一位新娘却只笑不答。为不冷场,司仪顺势说道:"真是爱你在心口难开,也正应了此时无声胜有声的诗句,沉默是金嘛,这种不做答的方式更表达出他们之间爱得深沉,爱得厚重,我们祝福他们心心相印、心想事成。"

(5)婚礼仪式正在进行,窗外雷声大作,大雨滂沱,风雨闪电吸引了人们的注意力,此时司仪只好话锋一转道:"今天的美满姻缘也感动了上苍,听,雷公为他们喝彩,电母为他们欢呼,雨滴为他们洗尘。我们与天公一道祝新人幸福美满。也祝我们国家风调雨顺,国泰民安!"

(6)在一位军人的婚礼上,新人背后的喜字落了下来,好不尴尬。司仪马上说道:"我们的军人就是有战斗力,脚下生风,虎虎有生气,走到哪里都会给我们带来惊喜。"见工作人员还在手忙脚乱挂喜字,司仪接着发挥道:"惊喜惊喜,惊的喜从天降,这也是军人和我们军队的鲜明个性,有这样的军队保卫我们,国家怎能不安宁,人民怎能不幸福? 我们感谢他们,并想倾听他们此时的心声!"在掌声中,喜字挂好了。

(7)新娘子上台阶因为婚纱太烦琐绊倒了。圆场的台词是:给爱一个台阶,有时候幸福

只需要一个台阶,无论是他下来,还是你上去,只要伸出手,那就是幸福。新郎很聪明,伸手拉了一把。效果不错。

思考题

1.完成"婚礼主持中意外的应对思考题"的书写,可以多写几种答案。

2.全班分为4个小组,策划并模拟举行一场婚礼,2组中式,2组西式,要求环节俱全、流畅。下课前提交策划方案、主持词、证婚词、发言词、角色分配等。

3.婚礼进行中,新人不小心把香槟塔碰到了,作为主持人的你该如何圆场?

4.在婚礼主持过程中,话筒突然断频十几秒,作为主持人应怎么圆满地解释?

5.新人入场式,新娘不小心摔倒了,主持人应怎样才能完美地应对?

丧葬习俗流传至今，已经有几千年历史。世界各个民族都有自己的丧葬习俗。虽然丧葬品准备及丧葬程序不断简化，但是主要内容并没有太大变化，并且流传至今，家家躲不开，离不了。丧葬文化，也是中华民族几千年文化文明史中的一部分，它是一种特殊的文化，各个地区差距很大。从原始社会的旧石器时代起，人类便产生了灵魂观念。原始人认为，人死灵魂不死，仍能干预活人的人事、祸福。受这种灵魂不灭观念的制约及各国各民族文化传统、宗教信仰的差异，产生了形形色色的葬礼风俗：有的葬礼盛大隆重；有的简易朴素；有的充满了宗教色彩；有的科学而又卫生。地理、宗教及社会结构均影响葬礼形式，阶级身份更是决定性因素。

了解各地不同的葬礼习俗和如何合理地安排葬礼，是葬礼主持人应该具备的基本条件。

第一节　主持人需要了解的葬礼仪式

葬礼，又称"丧礼"，是人死后由亲属、同事、朋友、邻居等进行哀悼纪念的仪式。它是对死者生前业绩的追念和总评，也是人类特有的处理死者的一种信仰方式。因此，丧葬仪式向来被看作是一件十分庄重的大事。

吊丧，又称吊孝、吊祭，指闻亲戚、朋友、邻人等丧后，亲自或遣人前往祭奠死者并慰问丧主。如果你得知亲朋好友去世的消息，理应前往吊丧，尤其是交情较好的亲友、师长、朋友去世，不去吊丧是十分失礼的。

一、吊丧的三种礼仪方式

(一)参加死者的追悼会

这是吊丧的最好方式,死者家属总是欢迎尽量多的人参加追悼会。参加追悼会应注意以下五点。

(1)吊丧是一件严肃的事情,应怀着沉痛的心情,带着严肃的表情,认真履行每一项仪式。着装打扮以清淡、素雅为宜,言谈举止以端庄沉静为宜,应与场合的气氛相协调。切忌三五成群、谈笑风生、漫不经心或中途退场。有些人浓妆艳抹、披红戴绿也是不应该的。凡此种种,都是对死者的大不敬,对丧家的不礼貌,是吊丧的大忌。生死是人生的两件大事,依佛法的观点来看,生不足喜,死亦不足悲,唯以庄严的心态面对之。因此,遇有亲朋好友去世,应以庄重的心情参加吊丧,并注意吊丧的礼仪。

(2)接获电话或讣文通知时,应以诚恳的语言安慰家属,勿在言行中加重家属的悲伤。

(3)奠吊时,应肃穆静默。司仪在说话时,应庄重聆听。

(4)上香时,齐眉一举即可。除直系亲族成员外,一般行礼者以鞠躬或问讯即可。向亡者致意后,接受两边家属的答礼并回礼。

(5)团体参加公祭时,行动要整齐一致,勿到处走动喧扰。

(二)到死者家中抚慰死者亲属

如果自己没有赶上追悼会,或是追悼会后,均应到死者家中劝慰其家属节哀顺变、保重身体。有时还应给与必要的资助。对死者家属的帮助,也是对死者的悼念。此时,应该谈吐得体、服饰朴素、感情真挚,让死者家属真正得到精神慰藉,以便早日恢复正常生活。

(三)向死者家属发唁电

由于自己远在异乡,或有别的特殊原因未能赶回参加丧礼,不能给死者家属当面慰问时,可用唁电的方式吊丧。在唁电语言中,应表示出自己沉痛哀悼的心情,并以真情劝慰家属尽快从悲痛中走出来,尽快恢复正常。目前,唁电的致哀对象往往是原机关或单位团体的重要领导人,或在革命和建设中曾作出较大贡献的人物,普通人用得较少。

二、丧葬悼唁和谒墓

(一)丧葬仪式

人去世后,家属和亲友都十分悲痛。重要人士的逝世,还会引起社会的震动和关注。举行丧葬仪式,是表达人们对逝者的敬意与悼唁,寄托生者的哀思。

丧葬仪式各国不尽相同。许多国家的葬礼活动还带有宗教的色彩。

人去世后，其家属或治丧机构要尽快发布"讣告"，将逝世的消息尽早通知死者的亲友、同事和商业上的合作者，并说明葬礼将于何时何地举行。"讣告"可以以信函的方式发出，也可以用电话电报传递；如需要通知社会上广泛的相识者，也可登报。"讣告"所用的信笺、信封，往往带有黑色的边框。

接到"讣告"的亲友熟人，可以写唁函、发唁电给死者的家属，以示哀悼。在许多国家都有为殡葬服务的殡仪馆、丧葬服务社等，承办丧葬的有关事宜，根据死者亲属的要求，协助安排后事。

西方国家，葬礼一般在教堂举行。葬礼前，灵柩停放在教堂中，由亲友轮流守灵。举行葬礼时，参加葬礼人员在教堂入座，通常是至亲好友在前面，一般亲友在后面。葬礼程序包括祷告、诵赞美诗和牧师致辞等。葬礼毕，人们向遗体告别，然后用灵车将遗体送去墓地安葬。去墓地一般只是主要送葬者出席，他们还象征性地为墓穴掩土。非宗教性的葬礼，常常就在公墓的礼堂或墓地举行。葬礼应始终保持庄严肃穆的气氛。人们深思默祷，向死者沉痛志哀。在西方参加葬礼一般不号啕大哭。参加葬礼，不要穿色彩鲜艳的服装，应穿深色或其他颜色暗淡的衣服。男子系无花黑领带，左臂可戴黑纱（也可不戴）。女子的饰物应当简朴。每人胸前可戴一朵白花。

参加葬礼当然是一件很悲伤的事，但人们倾向于不要过分流露悲伤。因为那会增加死者亲属的悲痛。当然也不应强作笑容或谈笑。同死者家属握手时，可以不说话，也可以低声说一两句表示悼唁及慰问的话，如"接受我深切的哀悼""请节哀""多保重"等。在葬礼进行时，不要目不转睛地注视着哀伤的死者亲属。

给葬礼送花，可在葬礼举行前，通过葬礼承办人或花店办理。如讣告上写明"敬辞鲜花"，则应当遵从，不必送花。送花时，应附上写有悼唁字句或"献给×××"字样的飘带，并附有赠花者的姓名。外国习惯不用纸花。也有的人写挽联、诗或文章以纪念死者。很亲近的亲友可以登门吊唁，并帮助家属治丧。但如死者的亲人哀伤不已，不愿接见亲友，则应当为他（她）着想，不去登门。

国家高级领导人去世，特别是在职的主要领导人去世，一般都要举行隆重的丧葬仪式，并下半旗志哀。有的国家还规定，志哀期内停止娱乐。在国家元首或政府首脑的遗体下葬时，停靠在车站码头的火车、轮船、军舰以及工厂等要鸣笛并挂半旗志哀。有的国家还要为国家领导人去世举行"国葬"。

（二）吊唁仪式

吊唁是治丧活动的重要组成部分。吊唁活动主要是瞻仰遗容和向遗体告别，一般在灵堂进行。灵堂布置要求庄严肃穆，在大厅入口处上方，悬挂黑底白字的横幅，门边放置签名簿，并为吊唁者准备白花。大厅内下面墙上悬挂死者遗像，镶以黑边或黑纱，上面悬挂黑底白字横幅，以及黑黄两色挽幛。遗体置于大厅中间（若是骨灰盒，要置于遗像下），周围拥以鲜花和常青树木。遗像两侧放置各界人士送的花圈；亲属的花圈置于遗体前（或骨灰盒前）。

（三）谒墓仪式

谒墓仪式指的是向已故领袖、民族英雄或无名战士的纪念碑或陵墓献花圈活动，这是对历史的尊重，也是对历史上有影响的杰出人物的敬意。

各国向纪念碑或陵墓献花圈的礼仪程序大致是：

（1）现场安排仪仗队、军乐队，并委派高级官员陪同。

（2）仪式开始时，乐队奏乐，花圈由东道国礼兵（或谒墓者随行人员）抬着走在前列，仪仗队分列两旁，谒墓人随行于后。

（3）搁置花圈时，谒墓人往往要上前扶一下，有的还整理一下花圈上的飘带。然后稍退几步，肃立默哀，绕陵墓（纪念碑）一周。信仰宗教的谒墓人，有的还为死者祈祷。

国际上，有时出于某种原因，特别是由于墓（碑）的政治背景等因素，领导人不应或不愿参加这类活动。所以在国外访问，如欲谒墓或向某纪念碑献花圈，应先将其政治历史背景了解清楚。

谒墓仪式过程充满庄严肃穆的气氛，参加仪式人员应穿着素色服装（有的国家要求着礼服），谒墓时应脱帽（军人若不脱帽应行举手礼）。

谒墓仪式的程序应事先扼要地通告对方。在国外谒墓（碑）应事先向对方了解谒墓程序和其他习惯做法；花圈、飘带等物需早作准备，飘带上的题词要书写得恰当。

有些国家的陵墓建在寺院内，谒墓有其独特的宗教仪式，不信教者前往谒墓，对于宗教仪式中的一些动作，可不仿效，但应遵守对方的风俗习惯。如进入清真寺要脱鞋，妇女需用头巾包住头发，等等。

三、追悼会悼词的写作

追悼会主持词的关键，是要把悼词写好。悼词不能篇幅过长，一般以1 200字以内为宜，最多不能超过3 000字。悼词内容要层次清楚，事迹突出。

悼词的格式如下：

（一）标题

悼词的标题有几种写法或用法：

（1）在悼词正文前写上"悼词"二字。

（2）主持人在追悼会上要用"×××同志致悼词"。

（3）贴出、刊印时要用"在追悼×××同志大会上×××同志致的悼词"。

（二）正文

悼词正文的写法或用法：

（1）写明用什么心情悼念什么人。

（2）写明去世者生前的身份或担任的各种职务名称,何种原因在何年何月何日几时几分不幸去世的,终年岁数。

（3）按时间先后顺序介绍去世者的简单生平。

（4）对去世者的称颂,可概括成几个方面,文字力求简洁。

（5）评价去世者带来的损失,应实事求是。向去世者学习什么,可分成几点写明,用什么实际行动化悲痛为力量。

（三）结尾

自成一段。一般有两种写法:

（1）一句式:"×××同志安息吧!"

（2）概括式:"×××同志和我们永别了,我们要化悲痛为力量……,×××同志永远是我们学习的榜样"等,一定要注意简短。

（四）写悼词应注意的问题

（1）明确写悼词的目的是主要介绍死者的生平事迹,歌颂死者生前在革命或建设中的功绩,让人们从中学习死者好的思想作风,继承死者的遗志。但是这种歌颂是严肃的,不夸大,不粉饰,要根据事实,作出合理的评价。

（2）要化悲痛为力量。有的死者生前为党为人民做了很多好事,他们的美德会时时触动人们的心灵,悼词应勉励生者节哀奋进。

（3）语言要简朴、严肃、概括性强。

第二节　葬礼主持的要求和流程

一、葬礼对主持人的要求

（1）主持人应衣着整洁,大方庄重,精神饱满,切忌不修边幅,邋里邋遢。

（2）走上主席台应步伐稳健有力,行走的速度因会议的性质而定。

（3）入席后,如果是站立主持,应双腿并拢,腰背挺直。持稿时,右手持稿的底中部,左手五指并拢自然下垂。双手持稿时,应与胸齐高。坐姿主持时,应身体挺直,双臂前伸。两手轻按于桌沿,主持过程中,切忌出现搔头、揉眼、抖腿等不雅动作。

（4）主持人言谈应口齿清楚,思维敏捷,简明扼要。

（5）主持人对会场上的熟人不能打招呼,更不能寒暄闲谈,可在会议开始前或会议休息时间点头致意。

二、葬礼追悼会主持基本流程

葬礼举行追悼会,程序要简洁,气氛要肃穆,其一般程序为:

(1)主持人宣布×××同志(先生、小姐、女士)的追悼会开始。

介绍参加追悼会的单位领导和生前好友。

介绍送来花圈和挽联的单位和来宾的名字。

对因故不能参加追悼会而采用其他方式表示哀悼的情况也要一并加以说明。(视具体情况而定)

(2)默哀3分钟。(奏哀乐)

(3)单位(或直系亲属)致悼词。

(4)家属致答谢辞。(直系亲属致悼词,不用作答谢辞)

(5)向遗像三鞠躬。

(6)向遗体告别。(奏哀乐)

第三节　丧葬典礼悼词及主持词示例

一、丧葬典礼悼词示例

父亲追悼会悼词

各位领导、各位亲朋:

今天,我们怀着无比悲痛的心情,沉痛悼念我亲爱的父亲!

父亲1946年10月20日(农历9月26日)出生,祖籍陕西省武功县武功镇坡底村。2008年1月15日16时零8分在襄城区东门外红卫化工厂门口突遭横祸,经抢救无效,不幸过世,享年61岁。

父亲1967年高中毕业后参加工作,曾在陕西省武功县、湖北省保康县、襄樊市提花织物厂,长期从事漂染技术工作。在工作中,他刻苦钻研、不断学习、积极向上,经常为单位解决各种技术难题;能以身作则、勤勤恳恳、团结同志、带头苦干、不怕辛苦;在单位里,他可以独当一面,对企业发展作出了贡献。多次受到厂领导好评和奖励。

父亲一生中无论在哪里工作,无论环境如何,他都能做到踏踏实实干事、本本分分做人,深得大家敬仰。

父亲对领导,对同事,如同兄弟般热情,谁家有困难、有事情,他都能热情帮助、毫不推辞。

父亲对老乡、对朋友诚恳热情、关心无微不至，不管哪个老乡，只要有事情打个招呼，他就马上帮忙，不管是谁家里的电器坏了，还是电灯不亮了，只要打个招呼，他马上就去修理，从不计较。老乡的子女结婚、工作，他都会热心帮助，一丝不苟。

父亲一生孝敬父母、尊重长辈、敬重兄嫂。父亲年轻在家时，晚上睡觉都要先摸摸他母亲的脚，生怕不注意踩着母亲的脚了。父亲对待兄嫂关心细致，尊敬有加。他有一个哥哥长期腿有病，他坚持给哥哥买药治病，还有一个哥哥腿脚也不好，他至今坚持给哥哥寄钱治病，就是在2007年到大儿子家玩，还不忘记给哥哥寄钱买药看病。

父亲对子女，严格教育、疼爱有加。他有两儿两女，儿女们在他严格的教育下，都长大成人，大学已毕业，个个都有出息；他经常教育儿女要踏踏实实做人，勤勤恳恳做事；他经常给儿女们说的一句话是："做一个有用的人！"儿女们在他的严格教育下，都有不错的成绩。

父亲一生勤俭节约、衣食朴素、简单、朴实，一件衣服穿好几年都舍不得买新衣服，一双鞋穿2~3年都不换，从来不浪费一分钱，出门很少打的，实在没有办法，才坐公共汽车。在群众中有良好的口碑。他一生勤奋好学、自学成才，年过五旬还刻苦攻读专业技能，获得了高级经济师职称，还学了电脑技术，年过六旬还考取了汽车驾驶执照，一专多能，活到老、学到老！

父亲有一个贤惠的妻子，夫妻恩爱、家庭幸福。父亲是父母的一个好儿子，是兄长们的好弟弟，是子女们的好父亲！

悼念敬爱的父亲，我们要学习他踏踏实实干事、堂堂正正做人、艰苦奋斗一生，从不计较个人得失的高贵品德。

父亲走得太突然了，走得过早了，我们无比悲伤、深深怀念，也发自内心的祝福！

愿父亲一路走好！

慈母追悼会上的悼词

尊敬的各位女士、先生们，各位来宾、同志们、朋友们、乡亲们：

今天我们怀着十分沉痛的心情参加丁淑敏同志的追悼会，送别一位好同事、好邻居、好母亲、好心人。

丁淑敏同志1937年出生在山东省兖州市一个书香之家，兄妹十人，排行老九；1958年参加工作，1988年退休，2010年8月31日因病去世，享年75岁。她是济宁市造纸厂的一名普通工人。她热爱党，热爱社会主义，工作勤勤恳恳，扎扎实实，任劳任怨，多次被评为先进工作者。

在计划经济的年代，由于各种条件的限制，从宿舍到工厂10多里路上，她几十年如一日，春夏秋冬，风雨无阻，冒严寒，顶酷暑，用她"解放"的双脚，往返于上下班途中，从未迟到早退，走出了不止一个"万里长征"。这是我们工人阶级的优秀代表，请记住她的名字——丁淑敏！

她不仅是一位普通的母亲，更是一位优秀的母亲。丁淑敏同志有四个女儿，丈夫是一位人民解放军军官，长年驻守在祖国的边疆，家庭的重任全落在她一个人肩上。她硬是用瘦弱的身体支撑着这个家，用辛勤的汗水和幸福的泪水，先后将四个孩子送进了大学的校门，为国家培育了优秀人才。这在济宁市几百万家庭中也是屈指可数的。这就是一位普通而伟大的母亲。她的名字叫——丁淑敏！

在单位、家属院，经常听到夏嫂、丁姐、夏大妈、丁姨、夏奶奶、丁姥姥这样亲切的称呼。凡是提到丁淑敏同志，人人都跷起大拇指。同志之间有矛盾，她热心去调解；有困难找她帮忙，大情小事，有求必应。她是一位热心人，好心人，好邻居。我们会永远记住她的名字——丁淑敏！

人的生命是有限的，丁淑敏老人在有限的时间内做了平凡的事，但她把这些事做得如此完美，使她成为了一个不平凡的人，一个高尚的人。

有这样一位好母亲，儿女们应该值得骄傲。她虽已年过古稀，但依然是丁家的女儿；有这样一位好女儿，丁家应该引以为豪，在星光熠熠的丁氏大家族史中，应该有她光辉的一页，因为她不但为夏府增了光，而且为丁家添了彩。

丁淑敏同志曾经给好朋友讲过，她有一丝遗憾——家中少个男丁。差也！四个女儿虽不是巾帼英雄，但却是人才、精英。她们用自己智慧的大脑和勤劳的双手为国家和人民创造着财富，书写着美丽的人生，个个胜过男丁。四个贤婿，个个胜过亲生。你不应该遗憾，应感到自豪和光荣。

老人家，你播下的种子已长成参天大树，郁郁葱葱；你种下的果苗正值收获季节，硕果累累，压弯了枝头，你却没有尽情地享用……我是丁淑敏同志丈夫的一位战友，也是一位老兵，职务虽然比她高，但文化程度只有初中，我写不出华丽的文章，语法有时不通，标点符号经常点错，但讲的全是实话，道的全是真情。你不是高官贵人，没有千军万马，但今天给你送行的人却把家属院挤得水泄不通。好人走了，儿女们、乡亲们、同志们万分悲痛。苍天她也为之动容，今天一改往日明媚的笑脸，用轻轻的雾纱，挡住了面孔，以掩饰难过的泪水和悲痛的心情。

历史学家司马迁说过：人固有一死，或重于泰山，或轻于鸿毛。丁淑敏同志是前者。

著名诗人臧克家写道：有的人活着，他已经死了；有的人死了，他还活着。丁淑敏同志是后者。

共产主义的奠基人之一恩格斯在悼念他的战友马克思讲道：死，不是死者的不幸，而是生者的不幸。丁淑敏同志虽然离开了我们，但她永远活在我们心中。让我们擦干眼泪，化悲痛为力量，继承发扬"我为人人"的精神，把我们的家园建设得更加美丽。

夏嫂、丁姐、夏大妈、丁姨、夏奶奶、丁姥姥……千言万语汇成一句话：好人走好！

丁淑敏同志，安息吧！

人民教师追悼词

各位来宾、各位亲友、同志们：

今天，我们怀着极其沉痛的心情，在这里隆重悼念一位德高望重、深受师生好评的教育工作者——侯美兰老师。

侯美兰老师生于1956年6月，1974年11月开始从事教育教学工作，先后担任了广东省水电二局学校小学语文教师、小学语文科组长、学校女工主任、小学部政教主任和教导主任。侯美兰老师一生热爱教育教学工作，在工作中不断充实自我，积极钻研业务，以强烈的爱心和较强的业务能力，赢得了教育界的好评，受到了学生的爱戴。因工作认真负责、成绩突出，侯老师曾多次被评为优秀教师和先进工作者。这样一名人民的好教师，一位和蔼可亲的长辈，一个德高望重、备受人们尊重的同志，不幸因病于2007年6月15日凌晨永远地离开了我们，享年仅51岁。

侯美兰老师离我们远去了，但她生前的事迹却令我们追念不已。在她三十多年的教育教学生涯中，她一直爱岗敬业，爱校如家；勤勤恳恳，任劳任怨；刻苦钻研每一篇文章，精心设计每一份教案，认真上好每一堂课。为了学生，她披肝沥胆，呕心沥血；为了学生，她循循善诱，废寝忘食。特别是对学习有困难、调皮捣蛋的后进学生，她更是关怀备至，用自己亲切的话语和灿烂的笑容温暖他们的心灵，用自己阳光雨露般、公正无私的关爱照耀滋润他们的心田，使他们转变为积极上进的好学生，帮助他们认真完成学业，走上了成才之路。

对一些年轻任性的教师，她总是以宽大的胸怀和宽容的态度感化他们；对业务能力比较有限的新教师，她总是深入课堂，给他们切实的帮助和鼓励。她人缘良好，作风踏实；古道热肠，有求必应。同事们说，与侯老师搭档，轻松愉快，信心十足；与侯老师交往，醍醐灌顶，如沐春风。她在平凡的岗位上默默地奉献着、耕耘着，为二局学校的教育事业作出了实实在在的贡献。可以说，侯老师的一生，是为教育事业奋斗的一生，是光明磊落的一生。

她为人忠厚、襟怀坦白；谦虚谨慎、平易近人；生活节俭，艰苦朴素；家庭和睦，邻里团结。她对儿子从严管教，严格要求，又不失和蔼慈祥，使儿子健康成长为了一位遵纪守法、好学上进的好青年。她也是一位好妻子，她默默地承担起所有的家务事，为先生在事业上成功奋斗解除了后顾之忧。

杜鹃泣血，百灵哀鸣，晴空一声霹雳，噩耗猛然当头，不料侯美兰老师溘然长辞，撒手西去。想当年，中流砥柱耀杏坛；值此日，星沉月落尽哀音。侯美兰老师带着对渴盼她早日康复、回到课堂的全校师生的不舍，带着对自己白发苍苍的老母亲的深深歉疚和眷挂，带着对尚未成家立业的儿子健康快乐、一生平安的祝福和牵念，带着对失伴孤雁般的先生空余血泪、肝肠寸断的不忍和难舍，永远地离开了我们。孔子风范，万世流芳，侯老师的形象，永远在我们心中。侯美兰老师虽然离开了我们，但她那种爱岗敬业、无私奉献的精神，脚踏实地、一丝不苟的作风，严于律己、为人师表的风范，将永远铭记在我们心中。她那语重心长、不知疲倦地教诲学生的师者风范依然浮现在弟子们的脑海里。她即使两鬓染霜，仍孜孜不倦地在电大教室认真听课的求知形象将永远激励着我们勤奋好学。但是,我们没有回天之术,也无再生之能,侯美兰老师终究走了,永远地走了。从此以后,二局学校少了一名好老师,家里失去了一根顶梁柱,社会上缺少了一位好楷模。

仙人已过蓬莱阁,德范犹香启后人。侯老师在这榴红莲白、人竟云亡的日子离开了我们,她把殷殷的收获留给子孙,把光和热永远地留在了人间。侯老师,你放心地去吧! 你的教诲学生们将铭心刻骨,你的遗志子孙们将一如既往地传承,你的处世风范同志们将毫不犹豫地追随效仿。

侯老师,你放心地走吧! 你安息吧! 你将永远地活在我们心中! (举哀)

老干部追悼词

尊敬的各位女士、先生们,各位来宾,同志们、朋友们:

今天,我们怀着无比沉重的心情,沉痛悼念中国共产党党员、退休老干部××同志,××同志不幸于××年×月×日逝世,享年73岁。这使我们党失去了一位好党员、革命老同志,我们感到无限悲痛! ××同志于某年×月加入中国共产党,同年10月参加革命工作。曾在我县民政局、原××乡、××乡和××工作,曾经担任县民政局干部、乡人民政府副乡长、党委委员武装部长、党委副书记、乡长、人大主席等职务。××老同志是在国家最困难的时期投入革命工作的,在他长期的革命工作中,他一贯坚持原则、大公无私、热爱集体、团结同志、工作积极,真正做到了一身正气、两袖清风,是我们党的好干部,人民的好公仆。在历次风起云涌的政治斗争中,他能够做到立场坚定、旗帜鲜明,恪守党的宗旨,坚持党的信念,是一名经得起考验的中国共产党党员。

在他任职的40余年里,他始终保持与人民群众同甘共苦,视党和人民的利益高于一切。尤其在本乡工作期间,能做到切实以瑶乡的发展为己任,忘我地工作,为我乡的经济、社会发展作出了突出的贡献!

在他退休后的十多年里,仍然以一名党员、干部的政治热情,积极参与乡村工作,并积极向党和政府谏言、献策,尽管退休在家,他仍不失革命风范,生活节俭,勤劳生产,为当地群众勤劳致富树立了良好的榜样。至他逝世之时,他仍然在田间辛勤劳动,这充分反映了他勤奋勇敢、朴实无华的劳动本色,反映了他艰苦创业、奋斗不息的革命精神。

××同志和我们永别了! 我们的心情非常沉重与悲痛! 但我们要化悲痛为力量,学习他坚定信念、坚持原则、勤劳朴实的革命精神和不甘落后的优良品德。同时,我们也向××同志的家属表示最诚挚的慰问,希望他们继承、发扬好××老同志艰苦奋斗、自强不息的革命精神,在党的领导下,为建设我们伟大祖国,建设美丽瑶乡而努力奋斗!

××同志,安息吧!

二、丧葬典礼主持词示例

遗体告别仪式主持词（节选）

各位领导、各位来宾、各位亲友：

今天，我们怀着无比沉痛的心情，在这里举行××老先生遗体告别仪式。××老先生于××××年×月×日因××××，经抢救无效，于当天上午×时×分不幸与世长辞，享年××岁。

前来祭悼并敬献花圈的有：（略）

前来吊唁和参加告别仪式的有：（略）

在此，我代表××老先生家属向前来参加告别仪式的各位领导、亲朋好友和各单位表示诚挚的谢意；向为举办××老先生丧事提供了人力、物力的××村委和父老乡亲、戚族亲友表示由衷的感谢；向××老先生的孝眷表示亲切的慰问，请孝眷节哀顺变。

下面，请大家肃静，××老先生遗体告别仪式现在开始：

向××老先生默哀三分钟。（奏哀乐）

默哀毕。

请××同志宣读××老先生生平简介。

向××老先生三鞠躬。

一鞠躬，再鞠躬，三鞠躬。

现在，瞻仰遗容，向××老先生遗体告别。（奏哀乐）

丧葬典礼主持词

尊敬的各位亲朋、各位乡邻、各位先生、各位女士：

大家晚上好！秋雨茫茫如泪流，×府大院亲人愁，茫茫秋雾将山蒙，亲朋好友放悲声。秋雨如丝流不断，似儿长哭怨青天，秋雨洗面人心寒，泪洒青山母归天。王母诏亲瑶池去，留下儿女泪凄凄。秋雨如泪流不断，一位贤母离家远，儿孙长哭泪满面，从此阴阳两重天，泪洒西河浪涛高，青山垂首肠刀绞。四野雨水如素纱，哀思慈母离儿家，多少悲音向天诉，叹息为儿孝不周。

各位朋友，今晚大家怀着无比悲痛的心情，迎着绵绵的秋雨来为一位贤良的老人送行，在此我谨代表孝子×××夫妇，女婿×××夫妇对各位的到来表示衷心的感谢。感谢各位在秋收大忙中来鼎力相帮，愿老妇人在各位的关照下安详花海，早列仙班。

主孝扶灵，秋雨茫茫不见天，一位贤母辞人寰。儿女长哭怨苍天，从此一别千秋怨。漫天愁云使人悲，可怜慈母西方归，王母侍女来奉诏，西去千里路迢迢。老妇人的一生，相夫教子，受人尊重。她和睦乡邻，善待儿孙，在家乡一带极负盛名。今天在此祭奠，愿她英灵长存。慈母永远留在儿女儿孙和广大亲邻的心中。

灵牌堂上摆，亲人永不在。她走了，带去了儿女的无限相思。带走了亲朋乡邻的无限思念,愿她老人家一路走好,在此祭奠她,寄托我们的无限哀思,深表我们的怀念之情,现在祭奠仪式开始。

第一,乐队奏哀乐:仙乐阵阵惊云天,恩来乐队本领先。吹拉弹唱样样精,洛州上下有名声,今日长歌来相见,送接慈母瑶池边,贤婿亲生心诚孝,仙乐送母把心表。今日鼓乐赛仙乐,愿得岳母福寿多。

第二,祭奠:天降秋雨雨绵绵,素衣在身白对联。儿女丝带腰间缠,遥奠慈母归故园。主孝男儿泪满面,长哭慈母归西天。千呼万唤不应答,儿女对母情独钟。儿哭女泣忆母亲,深情更比大海深。母恩如海永难忘,慈母大爱比水长。为母长叩感恩首,愿你福寿灵前收。

第三,谢亲邻:一生勤俭留典范,半世贤良遗嘉风。秋日离家去,邻里来相帮。左邻右舍情意真,不畏秋雨献真心。忙里忙外忙不停,出力流汗表真诚,大恩在心永不忘,一生当记在心上。总管负责王当存,确是一个实在人。今天的祭奠很圆满,在此孝子对各位的鼎力相帮表示深切的感谢,谢谢大家。一位老人去了,但她的恩惠永远留在大家的心中,刘老妇人千古,愿你的恩惠千秋。

今天的祭奠到此结束。

谒墓仪式主持词

又是一年清明时,无限哀思寄先烈。在全省人民祭奠先人先贤、怀念亲人之际,全省"万人祭奠开国先烈"活动分别在红安、麻城、洪湖、大悟、阳新、鹤峰等地同时开展,万余群众共同祭奠革命先烈。这次活动是全省庆祝新中国成立60周年的重要活动,也是全省"我们的节日·清明节"主题活动的重要内容。省委对这次活动非常重视,省委副书记、省文明委主任××同志专程前来出席今天的祭奠仪式,并将发表重要讲话。

参加今天红安祭奠仪式的有:省委宣传部、省文明办、省公安厅、省民政厅、湖北日报传媒集团、省新四军研究会、黄冈市委市政府、红安县委县政府的负责同志;有来自武汉、黄冈、红安等地的机关干部、企业职工、解放军和武警官兵、大中小学生、社区居民共5 000多人,其中,有通过《楚天金报》公开征集,自愿报名,从6万多名市民中挑选出来的1 000多名武汉市民。

现在,祭奠仪式正式开始。

第一项:请省委、省政府向开国先烈敬献花篮。

第二项:全体人员向开国先烈三鞠躬。一鞠躬;二鞠躬;三鞠躬。

第三项:请同志讲述红安革命史。(略)

第四项:请同志代表参加祭奠的群众发言。(略)

第五项:感谢×××的重要讲话。

第六项:同志们,万人祭奠开国先烈祭奠仪式到此结束,

谢谢大家。

思考题

1.在葬礼仪式上主持人应该如何把握自己的情感?

2.在葬礼仪式中主持人应如何使用体态语?

▶第七章
产品宣传和推广活动主持

第一节　产品推广活动对主持人的要求

一、产品推广活动的目的和作用

产品宣传和推广就是对企业品牌进行市场分析、竞争分析、受众分析、品牌与产品分析、独特销售主张提炼、创意策略制定、整体运营步骤规划、网站规划、传播内容规划等,对品牌进行整合传播推广,快速提升品牌知名度。推广活动如果举办得宜,有助于塑造本单位的良好形象,提高知名度与美誉度;有助于扩大事件、项目的社会影响,吸引社会各界的注意,招徕顾客。

市场推广的作用显而易见:

(1)迅速提高销售点的铺市率,为广告提供市场基础。

(2)最快速反馈市场信息。

(3)控制市场,打击对手,抵御竞争。

(4)营造气氛,煽动消费者。

对于刚刚上市的新产品,市场推广对打开销路会起到事半功倍的效果。而主持人在活动中既是组织者、主持者,又是指挥者,是统领、引导、推进活动进程的人。

二、主持人工作的基本要求

不同形式的营销会议中,主持人担负着不同的使命。总体来说,主持人不仅要担当活动的主角,串联各项活动内容,调动现场气氛;而且要与现场工作人员配合默契,通力合作,促进销售。

(1)面带微笑,衣着得体,保持亲切自然的风格。

(2)声音响亮,吐字清晰,用语得体。

(3)事先作好充分准备,遇事不慌,处变不惊。

(4)尽可能增加与客户的交流,提高客户参与感。

(5)注意客户反应,把握节奏,适时调整,灵活应变。

(6)与各部门工作人员密切配合,使工作更有针对性。

三、主持人必须牢记的法则

(1)活动的目的是销售,因此主持人工作不能背离促进销售这一目的。

(2)不要害怕促销说多了会引起反感,客户同我们一样清楚活动的目的。只是"如何说"需要掌握技巧。

(3)要有足够的自信,这种信心会传达给客户,并使客户对产品、对企业增加信心,对销售的促进也是自然的。

(4)老年人是最需要关怀的群体,而且是最容易被真情打动的群体,付出的真情会得到加倍的回报,这种回报很自然会体现在销售上。因此,要充分考虑到不同年龄段群体的理解能力。

第二节　不同类型活动的策划流程及主持人工作

不同的活动形式中主持人的具体工作内容也会有所不同。以下就结合工作实践谈谈各种类型活动的策划和主持人工作。主要谈谈小型客户联谊及产品推广会,其他类型活动只谈些注意事项。

一、小型客户联谊及产品推广会的策划和主持人工作

小型客户联谊及产品推广会是邀请老用户参加的小型活动,目的在于沟通感情,促成二次购买,此类活动一般定期举行,参加人数一般在50~100人。会场每位顾客均有客户服务人员进行一对一沟通,现场对主持人的要求是亲切自然,与客户服务人员保持密切联系,有针对性、有技巧地促进销售。

(一)小型客户联谊及产品推广会的一般流程

(1)开场白及企业、产品介绍(约10分钟)。

(2)专家讲座(约30分钟)。

(3)中间休息(约20分钟)。

(4)用户发言(约10分钟)。

(5)文艺表演及游戏(约15分钟)。

(6)有奖问答(约10分钟)。

(7)中间休息(约10分钟)。

(8)幸运抽奖(约15分钟)。

(二)在各环节中主持人须注意的事项及技巧

1.活动前准备阶段

(1)内容准备:对活动流程心中有数,必要时准备文字材料。安排文艺表演节目单,了解必须采访的重点客户资料。

(2)物品准备:横幅、展板、抽奖箱(抽奖券)、无线话筒调试、投影仪、影碟机、碟片、游戏道具等。

(3)人员准备:签到、发券人员,售货人员,产品测试人员,客户服务人员等。注意:指定一人负责与主持人协调,如拿游戏道具、奖品、抽奖箱等。

2.活动正式开始前的工作

(1)签到人员:向陆续进场的客户发放抽奖券,安排座位。

(2)客户服务人员:为自己邀请的客户送上茶水,进行一对一沟通。

(3)售货人员:开始卖货。

(4)产品测试人员:开始检测。

(5)主持人:播放视频或音乐。

3.开场白环节

开场白的风格奠定了整个活动的基调,好的开场白使整个活动更有吸引力。对主持人来讲,开头开得好,就会更自信,下面的安排就更加游刃有余。

(1)开篇送祝福,声音响亮。这中间要注意抑扬顿挫,提示鼓掌,这时台下的客户服务人员可带头鼓掌,煽动现场气氛。

(2)企业介绍时,可与投影仪配合,显得更专业、更规范。对于宣传重点务必放慢语速或加以重复,以求加深印象。

(3)产品介绍时,适时加上现场优惠措施,也可加上实物展示。

(4)活动流程介绍时,突出文艺表演、有奖问答、幸运抽奖等,增加吸引力。

4.专家讲座环节

专家从理性的角度论述使用企业产品的必要性。现场讲座的专家一般是老用户通过电台或专卖店咨询熟悉起来的明星,有时专家本身就是吸引客户到会的重要原因。如何隆重推出专家是提高讲座注目率的重点。

（1）如果此位专家是客户很熟悉的,可由主持人对其特征进行描述,由客户猜出专家名字。

（2）如果专家并不是客户特别熟悉的,可强调专家的头衔,同样可以增加权威性。

5.中间休息

在专家讲座结束后,主持人要适当总结讲座内容,并适时强调现场优惠措施,同时对休息过程中的安排作引导。另外还可以就自己的具体情况向专家进行咨询。

其实安排中间休息的目的在于趁热打铁,安排购物时间,此时客户服务人员会针对不同情况,把已决定购物的客户带至售货区,把有意向但还犹豫不决的用户带到产品展示区或专家咨询处,由专家帮助说服。此时主持人可穿梭于人群间,观察重点客户,因为主持人通过前面的表现,在客户心中建立了初步的信任度,主持人说话,往往比客户服务人员更有力。因此如果客户服务人员与主持人配合得好,成功的概率会增大。

6.用户发言

（1）请谁发言?

通过会前的了解和中间休息环节的交流,主持人对于重点顾客已有一定的把握,要有意识地邀请使用效果特别好、对企业感情深、有大件购买意向或已购买使用过大件产品的用户发言。

（2）向用户提什么样的问题?

一般情况下主持人的问题总是“从什么时候开始使用企业产品,效果怎么样”等,这样的问题容易引出千篇一律的答案,使场面显得沉闷。如果事先与客户或客户服务人员有较好的沟通或善于观察的话,还是可以问出丰富多彩的问题。比如客户的年龄、职业、家庭成员、衣着、体貌特征、现场购买的产品等都是可以切入的话题。

（3）用户发言过程中怎样控制场面?

①对于客户发言及时总结,适时引导。比如,一般用户会说“开始不太相信,试试看,从小件用起,效果不错,再次购买”等,主持人可以说:“其实这代表了很多用户的使用过程,在试用的过程中了解到企业产品的显著功效,又开始越买越多,从小件产品开始发展到大件产品。”

②通过不同的提问引出不同的回答,各有侧重,避免千篇一律。

③对于拖沓冗长的发言要巧妙转移,尽快刹车。比如,把开放式的问题改为封闭式的问题,不问“你使用效果怎么样”,而是“全身上下都用了,效果都不错,是吧?”或者代替用户用简洁的语言说出他将要说的话。

④发言面要广泛。主持人邀请的发言对象要遍布整个会场而不能集中在一起,否则会使没有发言的那一片人群产生被冷落之感。主持人可手执无线话筒走进会场的各个角落。

7.文艺表演

在这个环节中尽可能调动客户积极性,让他们参与表演。但事先必须要有所准备,一般需准备3~4个节目,由员工进行表演,员工在表演时可利用机会向自己所请的顾客表达谢意,增加客户的荣誉感。主持人和专家如能参与表演,将会更好地调动气氛。此环节中的节目不在于水平高,而在于气氛好,甚至可以故意"献丑",唯求一乐。

8.有奖问答

利用奖品刺激客户争答问题,调动现场气氛。关键在于利用有奖问答把产品优势更好地传达给客户。

9.中间休息

此次中间休息的"借口"是准备幸运抽奖的奖品。目的是趁着前面环节所掀起的情绪热潮为销售再添一把火。

10.幸运抽奖

幸运抽奖时一般会邀请现场最年长的客户和购物最多的客户担任抽奖及颁奖嘉宾。如"超过60岁的朋友举手,超过70岁的朋友举手"等,通过一次次的举手提高参与感。在购物最多的客户抽奖的过程中采访其详细的使用情况,进一步鼓励现场购买。

11.结束活动

活动最后要再次祝福,表达关切,再次强调送货电话。活动后仍有很多用户购物,因此主持人要坚持到最后,促进销售。

二、大型客户联谊及产品推广会的策划和主持人工作

大型客户联谊及产品推广会是借重要节日请老用户进行联欢,目的还是促进销售。一般到会人数在150~200人,现场客户服务人员与客户比例在1:20~1:10,客户服务人员不可能顾及所有客户,所以现场创造的氛围更加重要。大型客户推广会与小型客户推广会一样以销售为目的,所不同的是,大型客户推广会更强调娱乐性,更确切地说应称为"联欢会"。

此外,大型客户推广会与小型活动的差别不大,以下就大型客户推广会所需要特别注意的几个问题进行讨论。

(一)活动准备

(1)文艺表演:大型活动以联欢为主,事先需要联系一个小型演出团体,付费不高,质量不低。一般准备5~6个节目为宜。

(2)游戏节目:游戏能够很好地调动现场气氛,如踩气球、抢椅子等简单的小游戏。

(3)幸运奖品:大型活动奖品比较丰富,应该准备充足。

(4)人员准备:如果当地电台节目做得较好,可请电台主持人担任现场主持,比较有号召力,我们的主持人可以配合,重点是协调各部门工作。

(二)如何把娱乐和促销结合好

此类活动容易走近误区:只联欢不促销,大家只顾看表演做游戏而不买东西,虽然现场

气氛不错但销售却上不去。解决这个问题有几种方法：

（1）在邀请时说明优惠措施，使有购买意向的人有备而来。

（2）在活动过程中留足购物时间，如安排跳交谊舞的时间，这样参与的人不多，其他人可以了解产品或购物。

（3）不时提及优惠措施，强调只为现场荣誉用户如此优惠，机不可失。

（4）专家还是要讲产品，但需要讲得更婉转，而且可与娱乐结合起来，比如专家先表演一个节目再聊天式谈及产品。

（5）在活动中不时穿插用户发言，促进销售。

三、户外大型产品推广活动的主持人工作

户外大型产品推广活动一般在广场或公园举行，参与的人较多，因此通过营造现场气氛很容易造成火爆销售的形势，达到促销目的。此类活动对主持人要求更高，因为参加人数多，影响大，不但对销售，而且对企业形象都有重要影响。因此事先必须精心准备。

（一）如何吸引人到现场

销售讲究"人气"，特别是户外的大型活动，参与的人越多越容易形成轰动效果。可以说，如果能吸引足够数量的人参加，那么活动就成功了一半。想吸引人们参加活动，关键在于现场要有足够吸引人的安排。

1.大幅度优惠措施

让想购买产品的消费者觉得机不可失，这是直接促进销售的办法。

2.抽奖和礼品派送

占便宜心理人皆有之，但来也不会白来，如果现场的气氛热烈，会让原先不想买的人情不自禁掏腰包。

3.丰富多彩的活动

安排观众喜闻乐见的活动项目，如演出团体现场表演、游戏、比赛、有奖问答等。

4.利用名人效应

此"名人"并非一般意义上的演艺明星，而是与企业产品有联系的、在消费者心中有知名度、有影响的人物，如电台节目主持人和专家，平时都是在电波中"闻其声"，而活动时可以在现场"见其人"，定可吸引大批忠实听众前来。

（二）如何营造现场氛围

人来了，可是如何让人感到不虚此行，并且心甘情愿地掏腰包呢？其中关键就是要营造良好的现场气氛，让消费者觉得仿佛参加了一个亲朋好友的大聚会，分外亲切，备受尊重。营造现场气氛要做很多工作，如现场布置、现场服务等，这里重点讲讲主持人如何通过舞台

上的表现来提升氛围。

1.只言片语暖人心

通俗地说就是嘴巴要甜,好听的话不怕说得多,因为我们面对的群体是对产品感兴趣的人。

2.热热闹闹演节目

现场演出团体不一定很专业,但一定要有热情;节目水平不一定很高,不需要太高雅的艺术,只要演得热闹、看得热闹就达到效果了。

3.大家一起来参与

多安排一些参与性的节目,如有奖问答、趣味游戏,笑一笑,乐一乐气氛自然好。

4.名人上台来客串

一般此类大型户外活动比较倾向于由电台咨询节目主持人来主持,一来经验丰富,对产品比较了解;二来有知名度,容易吸引人。因此上台表演节目必然大受欢迎,如果借机再宣传一下产品,效果会更好。

(三)如何控制现场局面

对于参与人数较多的户外活动一定要控制好现场局面,对可能发生的意外情况要有所准备。控制节奏,有张有弛。舞台上的表演要把握好时间、节奏,现场不可能有座位,因此一场表演不宜超过一小时,可以演一小时休息半小时,节目可以重复,因为观众是流动的。而且休息时间也是希望消费者购物的时间。另外,节奏的控制也表现在一场表演中,节目的安排也需要掌握技巧,注意节目之间的搭配,单个节目时间不宜过长。

1.时刻关注观众情绪

针对消费者的各种反应及时调整节目安排。

2.遇意外情况及时应变

现场可能出现的意外情况很多,比如天气突然变化、个别消费者做反面宣传(不排除同类产品恶意竞争)等,都要视情况妥善处理。

第三节 产品推广活动主持词写作与示例

如今的各种演出活动和集会中,主持人在台上所表演的主持词,是集会的灵魂之所在。因此,主持词写作的成功与否,已经成为集会成功的关键因素之一。所以,每当举办演出活动或者集会时,主办者总是请人为演出或集会撰写主持词,由此可见主持词写作的重要性。如果把演出中各个单独的节目比喻成散落的珍珠,那么通过主持人的表演,用主持词将它们巧妙地串联在一起,则形成一条优美的项链,有珠联璧合之妙用,让各个节目都在同一主题下发出夺目的光彩,使整个聚会活动获得成功。

一、开场白

主持人的开场一定要和活动的主题相契合,精彩的文案只有扣住主题思想才能发挥出最大的魅力所在。

在产品推广活动的开场中,主持人还应注意说明活动主题和目的,强调会议纪律。例如:

尊敬的各位来宾、女士们、先生们:

大家下午好! 今天是 2008 年 8 月 8 日,在这样一个阳光明媚的下午,我们新华人寿廊坊中心支公司本着服务客户、回馈社会的宗旨,特于今天下午举办本次健康理财沙龙。我是本次联谊会主持人尚雯丽,首先,请允许我代表廊坊中心支公司五百名员工对各位的到来表示热烈的欢迎!

在会议开始之前,请大家把手中的通信工具调到振动或关闭状态,今天到会的都是我们公司特别邀请的 VIP 客户。我想大家都不会在会议期间让您的手机响起悦耳的铃声的。其次,请各位优秀的男士不要吸烟,因为在您旁边坐着我们的女同胞甚至孩子,多谢您的体恤和配合。

好,谢谢大家的配合! 接下来关注一下今日的会议流程(幻灯片)。

本次联谊会,得到了公司领导的高度关注,我们尊敬的郭总亲自莅临现场,现在有请我们廊坊新华当家人致欢迎词。

二、活动串词

主持人台词有很多种称谓,但是归根结底就是贯穿在活动整体中的语言脉络,穿插在节目之间,可以承上启下,调节气氛,增加氛围,为活动锦上添花。好的主持人串词仍然是与主题及中心思想环环相扣,并在内容上发挥出语言特有的渲染之势,可以让活动更加生动和完美。

在产品推广活动的主持人串词的编写过程中,应在无形中映射活动主题——推广或展示。例如:

在实际生活中,我们都曾有过许多的梦想渴望实现,但却不知道如何设定目标及制订计划。专家说得好:会存钱不一定会赚钱,会理财才会发大财。理财,看似简单,却需要理性分析、智慧判断及具有专业知识等,如何面对万花筒般的各种投资渠道,相信是各位共同关心的话题。我们需要一种产品,既能有效地抵御通货膨胀,能作为家庭长期理财的工具,又能解决人生中的生、老、病、死、残五大问题,我想问各位这样的产品好不好? 所以,这样的产品刚一上市,立即掀起一浪又一浪的购买热潮,吸引了各层面投资者的目光,它的吸引力究竟在哪里? 今天我们为各位请来了寿险市场上颇具实力的资深职业经理人——张力军经理,他有着十年的保险理财经验,请各位以热烈的掌声欢迎张经理。

三、主持人收场,主持人结束语

一场活动的结束必须有精彩动人的主持人结束语才算画上完美的句号。因此与主持人的开场白遥相呼应是必要的,对整个活动的精彩及肯定是必要的,对美好的今宵赞颂及充满灿烂的明朝渴望是必要的,对于主办单位的祝愿也是必要的。感谢之余,说一些可人温婉的话语,拉近所有人的距离之外,也让人对整个活动留下深深的回味。例如:

感谢各位来宾今天的莅临,也感谢各位对融科·心贻湾的关注与支持!希望今天的欢聚是一个美好的开始,希望各位能在融科·心贻湾再次聚首,共同谱写美好生活新篇章!

在此,请允许我代表主办方××有限公司,再次感谢各位的莅临,并致以最诚挚的祝福,祝大家合家欢乐,万事如意!

示例一

产品推广会主持词(模板)

尊敬的各位来宾、朋友们:

中午好!

欢迎各位的到来,我是这次活动的主持人×××。

为了保证此次产品推广会的顺利进行,请各位将您的通信工具调制到振动状态或关机,并且,大会中请各位不要随意走动,谢谢各位的支持!

今天我们在这里将共同见证××产品在××上市,一起分享××产品所带来的成功与喜悦。

首先,我为大家介绍莅临活动现场的领导和嘉宾,他们是:

××有限公司总经理××先生;

××有限公司副总经理××先生;

××公司经理××先生;

××公司经理××先生;

××区域经理××先生;

请大家以热烈的掌声对各位领导的到来表示欢迎!

光临现场的嘉宾还有××区域的新、老客户朋友们,欢迎你们!

下面我们的活动正式开始!

首先有请××有限公司总经理××先生致辞!

(嘉宾致辞)

谢谢×总的致辞!让大家对××有限公司的发展里程和市场定位有了一个基本的了解。众所周知,××公司从××起家,发展到今天,所取得的成就是非常突出的。那么××年来,×总为什么会对××产品情有独钟、充满信心呢?或许您经常看到××产品的广告,或许您已经使用过××产品,那么××公司到底是怎样的一家企业呢? 下面我们有请××公司×经理给我们讲解答案,有请×经理。

(企业介绍)

通过×经理的介绍,我们知道,××产品不愧是国际品牌,从进入中国市场,到企业产品定位,一直到今天的挑战,充分说明××产品的品质,那么,在性价比上××产品到底有哪些优势呢? 让我们有请××公司客户服务部经理×先生作产品介绍,让我们来近距离解读××的产品特性。有请×经理。

(产品介绍)

主持人:谢谢您的精彩讲解! ××产品拥有着高科技的令人信服的内在品质。可以看出,××产品不仅在研发上瞄准了现代化的要求和市场需求,同时在产品功能上提供了最强有力的支撑。我们有理由相信,××产品在市场中的主流产品地位不是浪得虚名。"技术创造价值,质量赢得市场,始终以市场为主导的产品理念,不仅创造了××产品的市场辉煌,使市场占有率及销售量节节攀升,同时也赢得了用户的支持与信赖。有人会说:你王婆卖瓜,自卖自夸。到底现实使用情况怎么样呢? 很高兴,我们今天也有部分××产品的老客户光临现场,让我们听听他们对××产品的评价和使用体会。下面有请客户代表××先生!

(客户评价)

主持人:没有华丽的辞藻,只有真挚感人的肺腑之言,谢谢客户代表的发言! 消费者的信任是对××有限公司最大的鼓励和支持! 谢谢你们! 从客户的评价,我们也看到了××有限公司对于××产品市场的信心和美好前景。

听了专家的介绍,听了老客户的发言,各位嘉宾对××的选用肯定有了自己新的感受,接下来我们安排了20分钟的开放式时间,为各位来宾朋友提供专业的咨询及服务,如果有关于××产品的各方面疑问,可现场向您身边的业务代表或专家提出咨询。如果您在这20分钟的时间里作出投资决定,我们将按照今天的市场促销优惠活动价格执行(×××××××),同时将现场送您精美礼品一份。

路遥知马力,日久见人心。××有限公司着眼于"朋友恒久远"。开放时间之后,××有限公司为各位嘉宾准备了答谢宴会。敬请参加。好,现在进入开放时间。

今天的主要活动到此结束,谢谢大家!

示例二

保险情系金土地,国寿服务到农家
——暨中国人寿"新简易人身两全保险"产品推广活动主持词

一、会前提醒(暖场音乐 9:55—10:00)

(男)各位国寿伙伴,各位父老乡亲大家早上好! (可以重复问好,达到烘托气氛的效果)"保险情系金土地,国寿服务到农家"暨中国人寿"新简易人身两全保险"产品推广活动

将在五分钟后开始,为了能够保证大会顺利地进行,在这里我提醒大家几点注意的事项:

第一,请大家进入会场后按指定区域就座,在会场内不要随意走动。

第二,会议期间请大家保持会场的卫生,并保持安静不要大声喧哗。

第三,会议过程中请大家配合工作人员的相关提示,相信通过我们的共同努力,一定能为大会的圆满召开创造一个良好的环境。

二、主持人上台,会议开始(10:00—10:03)

男:各位领导;

女:各位××县的父老乡亲;

男:各位国寿的伙伴;

合:大家上午好!

女:一元复始,万象更新,踏着新春的脚步,中国人寿新产品推广活动来到了美丽的××。我是主持人×××。

男:我是主持人×××。现在我宣布"保险情系金土地,国寿服务到农家"暨中国人寿"新简易人身两全保险"产品推广活动。

合:现在开始!

女:今天的新产品推广活动受到××县政府和中国人寿保险股份有限公司××支公司的高度重视。

男:出席今天产品推广活动的领导有:

女:××县政府×××;

男:中国人寿保险股份有限公司××县支公司总经理×××先生;

女:以及18位××的营销员代表;

男:让我们以热烈的掌声对各位领导和同志的莅临表示最诚挚的谢意和最热烈的欢迎。

三、产品介绍(10:03—10:05)

女:在2006年,中国人寿继在纽约和香港两地上市后又成功在国内A股上市,成为A股市场的"保险第一股",可谓王者归来,万众瞩目。

男:作为中国最大的保险企业,中国人寿开办了5大类100多种产品,为全国近两亿人民提供保险保障,仅去年前三季度保险理赔金就达到104.2亿元。

女:今天中国人寿为落实国务院"发展三农、建设社会主义新农村、构建和谐社会"的要求,专门为广大农民朋友量身定做了一款非常好的产品——国寿新简易人身两全保险。

男:这款产品保险责任涵盖疾病身故、意外伤害身故和满期生存。投保简单,便于理解;保障突出,满期保值;有险保险,雪中送炭;无险养老,锦上添花。被称为"中国农民第一险"。

四、支公司总经理讲话(10:05—10:10)

女:今天推广的这款产品是专门针对农民朋友设计的。"扎根本土,服务三农,为构建和谐社会和建设社会主义新农村服务"一直是中国人寿的努力方向,今天的这个产品推广活动受到了中国人寿保险股份有限公司××支公司总经理的高度重视,下面有请中国人寿××支公司总经理×××先生讲话。

(讲话略)

五、产品面世仪式(10:10—10:13)

女:请×总留步!

男:听完×总的讲话,我们感觉到中国人寿服务三农,为建设社会主义新农村和构建和谐社会所作出的努力。

女:下面有请××县政府领导××和×总一起为新产品面世揭幕。

男:请合影留念。

六、现场签单仪式(10:13—10:18)

女:感谢各位领导,请回座。

男:刚才在新产品介绍的过程中,我看到很多父老乡亲在互相讨论,分享这款产品的优点。今天将有三位幸运的朋友现场购买这款新产品的前三张保单。

女:我们看到有三位朋友已经在下面等候现场签单,掌声有请三位客户朋友上台,有请中国人寿××支公司×总上台和三位客户朋友现场签单。

男:谢谢×总,今天签单的客户每人将获得中国人寿赠送的精美礼品一份,由×总向三位客户赠送礼品。

女:请×总和三位客户朋友合影留念。(请其中的一位客户留下作现场采访)

现场采访客户(10:18—10:20)

女:这位朋友您贵姓? 今年——(长音引出客户的年龄)?

男:请问××您为何购买这份保险?

(参考答案)这个产品非常简单,我一下就听明白了;比较经济实惠,平平安安可以领钱,出了事最高能赔八倍,既能保值同时又能够解决我们的后顾之忧,再就是中国人寿是大公司值得信赖,所以我就买了。

男:您会向您的家人和朋友推荐这个保险产品吗?

(参考答案)肯定会,新简易人身两全保险是为咱们农民量身定做的产品,充分考虑了我们的购买能力和需求,投保手续也很方便,我回去就让我的表哥办一份,这是一份非常好的保险。

女:非常感谢,同时祝广大客户朋友身体健康,感谢您对中国人寿的支持。

七、公益行为(10:20—10:22)

(此项由各公司实际状况确定是否采用)

男:作为中国最大的保险公司,中国人寿除了向亿万人民提供保障外,还一直致力于公益事业。回报社会一直是中国人寿不懈的追求,下面有请中国人寿保险×××××。有请县政府领导×××。

请合影留念。

八、县委领导讲话(10:22—10:27)

116

女:感谢×总,感谢中国人寿!

女:春风催四化、德政惠三农;新农村、新气象、农民朋友生活的改善、农村保险业的蓬勃发展离不开政府的领导和支持,下面有请县政府领导×××讲话。

女:2006年底中国人寿总市值突破8 000亿,名列全球上市公司首位,连续五年入选全球企业500强;在国内中国人寿在行业中处于领先地位,市场份额稳居半壁江山,达到50%。

男:这一切成就的取得离不开广大客户朋友的支持与厚爱,全体国寿员工不待扬鞭自奋蹄。决心全力以赴推广好"中国农民第一险",为广大农民朋友提供更好的服务。

女:中国人寿"保险情系金土地,国寿服务到农家"暨中国人寿"新简易人身两全保险"产品上市仪式大会到此圆满结束!

男:祝愿××的父老乡亲们在新的一年里:骏马金鞍跨上康庄大道!

女:鼠年即至迎来大丰之年!

合:祝中国人寿明天更美好!

(音乐响起,全场结束)

示例三

巴黎欧莱雅"浪漫七夕,奢华盛放!
——新奢华睫毛膏产品推广活动

(活动正式开始)

一、12:00—12:30 活动正式开始及签到的进行

(主持人开场白)

浪漫七夕,奢华盛放!

尊敬的来宾,各位观众,以及新闻媒体的朋友们:

大家中午好! 非常高兴可以和大家相聚在巴黎欧莱雅"浪漫七夕,奢华盛放! ——新奢华睫毛膏产品推广活动"的大型活动现场,我是今天的活动主持人××。

首先让我们以热烈的掌声和诚挚的热情欢迎今天到场的各位来宾,他们是:欧莱雅总部产品总监Jack,欧莱雅首席化妆师Rose,以及她从法国带来的化妆团队们,让我们以热烈的掌声欢迎他们的到来!

今天到场的合作媒体有:靓装频道、时尚follow me、Top秀杂志、北京日报、京华时报,让我们再次以热烈的掌声欢迎他们的到来! 同时也将掌声送给在场的每一位观众!

巴黎欧莱雅一直秉承进取不止的创新精神,不断推出契合消费者需求的高品质产品,为了让更多消费者和媒体朋友感受到巴黎欧莱雅产品的独特魅力,今天巴黎欧莱雅公司特举办了此产品推广活动,为您带来浪漫奢华的产品体验。

十五年来,巴黎欧莱雅在中国市场从零开始,一步一步地成长,在此过程中,欧莱雅离不开现场的各位来宾的大力支持。在这里,请允许我代表这次活动的主办方巴黎欧莱雅大中

华区分公司,向一直以来对巴黎欧莱雅产品大力支持的新老客户表示最衷心的感谢和亲切的问候!

今天我们的活动主题是"浪漫七夕,奢华盛放"。在这个浪漫的中国情人节里,我们欢聚在这里,感受巴黎欧莱雅产品带给我们的浪漫和奢华,巴黎欧莱雅大中华区分公司为了让这个国际新产品与我国的传统文化相融合,特在今天的活动中让大家切身感受这种独特的魅力所在。活动的每个环节都会有丰富的礼品等着大家,是不是很诱人呢?也许这个幸运儿就是你!让我们共同期待今天的活动吧!

现在请刚刚到场的来宾稍事休息,我们会场备有自助餐和酒水供大家享用,同时,如果现场有小朋友随行的观众,请不要担心,我们专门为小朋友们设有游乐场——充气迷宫,供小朋友们游玩,请跟随我们的工作人员到左边的游乐场地吧,我们的工作人员会竭诚为您服务。稍后我们的国际一线名模会给大家带来炎炎夏日的一杯冷饮——模特T台秀!

二、12:30—12:40 模特T台走秀

主持人:正午的炎炎烈日也挡不住我们诚挚的热情,让我们带着这份热情,用我们热烈的掌声,请出我们今天充满魅力的模特们,给我们展示新奢华睫毛膏带给我们的无限奢华和魅力!请大家注意模特们的面部妆容。(模特出场T台走秀)

三、12:40—12:50 产品介绍

主持人:看完了热情洋溢的模特T台秀,我们不禁会对模特们精致的妆容赞叹无比。当然也会对巴黎欧莱雅这款新产品的功能产生些许疑问,那么这款新奢华睫毛膏都会有哪些神奇的功效呢?下面就让我们隆重请出欧莱雅总部产品设计总监Jack对产品成分、工艺进行介绍。

(欧莱雅总部产品设计总监Jack出场)

四、12:50—13:20 顾客体验阶段以及有奖互动环节

主持人:听完了欧莱雅总部产品设计总监Jack的产品介绍,大家会不会对新奢华睫毛膏有一种心动的感觉呢?不管你们有没有,反正我是有了(笑)。既然心动了,那就一起行动吧!

下面就让我们隆重邀请欧莱雅化妆师Rose和她从法国带来的化妆团队,为我们现场的观众朋友们进行现场化妆,体验新奢华睫毛膏的神奇效果!现在我们要在现场随机抽取15名美丽的女性朋友,参与我们的现场化妆活动,哪位朋友愿意参加?

(主持人现场抽取观众,并带往后台化妆)

这15名观众将参与现场化妆活动,没有参与的朋友们不要灰心,我们还有现场互动活动,活动中将会有大奖送给大家哦!奖品是欧莱雅的相关产品和思絮餐厅的优惠餐券,可以让您在享受欧莱雅浪漫奢华的同时,和您的另一半感受七夕情侣套餐给您带来的温馨与浪漫,本环节感谢思絮餐厅为我们提供的大力支持!

(互动环节:本环节由主持人提问礼品袋中欧莱雅的宣传单上的内容,抽取并读出在签到台前男士写的便利贴,两项内容交叉进行。(答对的观众获得就近餐厅"思絮"的就餐券,

根据抽到的便利贴的内容赠送相应的欧莱雅的产品一份),本环节现场互动由主持人根据活动策划内容临场发挥)

五、13:20—13:30 效果前后对比

主持人:让大家久等了！大家是不是迫不及待地想看到这15位幸运观众使用新奢华睫毛膏后的效果呢？现在我们15位美丽的女性朋友已经化好妆了,下面就有请她们走到台前来,为大家展示新奢华睫毛膏的神奇效果！（参与者进行妆后效果展示）

六、13:30—13:40 妆后感受与建议

主持人:大家是不是都不敢相信眼前的15位美女就是我们之前挑选的观众朋友呢？因为妆后每位观众朋友的变化真是太大了。相信你们化妆后都会有自己的感受,我想问一下您(挑选一位妆后变化较大的参与活动者)化妆后看到自己的变化有什么样的感受呢？

（参与活动者发言中,然后再挑选一到两位重复同样的问题）

下面让我们听听她们的建议吧！

（挑选参与活动者发言,然后再挑选一到两位重复同样的问题）

七、13:40—13:50 现场观众提问

主持人:听完她们的感受和建议后,相信在场的各位观众朋友也会有自己的疑问和建议,那么下面就让我们畅所欲言吧！（现场挑选几个观众向Rose提问日常化妆过程中遇到的问题）

八、13:50—15:00 自由试用咨询时间

主持人:看来很多的观众朋友都想问自己遇到的问题呢,那么下面就将时间交给大家,观众朋友们可以分别在化妆台试用欧莱雅化妆品,并且可以和欧莱雅专业的工作人员交流自己遇到的问题,机不可失哦！在此期间,大家可以拨打我们屏幕上的订购电话,订购我们的新奢华睫毛膏,电话预购的第9名、第99名等观众朋友们可以获得我们今天的超级大奖——三亚情侣旅行大奖哦！大家赶快拿起电话订购吧！

九、15:00—17:00 活动结束,观众签名以及拍照

主持人:不知不觉,我们的活动接近了尾声,退场的朋友们可以在出口处欧莱雅"新奢华"宣传海报上签名,并且可以让工作人员为大家拍照留念。

希望大家在今天的活动中,收获美丽,收获爱情,收获喜悦,收获感动。这些就是新奢华睫毛膏为我们带来的全新体验！

下面我宣布,巴黎欧莱雅"浪漫七夕,奢华盛放——新奢华睫毛膏产品推广活动"到此结束！再次感谢欧莱雅总部产品总监Jack,欧莱雅首席化妆师Rose,以及现场的每一位朋友的热情参与！

祝愿在场的每位来宾,身体健康,工作顺利,也祝愿您的爱情甜蜜,家庭幸福！让我们相约下次再会！

最后祝大家,情人节快乐！

（活动正式结束）

示例四

天球电池·甘肃品牌推广会

尊敬的各位嘉宾,女士们、先生们:

下午好!

初夏六月,阳光明媚,在这美好的日子里,我们来到了美丽的兰州,在这里隆重举办"2011 天球电池·甘肃品牌推广会"。这是我们天球电池上市以来,在甘肃举办的规模最大、规格最高、影响最广的一次品牌推广活动。

举办这次品牌推广活动,目的是进一步扩大广州天球实业有限公司与甘肃各级经销商朋友的交流与合作;进一步推介天球电池、宣传天球电池,提高天球电池的影响力和知名度;也想借此机会,同大家欢聚一堂,畅叙友情,广交朋友。

参加这次品牌推广活动的广州天球实业有限公司主要成员有:广州天球实业有限公司常务总经理余铎、天球电池甘肃总代理蔡永宏先生、广州天球实业有限公司西北区经理吴江、广州天球实业有限公司商业部经理助理宁敏。

这次品牌推广活动得到甘肃雅佳电子科技有限公司、甘肃嘉威电子科技有限公司、甘肃汇成电器科技有限公司等公司的大力支持。

甘肃雅佳电子科技有限公总经理张清海、甘肃汇成电器科技有限公司总经理刘平顺、甘肃嘉威电子科技有限公司总经理程永平今天亲临了会场。在此,我代表广州天球实业有限公司、天球电池甘肃总代理,对他们的到来表示热烈的欢迎和衷心的感谢!

这次品牌推广会共有五项议程:

一是广州天球实业有限公司常务总经理余铎致辞;

二是观看天球电池 CCTV 广告投放专题宣传片;

三是天球电池甘肃总代理蔡永宏经理推介订货政策;

四是举行天球电池签约订货活动;

五是进行抽奖活动。

下面请广州天球实业有限公司常务总经理余铎先生致辞。

(余铎先生致辞)

下面请观看天球电池 CCTV 广告投放专题宣传片。

(播放宣传片)

下面请天球电池甘肃总代理蔡永宏先生推介订货政策。

(蔡永宏先生推介订货政策)

下面进行天球电池签约订货活动。

(签约订货)

下面由广州天球实业有限公司商业部经理助理宁敏小姐主持本次推广会的抽奖活动。

(抽奖活动)

刚才,余铎总经理对广州天球实业有限公司发展战略作了较为详尽的介绍;蔡永宏经理就本次品牌推广会的甘肃区域订货政策作了详细推介。相信在座的各位朋友对广州天球实业有限公司的价位优势、政策优势、资源潜力、良好的发展和未来发展趋势都有了深刻的认识和了解。对今天签订的订货项目,广州天球实业有限公司、天球电池甘肃总代理商将全力支持,积极帮助解决在产品销售中遇到的困难和问题,竭诚为各级经销商提供一切有利的支持。我相信,只要我们本着以诚相待、互利互惠、共同发展的原则,双方就一定能够合作成功,实现共赢。最后祝在座的各位领导、各位嘉宾、各位朋友以及一直关心和支持广州天球实业有限公司发展的朋友们身体健康、事业发达。为了答谢各位朋友的支持与帮助,广州天球实业有限公司在本酒店2层宴会厅为大家准备了晚宴,我们真诚希望各位朋友赏光。另外,为方便各位朋友进一步洽谈项目,我们在本酒店安排了几个房间供大家使用。具体房间号详见材料袋。

我宣布,"2011天球电池·甘肃品牌推广会"到此结束。谢谢大家!

思考题

1.产品宣传推广活动主持人在主持活动前应做好哪些准备工作?

2.产品宣传推广活动在主持抽奖环节时,应如何调动现场气氛?

3.产品宣传推广活动在活动过程中若发生突发事件(如现场有人打电话或音乐播放出现问题),主持人应如何应对?

▶第八章
主持人礼仪常识和各国风俗社交禁忌

第一节　主持人礼仪常识

一、仪表礼仪

保持头发清洁,修饰得体,发型与本人自身条件、身份和工作性质相适宜。男士应每天修面剃须。女士化妆要简约、清丽、素雅,避免过量使用芳香型化妆品,避免当众化妆或补妆。表情自然从容,目光专注、稳重、柔和。手部保持清洁,在正式的场合忌有长指甲。

二、仪态礼仪

(一)站姿

挺直、舒展,手臂自然下垂。正式场合不应将手插在裤袋里或交叉在胸前,不要有下意识的小动作。女性站立时双腿要基本并拢,脚位应与服装相适应。穿紧身短裙时,脚跟靠近,脚尖分开呈"V"状或"Y"状;穿礼服或者旗袍时,可双脚微分。

(二)坐姿

入座时动作应轻而缓,轻松自然。不可随意拖拉椅凳,从椅子的左侧入座,沉着安静地坐下。女士着裙装入座时,应将裙子后片拢一下,并膝或双腿交叉向后,保持上身端正,肩部放松,双手放在膝盖或椅子扶手上。男士可以微分双腿(一般不要超过肩宽),双手自然放在膝盖或椅子扶手上。

离座时,应请身份高者先离开。离座时动作要轻,不发出声响,从座位的左侧离开,站好再走,保持体态轻盈、稳重。

(三)走姿

行走时应抬头,身体重心稍前倾,挺胸收腹,上体正直,双肩放松,两臂自然前后摆动,脚步轻而稳,目光自然,不东张西望。

遵守行路规则,行人之间互相礼让。三人并行,老人、妇幼走在中间。男女一起行走时,男士一般走在外侧。走路时避免吃东西或抽烟。遇到熟人应主动打招呼或问候,若需交谈,应靠路边站立,不要妨碍交通。

三、仪容礼仪

在这里我们主要根据主持人职业形象的特点来介绍主持人的仪容,主要包括发型及脸部的妆面。应该注意以下几点:

(一)符合节目风格

不同的节目对主持人的形象要求不同。新闻类节目的主持人仪容应该庄重、大方;综艺类节目主持人的仪容应该以轻松为主;娱乐节目主持人仪容可以适当夸张。如果主持人仪容与节目错位,则很可能造成节目不被受众群体接纳的结果。

(二)依据个人特点

主持人应该根据自己的生理特征来选择不同的发型、妆面等,以弥补缺陷、强调特点。每个人都有自己的优缺点,我们注意仪容的重要目的就是为了扬长避短,塑造更加优美的主持人形象。

(三)不能过于怪异、另类

主持人承载着传播主流文化的责任,所以仪容要求符合大多数人的审美眼光。在塑造主持人仪容时,我们的技法可以出现变化,带给观众新鲜感、保持观众关注度,但这些变化始终要塑造积极、正面的主持人形象,并不是"抢眼球"。

四、交谈礼仪

态度诚恳,表情自然、大方,语言和气亲切,表达得体。谈话时不可用手指指人,做手势动作幅度要小。与谈话者应保持一定距离。在公共场合男女之间不要耳鬓厮磨,与非亲属关系的异性避免长时间攀谈、耳语。

对长辈、师长、上级说话要尊重,对下级、晚辈、学生说话则要平易近人。同时与几个人谈话,不要把注意力集中在一两个人身上,要照顾到在场的每一个人,注意听取对方的谈话。

不可出言不逊、强词夺理。不可谈人隐私,揭人短处。不可背后议论他人,拨弄是非。不说荒诞离奇、耸人听闻的事,不搞小广播。谈话中意见不一致时,要保持冷静,以豁达的态度包容异己或回避话题。忌在公众场合为非原则性问题大声喧哗、争执打闹。遇有攻击、侮辱性言辞,一定要表态,但要掌握尺度。

五、服饰礼仪

(1)主持人要根据自己的体型、脸型和肤色等生理条件与个性、气质、修养等内在素质,决定穿衣风格,追求个性与风格。在充分了解自己的外在与内在条件后,做到有清醒的自我认知,然后根据自身条件,自己进行形象设计,这是一个由自我认知到自我定位的过程。

(2)主持人要根据所主持节目的特点、性质、形式来决定穿衣风格与样式,即主持人穿衣须服从节目需要。不同性质的节目具有不同的特点,因此对主持人的着装要求也有明显的不同。如新闻类的节目一般要求主持人穿着西装,表现得端庄、严肃而稳重;相反,娱乐类的节目一般要求主持人穿着时尚、前卫而活泼;而生活类的节目一般要求主持人具有亲切感,因此其着装应当休闲、舒适而随意;少儿类的节目因为面向的是少年儿童,主持人的着装就要显得卡通、可爱而有趣。这些都是不同的节目性质所要求的;同样,不同的节目形式就有不同的穿衣要求。外出采访时,在重要的会议场所,主持人应当穿着正式、大方得体;若是随机的街头采访,主持人则应当穿着随意、自然,具有亲和力,便于和采访对象交流。

(3)主持人的穿着应当遵循穿着的自然规律,包括服装品质、服饰款式、颜色图案和大小尺寸。服装的品质体现在服装的面料上。在经济条件允许的前提下,主持人穿着应当尽量选择面料讲究的服装,尤其是西装的面料,应当尽量选择纯毛、纯绒的高档面料,不要穿不透气、不散热的化纤面料。服装的款式多种多样,各类服装都有各自不同的款式,主持人要依据自身条件与节目风格选择合适款式的衣服,若是主持少儿节目的主持人穿上正装,则显得不伦不类。颜色图案的搭配决定着主持人全身穿着是否和谐美观。每种颜色都表现不同的风格,各类色彩能搭配出千百种风格。不同的图案也具有不同的含义,不同的服装上是否出现图案都有不同的设计,选购和穿着时应当引起注意。

第二节　我国风俗社交礼仪

一、问候礼仪

问候是见面时最先向对方传递的信息。对不同环境里所见的人,要用不同方式的问候语。和初次见面的人问候,最标准的说法是:"你好""很高兴认识您""见到您非常荣幸"等。如果对方是有名望的人,也可以说"久仰""幸会";与熟人相见,用语可以亲切、具体一些,如

"可见着你了"。对于一些业务上往来的朋友,可以使用一些称赞语:"你气色不错""你越长越漂亮了"等。

二、称呼礼仪

在社交中,人们对称呼一直都很敏感,选择正确、恰当的称呼,既反映自身的教养,又体现对他的重视。

称呼一般可以分为职务称、姓名称、职业称、一般称、代词称、年龄称等。职务称包括经理、主任、董事长、医生、律师、教授、科长、老板等;姓名称通常是以姓或姓名加"先生、女士、小姐";职业称是以职业为特征的称呼,如:秘书小姐、服务先生等;代词称是用"您""你们"等来代替其他称呼;年龄称主要以"大爷、大妈、叔叔、阿姨"等来称呼。使用称呼时,一定要注意主次关系及年龄特点,如果对多人称呼,应以年长为先,上级为先,关系远为先。

三、介绍礼仪

介绍就基本方式而言,可分为:自我介绍、为他人作介绍、被人介绍等。在作介绍的过程中,介绍者与被介绍者的态度都要热情得体、举止大方,整个介绍过程应面带微笑。一般情况下,介绍时双方应当保持站立姿势,相互热情应答。

(一)为他人作介绍

应遵循"让长者、客人先知"的原则,即先把身份低的、年纪轻的介绍给身份高的、年纪大的;先将主人介绍给客人;先将男士介绍给女士。

介绍时,应简洁清楚,不能含糊其辞。可简要地介绍双方的职业、籍贯等情况,便于不相识的两人相互交谈。介绍某人时,不可用手指指点对方,应有礼貌地以手掌示意。

(二)被人介绍

被人介绍时,应面对对方,显示出想结识对方的诚意。等介绍完毕后,可以握一握手并说"你好!""幸会!""久仰!"等客气话表示友好。

男士被介绍给女士时,男士应主动点头并稍稍欠身,等候女士的反应。按一般规矩,男士不用先伸手,如果女士伸出手来,男士便应立即伸手轻轻点头就合乎礼貌了,如愿意和男士握手,则可以先伸出手来。

(三)自我介绍

可一边伸手跟对方握手,一边作自我介绍,也可主动打招呼说声"你好!"来引起对方的注意,眼睛要注视对方,得到回应后再向对方报出自己的姓名、身份、单位及其他有关情况,语调要热情友好,态度要谦恭有礼。

四、握手礼仪

握手是沟通思想、交流感情、增进友谊的一种方式。握手时应注意不用湿手或脏手,不戴手套和墨镜,不交叉握手,不摇晃或推拉,不坐着与人握手。

握手的顺序一般讲究"尊者决定",即待女士、长辈、已婚者、职位高者伸出手之后,男士、晚辈、未婚者、职位低者方可伸手去呼应。平辈之间,应主动握手。若一个人要与许多人握手,顺序是:先长辈后晚辈,先主人后客人,先上级后下级,先女士后男士。

握手时要用右手,目视对方,表示尊重。男士同女士握手时,一般只轻握对方的手指部分,不宜握得太紧太久。右手握住后,左手又搭在其手上,是我国常用的礼节,表示更为亲切,更加尊重对方。

五、名片礼仪

在社交场合,名片是自我介绍的简便方式,是一个人身份的象征,当前已成为人们社交活动的重要工具。

(一)递送名片

递送时应将名片正面面向对方,双手奉上。眼睛应注视对方,面带微笑,并大方地说:"这是我的名片,请多多关照。"名片的递送应在介绍之后,在尚未弄清对方身份时不应急于递送名片,更不要把名片视同传单随便散发。与多人交换名片时,应依照职位高低或由近及远的顺序依次进行,切勿跳跃式地进行,以免使人有厚此薄彼之感。

(二)接受名片

接受名片时应起身,面带微笑注视对方。接到名片时应说"谢谢"并微笑阅读名片。然后回敬一张本人的名片,如身上未带名片,应向对方表示歉意。在对方离去之前或话题尚未结束时,不必急于将对方的名片收藏起来。

(三)存放名片

接过别人的名片切不可随意摆弄或扔在桌子上,也不要随便地塞进口袋或丢在包里,应放在西服左胸的内衣袋或名片夹里,以示尊重。

六、电话礼仪

(一)打电话的礼仪

电话是人们最常用的通信工具。打电话时,要考虑对方是否方便,一般应在早上八时后晚上十时前。拨通电话后,应首先向对方问好,自报家门和证实对方的身份。通话时,语言要简洁明了。事情说完,道一声"再见",及时挂上电话。在办公室打电话,要照顾到其他电话的进出,不可以占线太久。

(二)接听电话礼仪

电话铃响后,要迅速拿起电话机问候"您好",自报家门,然后询问对方来电事由。要认真理解对方意图,并对对方的谈话作出积极回应。应备有电话记录本,对重要的电话做好记录。电话内容讲完,应等对方放下话筒之后,自己再轻轻放下,以示尊敬。

(三)手机礼仪

使用个性化手机铃声应注意场合,铃声要和身份相匹配,音量不能太大,内容要健康,铃声不能给公众传导错误信息。开会、上课或其他重要集会时应关机或设置静音。非经同意,不能随意动别人的手机或代别人接听手机。不要用手机偷拍。

第三节　各国风俗社交礼仪

一、美国习俗礼仪

美国人以不拘礼节闻名于世。第一次同别人见面,常直呼对方的名字,还不一定跟人握手,往往只是笑一笑,说一声"嗨"或"哈啰"。在美国人看来,这种不拘礼节的打招呼,跟其他地区的正经握手为礼意义相同。

在美国,不论男女,见面时一般都相互握手。彼此很熟悉的女性之间、男女之间也亲吻面颊。与美国妇女握手最好让对方采取主动。对妇女要像对男子一样随便,但是不能询问她的婚姻状况,绝对不可说具有挑逗性的语言,否则必遭冷遇。男性最好不要给妇女送香水、衣物和化妆品之类的礼物。

美国人通常在家里宴请客人。一种方式是大家围坐在一张桌了旁,食品盛在盘中,在每个人手中依次传递或由主人为客人盛食品。另一种是"自助"式,边交谈边品尝。接受邀请的客人一般在规定时间后的5~10分钟内到达,可以送女主人一些花或其他小礼品。

美国人进餐时十分讲究,汤匙必须放在汤盘的托碟上,咖啡匙要放在茶托上。喝汤时不要弄出大的响声,并用匙的一侧从里往外舀,不能用匙头,更不能端着汤盆把盆底的剩汤喝光。每餐一般只上一道主菜和沙拉,最后上一道甜食。如果客人没吃饱可向女主人夸赞她做得好,并再要点菜,女主人会多加一份菜给他。喝咖啡要端着杯子喝,在餐桌上不要抽烟。吃完饭,客人将餐巾放在餐桌上,然后站起来。餐后,客人要待上一两个小时再道别。第二天发便函向主人致谢,并送一些小礼物,如一盒巧克力或鲜花等。

如果去拜访美国的朋友应先敲门,征得同意后才进屋。进屋后先脱帽,并问对方是否方便。当对方回答"无妨"时,再谈论事情。星期六、星期日是美国的法定休息日,除非有急事或要事,一般在早上8点前,晚上10点后不要拜访。

送礼物时最好交给夫人。做客时一般不问厕所,而是自己去找。在主人卧室里,客人不能坐在床上。未经同意不要随便摆弄屋里的任何东西,尤其是钢琴。

如有客人夜间来访,不能穿睡衣迎客。在朋友家做客时,打长途电话要经主人同意;离开时,应留下电话钱,可以说:"送一点钱给孩子买糖果吃。"

美国十分强调个人权利、价值和自由,他们忌讳打听个人隐私。美国人讨厌蝙蝠,认为是凶神恶煞的象征。所以不能向美国人介绍或销售有蝙蝠图案的商品,也不要作为礼品送给他们,否则会引起麻烦。黑猫被视为不祥之物,白象则被喻为无用而累赘之物,故送人玩具或工艺品时应避开这些东西。另外,美国人忌食各种动物内脏。

二、俄罗斯习俗礼仪

在俄罗斯居住的居民主要是俄罗斯人,大多数人信仰东正教。俄罗斯人性格豪爽、热情开朗,具有很强的集体观念。他们和人交往一般行握手礼或拥抱礼。俄罗斯人也有施吻礼的习俗,但针对不同对象和不同场合,所施的吻礼也有一定的区别:对朋友之间,或长辈对晚辈之间,一般吻面颊,如果长辈对晚辈非常慈爱,则吻额头;男子对已婚女子,一般多施吻手礼,以示尊敬和谦恭之意;吻唇礼通常只在夫妻或情人之间流行。

俄罗斯人对数字"7"非常偏爱,认为"7"预兆好运,可以给人们带来美满和幸福。大多数人喜爱红色,视红色为美丽和吉祥的象征。

俄罗斯人对盐十分崇拜,视盐为珍宝,经常用作祭祀的供品。他们认为盐具有驱魔避邪的神秘力量。如果有人不慎打翻盐罐,或者将盐撒在地上,便认为是家庭即将出现不幸的预兆。为了摆脱灾难,他们总要将打翻在地的盐拾起来撒在自己的头上。在俄罗斯做客,如果主人给客人吃面包和盐,说明客人非常受欢迎。

俄罗斯人的晚餐比较简单,对早餐和午餐十分重视。俄罗斯人的用餐时间拖得很长,喜欢品尝不同风味的菜肴,并且希望菜肴熟透和酥烂。另外,俄罗斯人对中餐非常喜欢。

接待客人时,俄罗斯人经常使用"您"字,表示尊敬和客气;而在亲友之间往往以"你"字相称,这样显得更加随便。外出时,他们非常注重仪容仪表,衣扣要扣得完整,给人一副衣冠楚楚的模样。男子外出活动时,一定要把胡子刮净;赴约要准时;在社交场合中,遵循女性优先的习惯,如帮女子脱大衣、拉门、找座位,在宴席上为她们分菜等。俄罗斯妇女不能在男子面前撩裙而坐,如露出大腿则有引诱男人之嫌。

俄罗斯人非常重视文化教育,喜欢艺术品和艺术欣赏,因此比较喜欢这方面的话题。与俄罗斯人交谈,要坦诚相见,不能在背后议论其他人,更不能说他们小气;与女性交谈时,切忌打听年龄和服饰价格等。

俄罗斯人认为兔子是一种怯弱的动物,如果从自己眼前跑过,那便是一种不祥的预兆。

他们认为黑色是丧葬的代表色,因此对黑猫非常厌恶,如果黑猫从自己面前跑过,则预示灾难即将来临。

俄罗斯人不吃海参、墨鱼、海蜇和木耳。

如果去俄罗斯人家里做客,应该带上鲜花或烈性酒,送艺术品或图书做礼品也非常受欢迎。女主人对来访客人带给她的单数鲜花比较满意;男主人则喜欢高茎、艳丽的大花。

三、英国习俗礼仪

英国人一向以保守著称于世。尽管现在这种情况有所改变,但仍然是英国人的主要性格特征。有时两个人在一起工作多年,也许还不知道对方的家庭住址,甚至叫不出对方的姓名。英国人坐公共汽车或火车时,总是尽量找个旁边没人的座位坐下。如果旁边有人,立刻用手里的报纸筑起一道"围墙"来。偶尔两个互不相识的旅伴攀谈起来,谈话内容也仅限于气候、新闻,等等,其他方面很少涉及。

由于过着舒适优雅的生活,英国的中、上层人士养成一种绅士风度。他们举止得体,语言文明,不轻易动感情。他们平时不谈私事,人们相处时,彼此很少闲谈,即使寒暄几句也很简短,通常只提一下天气情况或者报纸新闻。

英国人遵守纪律,排队时井然有序。即使车站上只有一个人,也会在站牌下等候。他们赴约非常准时,晚几分钟可以,但绝不能提前。

英国人见面时互相握手,互道"早安"或"晚上好"。男女之间除热恋者外,一般都不手拉手走路。见面时的称呼也都遵照传统的礼仪习惯:对尊长、上级、不熟的人用尊称,在对方姓名之前要冠以职称、衔称或先生、女士、夫人、小姐等称呼,亲友和熟人之间常用昵称,以示亲切。男性与男性拥抱会被视为笑话。一个成年男子亲吻一个小男孩也会使孩子感到不自在。

英国人谈吐幽默,文雅脱俗,说话声音不高,发音准确。他们认为说话滔滔不绝是一种缺乏教养的表现,只有素质低下的人才会自吹自擂。与英国人谈话时,切忌指手画脚,微笑是有礼貌的表现。但与英国人谈正经事时,则应该态度严肃,认真听讲,否则会被认为是看不起他们。

与英国人交往时,最好不要谈论政治和宗教问题,更不能将皇家的事作为谈话的内容。在英国人面前,要避免使用"英格兰人"这个词,而要用"不列颠人",这样说英国人才觉得满意。下班后不谈论工作,他们最讨厌下班后在餐桌上或酒吧里谈论工作;在休假时谈论工作更会引起他们的反感。

英国人从来不直接说"上厕所",而是说"请原谅几分钟"或"我想洗洗手"等。至于"请""对不起""谢谢"等礼貌用语,更是习以为常,即使家庭成员之间也是如此。

英国人喜欢独处,不欢迎别人闯进他们的生活。未经邀请或约定去拜访英国人的家庭是对别人生活的干扰,是非常失礼的举动。

英国人认为大象是一种蠢笨的动物,因此忌讳使用大象图案。他们认为孔雀开屏并不美丽,而是自我炫耀和自我吹嘘的表现,因此不喜欢这种动物,甚至认为孔雀是一种淫鸟、祸鸟;同时还忌用人像做商品的装潢。在英国,绝对不要将百合花当作礼物送人,因为他们认为百合花意味着死亡。

英国人在点烟的时候,不论使用火柴还是打火机,只点到第二个人,然后把火熄灭,重新点燃后再给第三个人点烟。他们认为一次点三支烟,意味着第三个人将面临死亡。这种说法源于一次战争,当时有三位士兵躲在战壕里,由于疲劳,他们想抽烟提提神。当他们为第三个士兵点烟时,被敌人发现了。一发炮弹飞来,第三个士兵失去了性命。

四、法国习俗礼仪

法国人性格热情开朗,乐观爱美,讲究衣饰,待人彬彬有礼。他们乐意帮助外来人,但领导之间很少往来,也很少请人到家中做客。若被邀请,可送女主人一束鲜花或一盒巧克力。他们喜欢有文化素养和美学素养的礼品,不过不要送带有某公司明显标记的礼品。

法国人在公共场所从不大声喧哗,不随便指手画脚。男子不能当众提裤子,女子不能隔着衣裙提袜子。男女一起看节目时,女子坐中间,男子坐两边。

法国妇女是世界上最喜欢打扮的妇女。她们的服装非常时髦,所用化妆品也特别多,如口红就有早、中、晚之分。法国人追求自由,纪律性较差。准时赴约是有礼貌的表现,但迟到则是习以为常的事。

法国的传统礼仪是对妇女谦恭有礼。男士若在一条狭窄通道上遇见女士,应该让在一边,先让女士通过;如有急事需要先行,则应表示歉意。如果男子陪女子上街,习惯上应让女子靠商店橱窗一边行走。如发生拥挤,男子应向前开道。上楼梯应女前男后。

法国人握手时间不长,不能使劲晃动。一般是女子、上级、长者先伸手。如果在场的人很多,握手的顺序是先女后男,先长后幼。两对夫妇相逢时,两位女士先打招呼,男士再分别向对方妻子致意,然后两位男子相互握手。

如果亲朋好友相遇,则以亲吻或拥抱的方式代替握手礼。在法国,男人之间亲吻的情况较少。在冬天,戴帽的男子应脱帽向女子致意,握手时无须摘手套。但对方未戴手套,则应迅速摘下自己的手套再握手。如果双方非常熟悉,地位平等的人见面,只需挥手问好即可。

与法国人交往时,不要谈论个人、政治或金钱等方面的话题,那样会引起他们的反感。

法国人忌吃无鳞鱼,不吃辣的食品。忌讳菊花、杜鹃花等黄色花朵,因为他们认为黄色是不忠诚的表现;忌黑桃图案,认为不吉祥;忌墨绿色,因第二次世界大战期间纳粹军服是墨绿色的;忌仙鹤图案,认为仙鹤是蠢汉和淫妇的代称;忌送香水等化妆品给法国女人,因为这样做给人以过分亲热或图谋不轨之嫌。

五、德国习俗礼仪

德国居住的居民绝大部分是德意志人,其中约有一半人信仰基督教,另一半人信仰天主教。大多数德国人朝气蓬勃,具有勤俭耐劳、遵守纪律的品德,同时有矜持、喜爱音乐的特点。

德国人非常注重仪表和形象,外出时必须穿戴整齐、干净;他们热情好客、待人诚实可靠。德国人见面打招呼时不直呼名字,一定要称呼头衔;接电话要首先告诉对方自己的姓名。交谈时,德国人喜欢原野风光方面的话题。他们的业余爱好多为体育活动,时间观念特别强,约会非常守时。

在宴席上,男子坐在妇女和地位高的人的左侧,女士离开和返回饭桌时,男子要站起来以示礼貌;请德国人进餐,事先必须安排好。

德国人认为红色、茶色和深蓝色是不吉利的颜色;忌讳吃核桃。另外,他们非常忌讳在服饰或其他商品包装上使用纳粹标志。

六、意大利习俗礼仪

意大利居住的居民主要是意大利人,绝大多数人信仰天主教。意大利人待人热情,非常有礼貌。他们的见面礼是握手或招手示意。对年长者、地位高者和不太熟悉的人,要称呼他的姓,再加上"先生""小姐""太太"和荣誉职称;和意大利人谈话要注意掌握分寸,他们比较喜欢工作、新闻、体育方面的话题;切忌谈论美国橄榄球以及政治问题。

意大利人早晨喜欢喝咖啡和酸牛奶,吃烩水果。酒(尤其是葡萄酒)是意大利人必备的饮料,不论男女几乎每餐都要喝酒,甚至在喝咖啡时,也要掺上一些酒。

在比较隆重的社交场合,意大利人对服装的总体要求是朴素、大方、整洁、得体。衣服要熨平整,裤子熨出裤线。衣领袖口要干净,皮鞋要上油擦亮。穿长袖衬衣要将前后摆塞在裤内,袖口不要卷起。穿短袖衫,下摆不要塞在裤子里。长裤不要卷起。

意大利人参加各种活动时,进入室内场所都要摘帽、脱掉大衣、风雨衣以及套鞋。无论在什么时候,男士在室内都不可戴帽子和手套;而女性则允许在室内戴帽子、手套和面罩。

在意大利,菊花盛开的季节,正是他们扫墓祭奠亡灵的时候。因此,意大利人非常忌讳菊花。

七、匈牙利习俗礼仪

匈牙利居住的居民大多数是马扎尔人,身上具有浓厚的东方气息。匈牙利人感情丰富,性格开朗,待人热情,喜欢讲笑话,家庭观念较强,大部分人不愿离开自己的家;他们能歌善舞,酒量好,非常重视私人感情,人与人之间经常以互赠礼物、纪念品的方式联络感情。

匈牙利的国旗由红、白、绿三个平行相等的长方形组成。红色象征爱国者的鲜血,白色象征和平,绿色象征匈牙利人民对未来的希望。他们习惯用白色表示喜庆,黑色则意味着严肃和庄重。

在匈牙利,人们喜欢谈论食品和酒方面的话题。他们不允许给军人和军事设施拍照,同时拒绝把打猎的武器带入境内。

匈牙利一部分食品和调料保持着著名的"匈牙利烹调"传统风味,另一部分则是国际上习惯的风味。饭店营业时间一般从中午12点到晚上11点。匈牙利人偏爱苏式西菜,口味较重,不怕油腻。猪肉、鸡肉、各种动物的肝以及青豆、番茄、白菜、土豆等都是他们喜欢的美食。

匈牙利人对各种水果情有独钟,尤其爱吃菠萝、香蕉、橘子等水果;还喜欢吃巧克力点心,喝咖啡、葡萄酒和啤酒。宴会一般以喝咖啡作为结束,而在早、晚餐和宴会等场合,一般都要喝啤酒。同时,匈牙利人喜欢在旅途中喝酒,目的是解除疲劳。

匈牙利人的生活习俗中包含许多宗教色彩。他们认为黑猫是不祥之物,一只黑猫从人面前跑过也会被认为是不吉利的。同时,他们认为打破玻璃器皿是厄运来临的预兆。姑娘如打破镜子将会被认为7年找不到丈夫。"13"和"星期五"均系凶日,在这种日子里不能举行任何活动,宴会忌单数,尤其是第13个座位。除夕夜宴忌食飞禽和鱼类,认为这一天如吃了这些食物,幸福就会像飞禽那样飞走,像鱼儿那样溜走。

如果到匈牙利的朋友家做客,最好带上一瓶酒或一束花作为礼物,这样会受到主人的热情欢迎。

第四节　各国社交礼仪禁忌

一、称呼禁忌

在美国,千万不要称黑人为"Negro",Negro是英语"黑人"的意思,尤指从非洲被贩卖到美国为奴的黑人。跟白人交谈时应该牢记这种忌讳,跟黑人交谈时更需要小心谨慎。否则,黑人会认为这是对他的蔑视。提到黑人时,最好用"Black"一词,黑人会愉快地接受这种称呼。

二、食品禁忌

东欧一些国家的人们不喜欢吃海味,忌吃各种动物内脏。

三、花卉禁忌

在国际交往场合,忌把杜鹃花、石竹花、菊花以及其他黄色的花献给客人,这已经成为惯例。在欧美国家,如果被邀请到朋友家做客,给女主人献花是件愉快的事;但在阿拉伯国家,这样做则违反了礼仪。德国人认为郁金香是没有感情的花;意大利和南美洲各国认为菊花是"妖花",只能用于墓地与灵前;在巴西等国家,绛紫色的花一般用于葬礼。

四、颜色禁忌

欧美许多国家的人们认为黑色是丧礼的颜色,表示对死者的悼念和尊敬;巴西人认为棕黄色是凶丧的颜色;巴基斯坦人认为黄色是僧侣的专用服色;叙利亚人认为黄色是死亡的颜色;在委内瑞拉,黄色却是医务的标志;埃塞俄比亚人在表示对死者的沉痛哀悼时,常常穿淡黄色服装;埃及人认为蓝色象征恶魔;比利时人也最忌蓝色,如果遇到不幸,都穿蓝色服装;土耳其人认为花色是凶恶的兆头,所以在布置房间、客厅时绝对禁用花色,一般喜欢用比较朴素的颜色;摩洛哥人忌白色,认为是"贫穷"的象征。

五、数字禁忌

意大利著名画家达·芬奇创作的《最后的晚餐》中,耶稣·基督和弟子们一起吃饭,参加晚餐的第 13 个人是犹大。由于犹大的出卖,耶稣被犹太教当权者逮捕,并于 13 号(星期五)被钉在十字架上。西方国家的人们非常憎恨犹大,同时认为"13"是个不祥的数字。

为了避开"13"这个数字,西方许多国家高楼的 12 层之上便是 14 层楼,宴会厅的餐桌 14 号紧挨着 12 号。有些人甚至对每个月的 13 日也感到忐忑不安。并且人们还认为星期五也是个倒霉的日子,特别是遇到 13 日又是星期五时,一般不举行任何活动。日常生活中的编号,如电话号码、汽车牌号、房间号、楼层号、宴会桌等编号都要尽量避开 13 这个数字。

六、其他禁忌

美国和英国人认为在大庭广众之下节哀是一种礼节,而印度人恰好相反,他们认为在举行丧礼时如不大哭,就是违反礼仪。西方人不会随便用手折断柳枝,他们认为这样做将会承受失恋的痛苦;在欧洲的一些国家,新娘在婚礼前不会试穿结婚用的礼服,因为她们认为试穿礼服会导致日后幸福婚姻的破裂;还有些西方人认为打破镜子会带来厄运。

墨西哥人忌送手帕和刀剪,因为手帕与眼泪联系在一起,刀剪则象征友谊破裂。

在巴西,送礼时不要轻易送手帕,否则会引起吵嘴。若送手帕,人家会当面交钱,表示是买的,以免日后吵架。

埃及人忌蓝色和黄色,认为蓝色是恶魔,黄色是不幸的象征,遇丧事都穿黄衣服。忌熊猫,因它的形体近似肥猪。

第五节　我国部分节日的传统风俗

一、春节的传统风俗

春节是我国一个古老的节日,也是全年中最重要的一个节日,如何庆贺这个节日,在千百年的历史发展中,形成了一些较为固定的风俗习惯,有许多还相传至今。

1.扫尘

"腊月二十四,掸尘扫房子。"据《吕氏春秋》记载,我国在尧舜时代就有春节扫尘的风俗。按民间的说法:因"尘"与"陈"谐音,新春扫尘有"除陈布新"的含义,其用意是要把一切穷运、晦气统统扫出门。这一习俗寄托着人们破旧立新的愿望和辞旧迎新的祈求。每逢春节来临,家家户户都要打扫环境,清洗各种器具,拆洗被褥窗帘,洒扫六闾庭院,掸拂尘垢蛛网,疏浚明渠暗沟。到处洋溢着欢欢喜喜搞卫生、干干净净迎新春的欢乐气氛。

2.贴春联

春联也叫门对、春帖、对联、对子、桃符等,它以工整、对偶、简洁、精巧的文字描绘时代背景,抒发美好愿望,是我国特有的文学形式。每逢春节,无论城市还是农村,家家户户都要精选一幅大红春联贴于门上,为节日增加喜庆气氛。这一习俗起于宋代,在明代开始盛行,到了清代,春联的思想性和艺术性都有了很大的提高,梁章矩编写的春联专著《槛联丛话》对楹联的起源及各类作品的特色都作了论述。

在贴春联的同时,一些人家还要在屋门上、墙壁上、门楣上贴上大大小小的"福"字。春节贴"福"字,是我国民间由来已久的风俗。"福"字指福气、福运,寄托了人们对幸福生活的向往,对美好未来的祝愿。为了更充分地体现这种向往和祝愿,有的人干脆将"福"字倒过来贴,表示"幸福已到""福气已到"。民间还有将"福"字精描细做成各种图案的,图案有寿星、寿桃、鲤鱼跳龙门、五谷丰登、龙凤呈祥等。

3.守岁

除夕守岁是最重要的年俗活动之一,守岁之俗由来已久。最早记载见于西晋周处的《风土志》:除夕之夜,各相与赠送,称为"馈岁";酒食相邀,称为"别岁";长幼聚饮,祝颂完备,称为"分岁";大家终夜不眠,以待天明,称曰"守岁"。

古时守岁有两种含义:年长者守岁为"辞旧岁",有珍爱光阴的意思;年轻人守岁,是为延长父母寿命。自汉代以来,新旧年交替的时刻一般为夜半时分。

4.放爆竹

中国民间有"开门爆竹"一说。即在新的一年到来之际,家家户户开门的第一件事就是燃放爆竹,以哔哔叭叭的爆竹声除旧迎新。爆竹是中国特产,亦称"爆仗""炮仗""鞭炮"。其起源很早,至今已有两千多年的历史。放爆竹可以创造出喜庆热闹的气氛,是节日的一种娱乐活动,可以给人们带来欢愉和吉利。随着时间的推移,爆竹的应用越来越广泛,品种花色也日见繁多,每逢重大节日及喜事庆典,以及婚嫁、建房、开业等,都要燃放爆竹以示庆贺,图个吉利。

5.拜年

新年的初一,人们都早早起来,穿上最漂亮的衣服,打扮得整整齐齐,出门去走亲访友,相互拜年,恭祝来年大吉大利。拜年的方式多种多样,有的是同族长带领若干人挨家挨户地拜年;有的是同事相邀几个人去拜年;也有大家聚在一起相互祝贺,称为"团拜"。由于登门拜年费时费力,后来一些上层人物和士大夫便使用各帖相互投贺,由此发展出后来的"贺年片"。

春节拜年时,晚辈要先给长辈拜年,祝长辈长寿安康,长辈可将事先准备好的压岁钱分给晚辈,据说压岁钱可以压住邪祟,因为"岁"与"祟"谐音,晚辈得到压岁钱就可以平平安安度过一岁。压岁钱有两种,一种是以彩绳穿线编作龙形,置于床脚,此记载见于《燕京岁时记》;另一种是最常见的,即由家长用红纸包裹分给孩子的钱。压岁钱可在晚辈拜年后当众赏给,亦可在除夕夜孩子睡着时,由家长偷偷地放在孩子的枕头底下。现在长辈为晚辈分送压岁钱的习俗仍然盛行。

二、元宵节的传统风俗

元宵节是中国的传统节日,所以全国各地都过,大部分地区的习俗是差不多的,但各地也还是有自己的特点。

1.吃元宵

正月十五吃元宵,"元宵"作为食品,在我国也由来已久。宋代,民间即流行一种元宵节吃的新奇食品。这种食品,最早叫"浮元子"后称"元宵",生意人还美其名曰"元宝"。元宵即"汤圆"以白糖、玫瑰、芝麻、豆沙、黄桂、核桃仁、果仁、枣泥等为馅,用糯米粉包成圆形,可荤可素,风味各异。可汤煮、油炸、蒸食,有团圆美满之意。

2.观灯

汉明帝永平年间(公元58—75年),因明帝提倡佛法,适逢蔡愔从印度求得佛法归来,称印度摩揭陀国每逢正月十五,僧众云集瞻仰佛舍利,是参佛的吉日良辰。汉明帝为了弘扬佛法,下令正月十五夜在宫中和寺院"燃灯表佛"。此后,元宵放灯的习俗就由原来只在宫廷中举行而流传到民间。即每到正月十五,无论士族还是庶民都要挂灯,城乡通宵灯火辉煌。

元宵放灯的习俗,在唐代发展成为盛况空前的灯市,当时的京城长安已是拥有百万人口的世界大都市,社会富庶。在皇帝的亲自倡导下,元宵灯节办得越来越豪华。唐玄宗(公元685—762年)时的开元盛世,长安的灯市规模很大,燃灯五万盏,花灯花样繁多,皇帝命人做巨型的灯楼,广达20间,高150尺,金光璀璨,极为壮观。中唐以后,已发展成为全民性的狂欢节。

3.中国的情人节

元宵节也是一个浪漫的节日,元宵灯会在封建的传统社会中,也给未婚男女相识提供了一个机会,传统社会的年轻女孩不允许出外自由活动,但是过节却可以结伴出来游玩,元宵节赏花灯正好是一个交友的机会,未婚男女借着赏花灯也顺便可以为自己物色对象。元宵灯节期间,也是男女青年与情人相会的时机。

三、端午节的传统风俗

我国民间过端午节是较为隆重的,庆祝的活动也是各种各样,比较普遍的活动有以下几种形式。

1.赛龙舟

赛龙舟,是端午节的主要习俗。相传起源于古时楚国人因舍不得贤臣屈原投江死去,许多人划船追赶营救。他们争先恐后,追至洞庭湖时不见踪迹。之后每年五月五日划龙舟以纪念之。借划龙舟驱散江中之鱼,以免鱼吃掉屈原的身体。竞渡之习,盛行于吴、越、楚。后来,赛龙舟除纪念屈原之外,在各地人们还付予了不同的寓意。

2.吃粽子

端午节吃粽子,是中国人民的又一传统习俗。粽子,又叫"角黍""筒粽"。其由来已久,花样繁多。一直到今天,每年五月初,中国百姓家家都要浸糯米、洗粽叶、包粽子,其花色品种更为繁多。从馅料看,北方多包小枣的北京枣粽;南方则有豆沙、鲜肉、火腿、蛋黄等多种馅料,其中以浙江嘉兴粽子为代表。吃粽子的风俗,千百年来在中国盛行不衰,而且流传到朝鲜、日本及东南亚诸国。

3.佩香囊

端午节小孩佩香囊,传说有避邪驱瘟之意,实际是用于襟头点缀装饰。香囊内有朱砂、雄黄、香药,外包以丝布,清香四溢,再以五色丝线弦扣成索,做成各种不同形状结成一串,形形色色,玲珑可爱。

4.悬艾叶菖蒲

民谚说:"清明插柳,端午插艾。"在端午节,人们把插艾和菖蒲作为重要内容之一。家家都洒扫庭除,以菖蒲、艾条插于门楣,悬于堂中。并用菖蒲、艾叶、榴花、蒜头、龙船花,制成人形或虎形,称为艾人、艾虎;制成花环、佩饰,美丽芬芳,妇人争相佩戴,用以驱瘴。

四、中秋节的传统风俗

1.中秋祭月

在我国中秋祭月是一种十分古老的习俗。据史书记载,早在周朝,古代帝王就有春分祭日、夏至祭地、秋分祭月、冬至祭天的习俗。其祭祀的场所称为日坛、地坛、月坛、天坛,分设在东南西北四个方向。北京的月坛就是明清皇帝祭月的地方。《礼记》记载:"天子春朝日,秋夕月。朝日之朝,夕月之夕。"这里的夕月之夕,指的正是夜晚祭祀月亮。这种风俗不仅为宫廷及上层贵族所奉行,随着社会的发展,也逐渐影响到民间。

2.文人赏月

赏月的风俗来源于祭月,严肃的祭祀变成了轻松的欢娱。民间中秋赏月活动约始于魏晋时期,但未成习。到了唐代,中秋赏月、玩月颇为盛行,许多诗人的名篇中都有咏月的诗句。待到宋时,形成了以赏月活动为中心的中秋民俗节日,正式定为中秋节。与唐人不同,宋人赏月更多的是感物伤怀,常以阴晴圆缺,喻人情事态,即使中秋之夜,明月的清光也掩饰不住宋人的伤感。但对宋人来说,中秋还有另外一种形态,即中秋是世俗欢愉的节日:"中秋节前,诸店皆卖新酒,贵家结饰台榭,民家争占酒楼玩月,笙歌远闻千里,嬉戏连坐至晓。"(《东京梦华录》)宋代的中秋夜是不眠之夜,夜市通宵营业,玩月游人,达旦不绝。

3.民间拜月

相传古代齐国丑女无盐,幼年时曾虔诚拜月,长大后以超群品德入宫,但未被宠幸。某年八月十五赏月,天子在月光下见到她,觉得她美丽出众,后立她为皇后,中秋拜月由此而来。月中嫦娥,以美貌著称,故少女拜月,愿"貌似嫦娥,面如皓月"。

4.玩花灯

中秋节,有许多的游戏活动,首先是玩花灯。中秋节是我国三大灯节之一,过节要玩灯。当然,中秋节没有像元宵那样的大型灯会,玩灯主要只是在家庭、儿童之间进行。早在北宋《武林旧事》中,记载中秋夜节俗,就有将"一点红"灯放入江中漂流玩耍的活动。中秋玩花灯,多集中在南方。如前述的佛山秋色会上,就有各种样式的彩灯:芝麻灯、蛋壳灯、刨花灯、稻草灯、鱼鳞灯、谷壳灯、瓜籽灯及鸟兽花树灯等,令人赞叹。在广州、香港等地,中秋夜要进行树中秋活动,树亦作竖,即将灯彩高竖起来之意。小孩子们在家长协助下用竹纸扎成兔仔灯、杨桃灯或正方形的灯,横挂在短竿中,再竖起于高杆上,高挂起来,彩光闪耀,为中秋再添一景。孩子们多互相比赛,看谁竖得高、竖得多、灯彩最精巧。另外还有放天灯的,即孔明灯,用纸扎成大型的灯,灯下燃烛,热气上腾,使灯飞扬在空中,引人欢笑追逐。另外还有儿童手提的各式花灯在月下游嬉玩赏。

5.吃月饼

吃月饼是中秋节的另一习俗,月饼象征着团圆。月饼的制作从唐代以后越来越考究。苏东坡有诗写道:"小饼如嚼月,中有酥和饴。"清朝杨光辅写道:"月饼饱装桃肉馅,雪糕甜砌蔗糖霜。"看来当时的月饼和现在已颇为相近了。

思考题

1.主持人掌握风俗礼仪的意义是什么?

2.主持人应如何训练仪态?

▶第九章
非节目主持人语言表达训练

第一节　非节目主持人语言表达心理因素

主持人在主持活动时妙语连珠切合主题,不仅能够赢得受众的喜爱,同时还能为整场活动的主持奠定良好的基础,这就需要有良好的心理素质,我们把影响心理素质的所有因素归纳为心理因素。

我们常讲自信,那什么叫自信呢? 其实自信是对天的自信。成功了不自满把功劳归结上苍,而失败了把败因归结为自己,从而好好努力,这样就能胜不骄败不馁。主持人若能坚持这样的心理信念就能够有所成就。

主持人的心理素质,是指主持人在自身的成长与发展过程中形成的比较稳定的心理机能,是主持人心理品质与心理能力的统一体,是他们应付承受和调节各种心理压力以及摆脱各种心理困扰的能力,是适应社会发展需要及时调整心态以迎接挑战的能力。可见,主持人的心理素质是对他们智力因素水平(包括观察力、记忆力、想象力、思维力等)和非智力因素水平(包括人格、气质、兴趣、意志、动机信念、理想等因素)的统称,心理素质有其先天基础,并具有相对的稳定性,同时,心理因素又是一个动态的不断培养的过程。笔者认为主持人心理素质的培养应着重从以下几个方面加强。

一、培养很强的社会适应能力和饱满的自信心

当今社会是一个开放的社会,社会生活节奏快,竞争激烈,人们的压力日渐增加。如人际关系紧张,思想观念的冲突,生存压力的沉重等,容易出现各种心理紧张、挫折感、痛苦、自责等不良心理状态,长期处在压力状态下将会影响身心健康。保持良好的心态是帮助主持

人拓展观念,平衡、调适自态,保持愉快心境的一种方式。

心态调适有个原理:心态—行为—成果。有什么样的心态,就会有什么样的行为,进而就会取得相应的成果。我们不能预知生活和工作的各种情况,但正确的心态可以令我们适应它。因此,建立积极的心态,正确对待种种冲突和挫折,拥有愉快的心境,主持人才能有效工作、创造财富、追求健康和取得成功。

而自信是指主持人面对种种社会舆论时,自身所应具备的成熟心态。主持人不可回避地要面对种种社会舆论,即使你是大腕、名角也避免不了,人们可能议论你今天什么地方好,明天什么地方不好。这是所有主持人都会遇到的,如何在这些纷纷议论中保持头脑的清醒,不同的人应对的方式也是不同的。心理太脆弱者,就很容易被这些声音所左右,会不知天高地厚,抑或不知所措,最后这些声音会引导他离真正的自己越来越远,这就令人担忧了。作为主持人,节目做好了,不能盲目自大,节目出现了问题,也不能自惭形秽。一个好的主持人,成熟的心理是第一位的,主持业务是第二位的,一个心理上不成熟的主持人绝对不是一个好的主持人。过去,有人就曾对赵忠祥主持的《动物世界》提出过评论,"你这是什么断句啊?什么逻辑重音啊?错的嘛!怎么能这么念呢!败坏了整个一代语言风气!"而面对批评,赵忠祥就有那么一股韧性,不屈不挠,硬是咬牙坚持过来,现在又有多少人喜欢赵忠祥主持的《动物世界》《人与自然》呢?倪萍在刚接手《综艺大观》时,导演们有无数的理由说她不合适,她在《日子》中写道:"我那时的尴尬,那时的难堪,那时的痛楚远比没有被选中媳妇难受多了。我万万没有想到自己陷入到如此困窘当中,包括你想挣扎说明的机会都被人剥夺了。"然而事实证明,经过那段刻骨铭心的日子,她成熟了,得到导演们的认可,受到了观众们的喜爱。

二、培养移情技巧

"移情学说"最早是由李普斯提出,经过丰富发展,现在在心理学上包含两种含义:一是指把自己置于另一个人的位置上,设身处地地感受和理解对方的心情,即站在他人的立场去考虑问题并体验他人的情感;二是把自己内心的情感移入对方和对方一起感受。主持人利用移情在宏观上,可以起到弥补受众在媒体信息日益泛滥、人际交流日益淡薄情况下的心灵深处情感交流的需求;从微观来看,则有助于贴近受众,贴近实际,通过角色互换促使主持人进入良好的播讲状态。

如何提高移情能力?

(一)增加实践经验

移情能力建立在经验累积的基础上,无论是直接经验还是间接经验。主持人要有意识地变换生活环境,体察他人的另一种生活,深入到节目受众的生活中,观察并体验不同人群看问题的眼光、角度、观点和生活习惯,从中感受他们的喜怒哀乐。阅历的扩展会使人更加善解人意。例如:主持人当以普通公民的身份旁听法院公开审判案件,观察法官审理的全过程时,就比较容易获得在办公室里难以得到的切身体验,有了这种体验,即便面对无生命的话筒、镜头也极容易唤起对执法人员的尊重。

(二)丰富词汇,通过运用节目中受众的平常言语拉进与他们的距离

移情能力的发展以掌握共同的语言符号为前提。人与人之间的互动是一个个符号的相互作用。移情能力的提高有赖于语言符号能力的发展。对语言的准确运用与理解成为移情能力得以提高的基础。因此主持人应着重增加情感词汇的储备,并能准确理解与运用情感类的词汇,这样既增强了理解他人言语的速度与准确度以及准确表达自己情感的能力,同时又提高了移情能力。

三、着重培养主持人的应变力和创新力

主持人不仅要面对千变万化的世界,而且在节目直播时更要应对突发的各种情况,因而要具有良好的应变能力。应变"是能随着情况的变化采取适当的应对行为"。应变不仅和先天气质以及后天经验有关,更与人的创新思维相连。

在日趋激烈的媒体竞争下,唯有不断创新才有良好的效果,创新的主要心理机制也是创新思维。创新思维是人类思维的高级过程,它不仅通过思维揭露事物的本质及内在联系,而且要在此基础上产生新颖的前所未有的思维成果,并给人们带来新的有社会价值的产物。其重要特点是思维的流畅性、灵活性、独创性、变通性。这就要求主持人要善于多向思维和求异思维。"任何事物都有其不同的侧面,人的认识往往存在从某一角度认识的局限性。多向思维可以使我们从对事物的单侧面地认识走向多侧面地认识,而不偏颇。"而求异思维更要求主持人保持自身的主体意识,不要"人云亦云",要善于打破常规和同质化,在主持格局疑似"山穷水尽"时另辟蹊径。一些主持人在这方面已经显示出自己的才华。例如"齐越的气势磅礴、豪放洒脱,夏青的端庄严谨、铿锵隽秀,林田的清新晓畅、娓娓动听,林如的文静淡雅、谦和柔美,方明的沉缓深切、凝劲悠远,铁城的酣畅淋漓、神采飞扬,都可以说是自成一格"。

四、魅力的塑造

魅力是一种很能吸引人的力量,是美的客体对认识主体的吸引力。主持人都希望自己拥有职业型魅力,希望一亮相就能光彩照人,令人着迷,人们如痴如醉地追随着你,心甘情愿地收听或收看你所主持的节目。那么主持人如何才能拥有魅力呢?首先要配合自己的节目进行印象管理,所谓印象管理,"是指有意识地控制别人对自己形成某种印象的过程,又叫印象整饰"。主持人要根据节目定位和受众划分准确地"自我呈现",但这种呈现不是扁平的,而是突出个性,达到节目风格和独特个性的自然融合,让受众接纳和喜欢。不同主持人个性的展示体现在不同个性的主持风格上,越是鲜明个性的张扬,越是能展现独特风格,千篇一律的统一模式,会淹没独特风格的存在,但就主持人风格而言,更重要的是节目定位与独特

个性的自然融合。因为只有在相应适合的栏目、节目播出中,你才有机会和条件显示出你独特的个性。吴小莉的《小莉看时事》等一批节目之所以受到观众喜爱,都是因为节目本身为他们提供了充分发挥特长和独特个性的广阔空间;而他们在节目主持中也发挥了自己的独特个性和长处,使节目摆脱了统一样式的束缚。

主持人不仅要有"明星脸",更要有"平民心"。如今要求主持人在屏幕上应具有个人魅力,被观众喜爱,这无可厚非,但作为一名优秀的主持人,应清楚地认识到这样一点,主持人是一名党的宣传员,是在集体制约下工作的,尽管屏幕上突出的是自己,但离开了党和政府给你提供的屏幕,给你提供的话筒,离开这样一个创作集体,你将一事无成。一个好的主持人应给自己确定一个正确的目标,给自己正确定位,如果个人只想着怎样一夜成名,期望这个行业能给自己带来多少知名度,带来多少财富,那是大错特错了。赵忠祥在他的一篇文章中提到"主持人是绿叶,而不是鲜花"。这句话道出了主持人应具备平民化的素质、平民化的主持风格,因为贴近生活真实,坦诚面对观众,所以受到观众的欢迎。

第二节　主持人运用语言技巧

主持人恰如其分的语言技巧,对整台晚会能起到承上启下、锦上添花的作用。

一、设计一段精彩的开场白

开场白是一台晚会的"脸面"。一段好的开场白无疑会先声夺人,使观众耳目一新,为之一振,使观赏情趣陡增,从而收到未曾开戏先有情的艺术效果。开场的方式可以不拘一格直抒胸臆。

如一个部队慰问地方的文艺晚会的主持人开场白,"尊敬的东营市领导、亲爱的各界朋友们,晚上好! 军民鱼水情意浓,黄河岸边喜相逢。我们怀着无比激动的心情,带着部队首长的殷切嘱托,带着全体官兵的衷心祝福,向东营人民学习来了……"开门见山几句话,说明了来意,道出了心声,表达了情感,一下子拉近了双方之间的距离,体现了鱼水情深般的军民关系,高度概括,开场白无须长篇大论,面面俱到。在一次解放军部分三军官兵联欢晚会上,有这样一段开场白:"带着南国海疆官兵真诚的渴望,带着黄河两岸官兵热切的期盼,带着塞外大漠官兵殷切的呼唤;为了一个多年的梦想,为了一个绿色的希望;从大地,从天空,从海洋,从将军的摇篮里,我们走到一起来了。今天我们要用自己的歌,来歌唱这一难忘的时刻……"寥寥数语,高度凝练,抒发了来自不同战斗岗位的三军指战员的真情实感,内涵十分丰富。"当一曲曲难以忘怀的旋律在耳畔响起,昔日那一幕幕壮丽的画卷映入眼帘;从嘉兴南湖的红色航船到八一南昌的辟地开天;从井冈山上的星星之火到雪山草地的深沉呼唤;从游击战争的艰难困苦到抗战的不熄烈焰；从战略决战的波澜壮阔到开国大典的独立宣言……"这是纪念红军长征胜利歌咏晚会的开场白，运用排比的手法回顾人民军队诞生、成长、发展、壮大的历史，具有教育启迪意义。

二、串联好每一个具体的节目

如果把节目比作是一粒粒散落的珍珠，主持人的串联便是贯穿珍珠的一根红线。恰如其分的串联，能使节目锦上添花。串联的方式多种多样，有时可用概括式。比如，某单位文艺晚会上有个《初为排长》的相声，串联词是这样概括的："人之初，离不开良好环境的熏陶；兵之初，离不开正确教育的引导；排长之初，应如何迈好第一步呢？请听……"这段剥笋式层层递进的串联词，使观众未欣赏节目之前，先领会了其概要和主题。有时也可以用启发式。比如，小品《羊毛出在猪身上》的串联词是这样说的："一个要买书，一个要买猪，公说公有理，婆说婆有理，究竟是先买猪还是先买书呢？还是请观众自己来评判吧！"短短几句，道出了物质文明和精神文明要一起抓的深刻含义。有时候还可以用设问式。比如，"观众朋友，您见过万里长城吗？下面的一曲《长城长》，将把您的思绪带回历史的遐想中"。这种设问的方式，常常给老节目赋予了一种新鲜感。有时不妨采用借代式。"干我们这一行的，常年奔波在外，很容易得胃病，得了胃病不要紧，怕就怕遇到那些草菅人命的庸医。您瞧，他来了——"这段串联词，就是借用了大家十分熟悉的电视广告词，把《庸医》这个小品引发出来的。有时候，主持人的客串不是在节目之前，而是等节目演完之后，再不失时机地插上一段话。比如："一曲《战士第二故乡》终了，不仅使我们想起了大海、小岛，更使我们感受到了海防战士的胸怀像大海一样宽广。"这种情况可谓之照应式。

三、讲出一个完美的结束语

成功的结束语，或是在火爆动情中将晚会推上高潮；或是营造出一种余音绕梁的艺术氛围，给观众以回味无穷的心理感受。第一种是以继往开来的方式结束。比如："昨天，我们到黄河口来，看到的是经济建设的春潮澎湃；今天，我们到黄河口来，看到的是日新月异的腾飞世界；明天，我们还会到黄河口来，期待着石油新城更美的风采……"这当中既包含了对共建单位以往取得成就的赞美称颂，又寄托着对美好明天的良好祝愿，这样的结尾，怎能不使人心潮起伏，豪情倍增？第二种是在深情赞美的气氛中结束。如："有位著名的作家这样说过：在所有的称呼中，有两个最闪光、最动听的称呼——一个是母亲，一个是教师。我们的老师就是这样以敬业奉献为荣，以教书育人为本，笑迎冬寒夏暑，喜育春华秋实。他们培养的学生，有的当上了工程师，有的成为了科学家，有的走上了各级领导岗位，而他们自己仍然是一名默默无闻的普通教师。他们一根教鞭，两袖清风，三尺讲台，四季耕耘，执着从教几十年痴情不改，忠诚于党的教育事业这一神圣使命，无愧于这一伟大闪光而动听的美名——"这段串联词从人们最为崇尚的教师的职业特点讲起，字里行间充溢着赞美颂扬，每每听到这样的语句，一种对人民教师的敬仰之情会油然而生。第三种是以希冀憧憬的方式结束。如："催征的战鼓已经响起,眼前是一片崭新的天地;时代在召唤,未来在昭示;面对挑战,跨越世纪;时不我待,只争朝夕;让我们投身建功立业的大舞台,让壮丽的凯歌奏响在鲁豫大地!"这样的结尾,似催征,如号角,很能鼓舞士气,激发力量,使每一位出征者如鼓满风的帆等待起航,从而使晚会在高潮中落下帷幕。

四、注意不失时机地拾遗补缺

有了现成的开场白、结束语和每一个节目的串联词,并不等于万事俱备,届时照本宣科就行了。作为节目主持人,一个很重要的基本功就是对于演出中的纰漏能够及时给予弥补,确保晚会顺利进行。某团在官兵同乐文艺晚会上,有个爱兵知兵的节目,要求上台的连队干部当场说出指定的本连战士的简历。结果有个指导员把战士的出生月份多说了一个月,引起哄堂大笑。这时,主持人灵机一动,当众圆场道:"大家不要误会,刚才这位指导员说的是阳历,幻灯上显示的是阴历,其实都是一回事。"这样一来,不但给这位指导员解了围,还让观众领略了主持人的机智灵敏,晚会反而显得更活跃了。初登舞台的演员,由于临场经验不足,很容易因怯场而出现"卡壳",有时是"千呼万唤终不出",急得直抓耳挠腮。遇到这样的情况,主持人不妨接过话茬:"刚才这位同志实在是太激动了,下面让他放松一下,我们猜个谜语。"演员从这热情鼓励的话语中,得到了理解,恢复了平静,说不定就能"眉头一皱,计上心来"。主持人除了熟记事先拟好的台词外,还应事先准备一些诸如谜语、笑话、对联、智力游戏等小点缀。一旦场上出现演员失误或音响、灯光等出问题,便能临急不慌,有条不紊地搞一些小穿插。这样,既保证了节目自始至终不断线,又活跃了晚会的气氛,增强了晚会的魅力。

第三节 主持人的即兴快语训练

一、词语连缀训练

(1)试用下面几个连缀物件说一段话。

A.一封信、遥控器、葡萄干

B.电池、暴雨、香烟

C.雪花、身份证、饼干

(2)下面是几段即兴讲述的开头,虽然只起了个头,但话题已经提出,请接着往下讲,使其成为完整的语段或语篇。

A.幸福是一个诱人的字眼,古往今来多少人追求、探求,但是大千世界、茫茫人海,对幸福的理解、对幸福的追求是不尽相同的……

B.谁能用一个字来概括我们青年和祖国的关系？我认为这种关系概括起来,就是一个"根"字……

C.男人的视野是宽阔广袤的,他可以为了治水而三过家门而不入,他可以征战疆场、马革裹尸而无悔……

D.伟大诗人歌德曾有一句著名的诗句:"生命之树常青",是的,生命是阳光带来的,我们应该在阳光下生活……

(3)就下面的话题一人讲两分钟,要求接着讲的内容能够承接前言、前后照应,尽量言之成理,使话题有所拓展。

A.我们需要"雷锋精神"

B.口才是现代社会的必备之才

C.成熟的标志

D.在生活中发现"美"

二、坦率表述训练

请分析,下面例子中倪萍这种朴实无华的讲话为什么能获得欢迎？请你也像倪萍那样,作一次袒露心扉的讲述,放胆畅言,说说你对未来的憧憬,说说你的困惑或无奈,说说你对某个问题的真实想法。

主持人倪萍到北大

倪萍走进北京大学礼堂,看到礼堂上方挂着醒目的横幅:"成功女性系列讲座",她微微一笑。

倪萍是有自知之明的人,在这个世界闻名的高等学府,面对莘莘学子,她作为一个主持人、一个演员,长期的疏于学习,自己的水平和"底细"都在节目主持过程中"暴露无遗",还能对他们说出什么"成功的秘诀"、提出什么高深的观点呢？这个"讲座"不太好讲啊。但是,她的讲话却获得了同学们的欢迎和赞许。

倪萍开头这样说:"同学们,我实在没有资格来讲这个题目,因为在我看来,一个成功的女性有两个不可或缺的条件,第一是她建造了一个成功的家庭,第二是她有成功的事业。一个三十六岁的女人了,还在婚姻的跑道上转圈儿,我怎么能说是成功的女性呢？"她的坦率和亲切赢得了热烈的掌声。

倪萍继续说:"我其实是一个更适合做家庭妇女的人,有个丈夫,再生个健康的孩子,养上些鸡鸭狗兔,搞块小自留地,那样我一定活得更出色。我向往自己是个母亲,虽然我已经体味到了母亲的全部光辉在于奉献,但我依然钟情母亲——这个社会中最重要的角色……"接着,她感叹自己的生活节拍总是跟不上时代。

这个"成功女性"的演讲不仅获得欢迎,也引起热烈的议论和深思。

三、概要复述训练

请运用"记意法",连续读数遍下面的例子,强记梗概,讲话时可以用文章中的句子,也可以用自己的话表述,但一定要句式完整,句句连贯,不改原意。

训练材料一:

床罩的故事

床罩的历史可以追叙到 14 世纪的法国。据记载,发明者是一个普通的法国高卢妇女,一个红脸颊、满脸雀斑的姑娘,名叫迪迪。

迪迪与同村的马夫路易幽会了 3 个月以后正式举行了婚礼。不幸的是,一直到新婚后的第一个早晨,年轻的妻子才发现这位马夫有遗尿的毛病——他把婚床和被褥当成尿布了。这时,祝贺新婚的客人已陆续来到。在门外,他们大声笑闹,捶打木门,眼看更换床褥已经来不及了。聪明的妻子望着神情沮丧的丈夫,忽然灵机一动,从衣橱里取出一块白色的大号床单,迅速地铺在臊臭潮湿的被褥上,然后开门迎客。

客人们按惯例为新郎、新娘祝福,并参观这对新人的新居室。突然客人中有个人指着床单惊奇地叫道:"多么奇妙的布置呀,这洁白的'床罩'! 它一定是巴黎上流社会的新玩意儿吧?"新娘看了新郎一眼,微微一笑,不置可否。客人们发出啧啧的赞叹:"哦! 这么做多么时髦,多么漂亮!"

于是,在他们离开之后,由近及远,一种崭新的铺床法就迅速在法国各地传播开来。3年之后,法国宫廷正式采用这种方法,按那位客人所说的那样命名它为"床罩",并且把它载入《宫廷起居事典》。几个世纪以后,随着法国军队的步伐和法国文化的传播,床罩这个发明走向了世界。

训练材料二:

齐白石收徒

齐白石是已故著名国画家。有一次,他因事去北京城南,在街旁地摊看见一个卖齐白石画作的人在卖画,走近一看,全是假画。齐先生认为这人损伤他的声望,便厉声质问:"你为什么冒充我的名字卖假画骗人?"

那人笑了笑,郑重答道:"齐先生,你好不懂道理! 不错,这都是些假画。但是你可要知道,凡是大画家没有不被别人造假的。造假的人越多,说明他的名气越大;如果是无名之辈,谁也不造他的假画。再说我这些画卖得便宜,有钱人还是买你的真画,没钱人就来买我的假画。这一点也不防碍有钱人买你的真画,你又何必动气呢?"

这番话使齐先生无话可说。停了一会儿,齐老先生从地上捡起了一幅画,说:"我看看你画得怎么样。"看罢说:"咳,你画得还有点儿意思。我收你做徒弟吧!"那人一听,趴下就给齐白石先生磕头。

四、详细复述训练

阅读下面例子数遍后，将内容作基本原样的流畅复述。

名人演讲如何备稿

法国总统戴高乐发表演讲从来不用讲稿。1969年，他在为来访的美国代表团举行的国宴上，即席发表了流畅热情的祝酒辞。尼克松的秘书大表赞叹。戴高乐坦率地说："这没什么，把讲稿写了记在脑子里，然后把稿纸扔了。"

有人将它归纳为备稿演讲三步曲：写、记、扔。

关键是"扔"。扔掉演讲稿，就是既依据演讲稿又不受制于演讲稿，而用自己的现场语言作详细复述，并根据现场需要作适度调整，这样效果更佳。

比如美国前总统布什有一次到匈牙利访问，按照日程安排要发表广场演讲。演讲那天雨下个不停，国会大厦前的广场已是一片伞的海洋。布什走上讲台，先挥手致意，然后从衣袋里掏出讲稿，双手举过头顶，嚓嚓几下撕成碎片。他说讲稿太长了，为让大家少淋雨，讲短些，不按讲稿讲了。他这一"扔"，人群中随即爆发出热烈的掌声和欢呼声。

名人演讲备稿非常认真，有时到了字斟句酌的地步。1863年，美国总统林肯要在葛底斯堡国家烈士公墓落成典礼上发表演讲。尽管他的演讲只有10个句子，600余字，2分多钟就可以讲完，但他准备了很久。先是构思，起草以后几经斟酌，还念给白宫里的工作人员听，请他们提出意见。直到演讲前一天晚上，住在葛底斯堡的旅馆里，他又作了仔细的修改。

林肯的这篇演讲被后人评价为一次"完美无缺的演讲"，他的讲稿堪称"一篇誉满全球的演说词"。林肯在葛底斯堡国家烈士公墓落成典礼上发表的演讲手稿，现在仍珍藏在美国国会图书馆，而且讲辞被铸成了金字文，放在牛津大学，作为英语演讲的最高典范。

五、扩展复述训练

请将下面的新闻扩展成一个有趣的故事。

录音驱野猪

东北某地野猪损害庄稼很厉害，群众叫苦不迭，有个青年想了个办法：用录音机在电视里录下狮虎的吼叫声，然后通过电线杆上的高音喇叭播放，以吓唬野猪。开始还有些效果，后来野猪绕电线杆转了几圈，又用身子靠靠，最后用嘴巴把电线杆拱倒了。

群众说，野猪也学聪明了，骗不了。

六、"说新闻"训练

说新闻是对新闻的加工性复述，这种信息加工，重在叙事方式的变革。由于舍"播"为"说"，强调新闻事件来龙去脉的情节性和故事性，所以增加了信息的宽度、厚度和深度，而这种信息加工是有充分前期准备的,但也不完全是文本的复制。"说新闻"依托于书面新闻稿,所以可以带有一定书面语色彩,但是其格调应该是通俗紧凑、轻松明快的,而且在讲述中带有强烈的即兴表述的格调。

1.新闻播报与"说新闻"的比较

原新闻播报稿:

8月2日凌晨,一列满载游客的列车在印度东部西孟加拉邦西里古里80千米以外的盖萨尔车站与一列邮车相撞后爆炸,目前,事故原因已经调查清楚。

"说新闻"稿:

2号凌晨,印度发生了一起历史上最为严重的火车相撞事故。官方证实有250人死亡。在印度东部西孟加拉邦西里古里80千米以外的盖萨尔车站,一列满载旅客的列车与一列邮车相撞,随即发生了剧烈爆炸,目前,事故的原因已经调查清楚。

原新闻播报稿:

为了加强对OK镜的监督管理,保证产品安全有效,国家药品监督管理局今天发布了《角膜塑型镜经营验配监督管理规定》。

"说新闻"稿:

OK镜又叫角膜塑镜,这本是一种医疗器械,可是,在很长的时间里,它却被当成了商品,OK镜市场一度非常混乱。昨天一项关于"角膜塑型镜经营验配"的监督管理规定出台了。值得注意的是,发布这个规定的是国家药品监督管理局,这就意味着,今后OK镜是要作为医药器械来经营,只有取得许可证的医疗机构才能从事OK镜业务。

原新闻播报稿:

最近,一只"苏门羚"闯进海丰县一位居民的家中。有人愿高价收买,遭到这位居民拒绝。目前这只"苏门羚"已被省有关部门收养。汕尾市林业局呼吁市民保护野生动物,发现不明动物切莫宰杀或卖给不法商贩。

"说新闻"播出稿:

日前,一只奇怪的动物突然出现在广东海丰县一位居民的家中。撞进民居的这位不速之客竟然是只俗称"四不像"的"苏门羚"。

"苏门羚"是国家二级保护动物。它长有一对羚角,耳朵长得像驴耳,因此又被取名为岩驴。它的体型又与羊相似,但项背长有硬毛。就是这种似驴似马的特点,所以民间称它为"四不像"。"苏门羚"长年生活在环山陡峭的岩石上以及河谷中,主要分布在西北和西南等省区,在华南地区极为罕见。"苏门羚"在海丰出现极有可能是被人偷运至此后逃脱出来的。

据居民介绍,发现"苏门羚"的第二天,便陆续有人愿高价收买,但都被他拒绝。目前这头"四不像"已被省有关部门收养。汕尾市林业局呼吁广大市民要保护野生动物,发现不明动物时,切莫胡乱宰杀或卖给不法商贩。

2."说新闻"的训练

(1)请选择近几天的3~4条国内国际新闻进行"说新闻"练习;

（2）请选择近几天的3~4条当地民生新闻进行"说新闻"练习；

（3）请选择近几天的3~4条文化娱乐新闻进行"说新闻"练习；

（4）请选择近几天的3~4条体育赛事新闻进行"说新闻"练习。

七、台本加工讲述

有经验的主持人，经常在尊重编导意图的前提下，对节目台本语言进行必要的修改或加工；有的编导也很重视发挥主持人的聪明才智，并不限定主持人一定要根据台本语言说话，而是给予一定的创造性发挥空间。例如：

原节目台本：

"语言是人类交流的基本工具，但是对于那些因患喉癌做了手术的人来说，他们最大的痛苦就是有口难言。"

敬一丹的加工性复述：

"观众朋友，在我这样说着，你这样听着的时候，我们的交流就开始了，这在我们看来很平常的交流方式，对于那些因为患喉癌做了手术的人来说，却不可能，他们最大的痛苦是有口难言……"

原节目台本：

"在这春光明媚的四月，在这万物复苏的季节，春向我们走来了，让我们踏着春天昂然的脚步，走向新生活！"

倪萍的加工性复述：

"冬天一过，你就觉得身上的棉袄穿不住了，一翻日历，啊，立春了。你这才发现，马路两边的树都发芽了，于是你就想抖抖精神，走向新生活。"

原节目台本：

"年逾花甲的王姨为了别人而终日操劳，她要求的回报仅仅是一句话，然而在咱们中国老百姓中间，能让大伙儿都说：这个人不错，恐怕是对她人生价值的最高赞誉了。"

沈力的加工性复述：

"王姨最大的愿望，就是当别人提到她的时候，能说一句'这个人不错'她就知足了。这是一句多么朴素的语言！听了让人感动，让人心酸，这，就是中国老百姓的质朴本色和高贵的品格。"

原节目台本：

"邻居是什么？邻居是互相帮助的朋友，是在你困难的时候可以向他求援的伙伴，是你生活中不可缺少的友情，邻居是你生活中相互给予的人们。"

倪萍的加工性复述：

"邻居是什么？是你正在炒菜，发现酱油瓶子是空的，于是你就敲门要点酱油的那家儿；是你出差了可以让他帮你看看门锁是否被人撬开的那家人；是你家房子冒烟了能第一个去打119的那些人……"

八、即兴成篇

(一)"即兴成篇"的一般特点

话题明确,针对性强;态度明朗,直陈己见;有感染力,有说服力;短小精悍,生动活泼;口语讲述,通俗易懂。

(二)口语

口语又称"白话",是活在人们口头的"活的语言"。口语最讲究即兴,它随想随说、稍纵即逝;它说听并用、反馈及时;它通俗上口、贴近生活;它依附语境、句式自由、自然明快……过去主流话语、精英话语由于书面色彩浓重,所以始终和这些口头的"白话"保持着距离,人们即兴演讲喜欢用一些文言语汇或者增加一些"高级形容词",认为这样才是"有档次""有文化"。现在随着时代的发展,人们的用语观念在变化,人们正在发现,只有群众的语言才是最有表现力的。21世纪以来,这些过去不登大雅之堂的"白话",已经进入媒介主流话语系统,甚至进入政治话语系统了。

(三)"即兴成篇"的心理调节

要有积极的姿态;有勇气赢得听众;运用"接近艺术";期望值不要太高。

(四)训练话题

(1)五星红旗,你是我的骄傲。
(2)回想我的成长历程。
(3)爸妈又添了几根白发。
(4)不要见利忘义。
(5)社会是没有围墙的大学。
(6)偏见比无知离真理更远。
(7)让孩子们喝到放心奶吧。
(8)学习雷锋没有过时。
(9)我们只有一个地球。

九、即兴修辞

什么是口语修辞?我们在进行即兴口语表达时,都会在话说出口之前有意识地对语意、语音、语态作一些修饰或调整,这就是"口语修辞"。口语修辞是动态语境中即兴口语表达的必备环节,是将话说得准确、鲜明、生动、得体的必要条件,是使言语交际、主持节目更有成效的手段。

（一）口齿清晰

俗话说："语清意自明。"即兴口语表达，口齿清晰是最基本的要求。说话不能拖泥带水，含混不清。现在主持人的话语普遍"提速"，是社会发展推动语用风格的"与时俱进"。在这样的情况下，更有必要强调口齿清晰，才能做到语意表述确切明达。

（二）口齿清晰的训练

下面是一段对说"贯口"的相声。"贯口"又称"快口"或"串口"，"贯"就是贯通、贯串之意。它是一种表演，说"贯口"的要求是：在不明显换气的情况下，用富有节奏感的较快语速连续地说下去，做到"快而不黏、快而不喘，吐字有力，字字清晰"。主要训练吐字的清晰度、气息和声音的稳定性、口腔肌肉的灵活性和语言思维的反应速度。

请找一位学友，进行对说贯口练习。

咱俩比比"嘴功"

甲：今天咱俩比比"嘴功"：我有来言，你有去语。

乙：好哇，我要是说"大"，那你就得说"多"。

甲：我要是说"顺"，你就得说"和"。

乙：好，"大多顺和"四个字，你先说"大"，开始——

甲：（由慢到快）元旦喜气大，国家变化大，北京开人大规划真宏大，工程大气派大投入大效益大，上班干劲大下班乐趣大，学习劲头大唱歌嗓门儿大，生活改善大饭菜香味大，鱼大虾大蛋大鸡大碟子也大碗也大，油水大胃口大，大张嘴嘴张大，少见女人大肚子却常见男人的肚子大——

乙：那是啤酒肚子啊，还是少喝点儿吧！你且听我说"多"——新年欢乐多，四方喜讯多，（渐快）城市发展多农村建设多，机械多水利多化肥多良种多绿化多粮食多；现在是：能人多强人多新星多新秀多，大经理多企业家多，博士多硕士多海归多教师多专家多，做学问的人多做生意的人更多，读书的多不读书的也多，考托福的多烤羊肉串儿的也多——

甲：（快接）吃羊肉串儿的更多！听我讲"顺"——同心同德者顺哉，顺者同心、同心者顺，腾飞的中华百业待顺，（加快）政治要理顺经济要理顺，观念要理顺文化要理顺，方方面面都要理顺：工业顺农业顺国防顺科技顺，交通顺道路顺建设顺改革顺，政府领导要顺群众工作要顺，对内政策要顺对外关系要顺，中国960万平方公里风调雨顺，十三亿两千万人民心和气顺！

乙：安定团结者和也，和者团结、团结者和，单手为分联手为和，改革的中国首先得和，（渐快）党政要和干群要和，新老要和中青要和，军民要和官兵要和处理突发事件特别要和。中央和省市和地方和地区和，工农和城乡和学校和工厂和，家庭和邻里和兄弟和姐妹和，你和我和他也和。海峡两岸要和，中国共产党同各民主党派要和，汉满蒙回藏等56个民族要和上加和,一言以蔽之:建设具有中国特色的社会主义祖国需要和必须和只能和不能不和——

甲:说得好!

乙:(更快)我们的力量来自党和国和军和民和,唯有同心同德紧密团结广泛联合,才能和谐舒畅事业发达步调一致与时俱进国家兴旺政通人和!

（三）响度适中

有的人话说多了嗓子很快就沙哑了,这是什么原因呢?这是由于没有掌握用声技巧、缺乏保护嗓子的基本常识造成的。保护嗓子并不是尽量少说话,关键是正确地用嗓。在正确呼吸和运用本色音发声的同时,注意以下几点:

一是控制情绪的波动。心理调节是护嗓的关键。最佳发声状态的前提是最佳心理状态。侃侃而谈、娓娓道来地说话,嗓子就不太容易疲劳。现在有的主持人登台说话会出现习惯性的亢奋和激动,声震屋瓦地说话(其实那是在"喊话"),这样高声大嗓形成习惯,说话多了很快就会哑嗓,应注意运用"低声调效应"。高声大嗓地说话就是感情充沛吗?就会增强表达效果吗?其实未必。"情浓何必求声高?"用带点儿感情的较低声调说话,属于人际交往中的"低声调效应"即"自己人效应",这样说话不仅保护了嗓子,也让人觉得亲切,显示出心态的沉着和稳定。

二是注意说话的节奏。"有理不在声高",说话高声大气,太快太急,像发"连珠炮"一样,不仅嗓子容易沙哑,别人也跟不上理解,也就不知所云了。说话时安排一些间隙性停顿或适当辅以态势,可以延缓嗓子的疲劳。

三是养成良好的生活习惯。以说话为主要工作手段的人,尤其应注意劳逸结合,保证充足的休息。如果工作量过大,睡眠不足,声带就更容易疲劳。同时要节制烟酒、节制咸辣和过冷过烫食物的摄入。

四是用嗓护嗓不可偏废。如果某个时段需要长时间地讲话,可以预先用淡盐水漱漱口,以保持咽喉的清洁和湿润;如果咽喉出现肿痛、声带充血、声音沙哑或发声困难,就要强迫自己在两三天内尽量减少讲话。最好是暂时"缄口不言",医学上叫"禁声",过一段时间,嗓音就会自然恢复。

（四）把握重音

说话不会突出重音,是不会说话。请看下面的小故事《他为什么"答非所问"》。

赵大妈家的电视机出毛病了。她想起隔壁的高云是个电工,就去敲他的门:"高云呀,你会不会修电视机?"

"我不会修电视机。"(重音放在"修"字)

"不会修,敢情是装配过电视机……"

"我不会装配电视机!"(重音放在"电视机")

"我家收录机也坏了,帮我……"

"我不会修录音机!"(重音放在"我"字)

"你们玩电的小哥儿多,你帮我找一个……"

高云把门打开,急得直抓头说:"大妈,你怎么总是听不懂我的话呢?"

赵大妈说:"我说,你怎么老是把话答岔了呢?"

(五)口语重音训练

下面是节选自杭州电台"西湖之声"《孤山夜话》节目中的一个故事。请确定表达重音,然后试着说一遍。

1995 年 9 月的一个午夜,杭州是沸腾的。那个夜晚,一个女孩打了个电话告诉正在广播《孤山夜话》的主持人,说她在孤山脚下发现一个弃婴。主持人随即在节目播出过程中顺便说了一声:"拜托路边的司机去看一下……"这一声嘱托传出,立即就有上百辆车赶往孤山,从湖滨路到北山路很快出现一条车灯的长龙。其中一辆车从临平赶来,他希望能送一些钱给孩子;一个个体经营者带着营业执照赶来,说这能证明自己的身份,好领这孩子回去抚养;一位退休工人怀揣着奶瓶赶来,说是怕孩子饿坏了;解放军战士赶来,说他们的车可以开进某些限制性地段,寻找孩子的下落……人们从四面八方汇集到孤山脚下,为了一个素不相识的孩子,也为了《孤山夜话》的一声拜托。

十、即兴描述

描述运用的语言不是抽象语言,而是"显像语言"或称"具象语言"。

例如在魏巍的散文《谁是最可爱的人》的结尾中,有这样的句子:

当你坐上早晨第一列电车走向工厂的时候,当你扛上犁耙走向田野的时候,当你喝完一杯豆浆,提着书包走向学校的时候,当你安安静静坐到办公桌前计划这一天工作的时候,当你向孩子嘴里塞着苹果的时候,当你和爱人悠闲散步的时候,朋友,你是否意识到你是在幸福之中呢? 你也许很惊讶地看我:"这是很平常的呀!"可是,从朝鲜归来的人,会知道你正生活在幸福中。请你们意识到这是一种幸福吧,因为只有你意识到这一点,你才能更深刻了解我们的战士在朝鲜战场奋不顾身的原因。朋友! 你爱我们的祖国,爱我们的领袖,请再深深地爱我们的战士吧,他们确实是我们最可爱的人!

显像语言让我们耳闻目睹、身临其境,诱发我们的想象,刺激我们的"内视觉",所以有很强的艺术感染力。

(一)描述:口头写生

自贡一条街

清晨,天蒙蒙亮,我在自贡一条普通的小街漫步。街两旁是独具四川特色的木房,黑黝黝的木梁、粉白的墙。街的中段有个小茶馆,两层小楼,一色红漆桌凳,一个镏金的"茶"字嵌在黑漆漆的木板上。晨雾还没散尽，临街的一口黑锅已经翻腾着热气。一把黑漆漆的大铁水壶比煮饭的锅还大，伙计提着它楼上楼下审，黑布鞋踏得楼板蹬蹬地响，吆喝声却毫不打颤，依旧是热辣辣地道的四川话："茶——来了！"

紧靠茶馆的是一排小吃摊。临街搭几张芦苇席，排几张桌子、几条长凳，架几口大锅就做起了买卖。热气腾腾的"抄手"（馄饨）一个个圆滚滚的，浇上一瓢红红的辣椒油，吃得人满头大汗。那砧板上的凉粉洁白如玉，厨子熟练地把它切成小丁，倒上酱油，浇上一瓢红辣椒，撒上绿油油的葱花，白、绿、红色彩相间，吃起来清凉爽口。

远远有个货郎挑卖担担面。扁担一头是小炉子和柴禾，一头是些小碗和佐料，还有细长细长的面条。货郎不吆喝，从小街刚走过，大人小孩一个个就跟了过来。货郎不慌不忙拣一处干净地停住，放下挑子，燃起炉子。一碗担担面不过一两多一点，大家却吃得津津有味。

"食在广州？"我看"食"也在天府。

(二)训练题例

现场目击新闻

早晨，喧闹菜市场的一角。

一位身穿笔挺西服的时髦男子手里捏着几根大葱，在人丛中潇洒地走过来，突然一枚1元硬币从他的指头缝儿里当啷掉在地上，蹦了两下，连转了几个弯儿之后一头扎进街边的阴沟泥里。西服男子随即追到沟边，只见硬币直愣愣地在黑乎乎的淤泥上嵌着。他暗暗转过脸快速扫视周围，见无人注意，便迅速屈膝俯身，对准沟里的硬币伸出两根长长的手指插了进去。不料插得不准或是用力过猛，反而将硬币推进污泥里，糊了满手的臭泥。西服男子咬咬牙低声怒骂了一句，索性又开五指直插下去，力图一举将硬币擒获。然而如此"围剿"了几次均未成功，他只得立起身，刮掉手上的污泥，悻悻而去。

西服男子刚一离开，旁边卖豆腐的妇女赶忙回家提来一把锄头，小心翼翼地把沟里的淤泥一锄一锄地掏到沟沿上，用手细细地揉捏。原来，西服男子刚才的举动都被她冷眼看个清楚，她从那男人的衣着举止、神情气韵上看出，掉进沟里的必是金戒指之类无疑，但"金戒指"却深藏不露，妇人下了狠心，拓宽挖泥范围，大有深挖不止、不达目的誓不罢休的气势。

很快，两个在旁边瞧出蹊跷的妇女，不约而同地回家，心照不宣地提着铁锹来了；又有几个妇女互视两眼，神秘一笑也上阵向污泥开战了。

围观者越来越多，都伸着脖子不解地研究臭味扑鼻的污泥，心眼活络的人忽有所悟，悄悄回家拿来工具，挽起裤腿跃进沟中。下沟掏泥的人越来越多，虽然人们并不知道要找什么，但大家都认准了：要找的东西一定很值钱。

买菜人中有一位报社记者。他听说那边有很多干得热火朝天的掏阴沟的人，并不是环卫站的职工而是附近居民，立即敏感地意识到自己碰上了一个好材料，于是上前看了几眼，菜也不买了，赶回家写了篇"现场目击新闻"。新闻很快见报，并加了一段"编者按"，号召人们学习这种可贵的"奉献精神"。

人们看了这篇报道都将信将疑。因为人们从来没有觉得阴沟堵塞,更没见谁发扬什么"奉献精神",而阴沟边沿东一堆、西一堆的污泥也没人运走,至今还被烈日暴晒着,在那里发出阵阵臭气。

(三)描述:追述示现

所谓"追述示现",是指把过去经历过的事情描述得如眼前正在发生的事一样,属于回忆性描述。听的人虽然没有看到所描述的景象,但是由于生动传神的描绘,就诱发了联想,调动了想象力,会给人身临其境之感。

"追述示现"训练:

这是想好后就说的练习,将我们脑子里"库存"于记忆中的事情说出来,以训练语流。请回忆最熟悉的人、印象很深的事,要说得准确、完整、生动并富有感情,把听的人带进某种感人的意境中去,作追述示现的练习。

(四)描述:说×不说"×"

我们说话时如果有意识地避开特定的惯用词或概念词,而用其他同义、近义的词或短语去描述某一事物。比如说到"冷"偏不出现"冷"这个词,说到"热"偏不出现"热"这个词语,那样说出的话就会生动具体得多。我们将其简称为:"说×,不说'×'。"

说冷,不说"冷"

冬天一大早,西北风打着呼啸很刺耳,寒气凉飕飕地扑面吹了过来,直往我衣领的缝隙里面钻,浑身感觉彻骨地寒。风吹在脸上,像针刺,像刀割。鹅毛大雪纷纷扬扬下个不停,雪末儿飘到我脸上,冰凉冰凉的。屋檐下面挂着一尺多长的冰锥子;公园里的湖面结了冰如同一面镜子,闪着寒光……四处静悄悄的,我觉得整个世界都像给严寒冻凝固了似的。我浑身打颤,哈出的热气沾到眉毛上结了白花花的霜,眼睛冻得睁不开。地面到处是硬鼓鼓的冰凌冰渣,走在上面滑溜溜的,像踩上牛油一般——哎哟,一脚踩没留神儿,一个骨碌摔了个狗啃泥,我掉进了大雪坑,浑身颤抖,像泡进了冰水,哎哟,我快成冰棍儿了……

"说×,不说'×'"训练:

描述一个事实片段,尽量不用概述方式和惯用的概念化词汇,尝试用"说×,不说'×'"的方式说一段话:

①说热,不说"热";

②说好,不说"好";

③说坏,不说"坏";

④说苦,不说"苦";

⑤说富,不说"富";

⑥说穷,不说"穷"。

（五）描述：展说显像

"展说显像"是指根据仅有的少量语言或文字材料,运用丰富的想象,把未见未闻的事物描述得如同眼前发生的一般,这是创造性的描述。

展说显像训练：

你能把下面的这两个故事扩展开来,说得哀婉动人吗?

故事1:一个阿根廷13岁男孩得了癌症,在家觉得寂寞就上街闲逛,见商店里有个清纯的女孩,就进去买了张CD。后来他天天去,有一次给钱时将电话号码纸条给了女孩。不久男孩的母亲接到女孩电话,母亲哭着说男孩刚刚死去。母亲打开衣橱见到大堆崭新的CD,拆开里面有张纸条:"帅哥,愿意同我去树林玩吗?"

故事2:在一次战斗的间隙,一位军人到附近小镇的鞋摊修了一双鞋,后来他一双腿在激烈的战斗中被炸断了,住在医院一个多月,他请战友去为他付修鞋的钱,战友去后付了钱,对鞋匠说,鞋子就不要了,他不需要了。

（六）描述：疏笔点染

"疏笔点染"存在于我们大量的即兴口语之中。其特点为:必须依附于朴实的叙述,是流畅叙述中的描述性穿插;"疏笔点染"强调细节的捕捉,用传神的细节描述再现感人的瞬间;"疏笔点染"排斥过度渲染和夸张,但不排斥运用比喻等修辞手段。

主持人疏笔点染语用案例：

《鲁豫有约》片断:"王军霞是一个喜怒哀乐都不写在脸上的人,对于曾经有过的辉煌和困难,如今提起来她显得非常平静,我知道她是一个很坚忍、承受能力很强的女人,只有在提起先生和孩子的时候,她才会变得眉飞色舞。采访结束以后,王军霞和战宇过马路去打车,我看到战宇的手很自然地搭在王军霞的肩上,那一刻我真的很感动,我知道王军霞找到了自己的幸福。"

《面对面》片断:"幸福是什么,其实幸福就是像水一样的东西,就在我们身边流过,就像一杯好茶,亲人的一张笑脸,午后一抹温馨的阳光,半夜下班时万家灯火中为你点亮的那盏灯……"

新闻专题《医生们的困境》:"波黑冲突就像一个久治不愈的病人,后来来了好多医生给病人会诊,但是,病未见好转,人们却对医生的处方和动机产生了怀疑,医生之间也产生了分歧和争论……"

《周末新闻杂谈》片断:"……在这个报道快要结束的时候,我的眼前又浮现刚才记者报道的场面:在长达6个多小时的庭审中,小尔特一直在打着吊针,他的母亲一直用双手举着一根粗糙的树枝,站在原告席的旁边为儿子输液。那弯曲的树枝上用破麻绳绑着两瓶小尔特的生命之水。观众朋友,我真希望这样令人心碎的场面,永远不再出现在中国法庭那神圣

155

的国徽之下！"

十一、即兴解说

"解说"可以从三个层面展开,第一个层面:讲清"是什么";第二个层面:讲清"为什么";第三个层面:讲清"怎样做"。

（一）简约性解说

简约性解说是指用比较简洁的话语,要言不烦、言简意赅地说明事物、解释事理。简约性解说是有实用价值的口语表达方式。

例如:1998年9月2日《焦点访谈》中,主持人专访时任国家发展计划委员会副主任李荣融,主持人的提问切中要害:"一般来说,要启动国家经济让它迅速发展的话有三个手段,一个是扩大出口,另一个是扩大国内需求,还有一个是靠政府向基础建设投资来带动。那么在现在的经济环境下,这三个手段各自情况怎么样?"在这里,主持人用简约性解说清晰地说明国家经济建设发展的一般规律,不仅一开始就切入问题的症结所在,也体现主持人的文化知识功底相当扎实。

再如:"数学是什么",这可以写成一篇论文,但用简约性解说可以是:

"华罗庚说'宇宙之大、粒子之微、火箭之速、化工之巧、地球之变、生物之谜、日用之繁……无一不可用数学来表达。'从这里我们知道,数学是科学的精灵,是科学王宫最神秘的宫殿。数学的内涵博大精深,数学的外延无所不在。数学是人们认识世界的工具,掌握世界的钥匙。在许多科学革命中,都是以数学为其先导,都是以数学理论为其支撑,都是以数学计算为其保障……"

再如在说到缺水问题时:"如果您听说北京市人均水资源只是国内人均水资源量的八分之一,缺水程度与沙漠地区的以色列相似,您会吃惊吗?如果您听说北京市去年洗车用水量相当于昆明湖蓄水量的总和,您会相信吗?节水和遏制北京市水资源的严重浪费是我们面临的迫切问题。"

"简约性解说"训练:

(1)请用一句话的简约性解释说明下列概念:

什么是"幽默"？

什么是"热泪"？

什么是"偏僻"？

什么是"警句"？

什么是"绝招"？

(2)请用简约性解说,介绍夜景拍摄的方法。

(3)请用简约性解说,介绍汽车驾驶的要领。

(4)请用简约性解说,介绍外语学习的方法。

（二）形象性解说

形象性解说可以分为静态解说和动态解说两种。

"说球"是指对眼前的球赛作生动传神的解说。在瞬息万变让人眼花缭乱的赛场，要求主持人边看、边听、边说，经常是看到即讲，分秒不误，句句紧扣、声声衔接，是一种高难度的即兴口语解说。

例如：

宋世雄谈"说球"

"……早在14岁时，我就被张之老师有述有评、绘声绘色的解说迷住了。当时我是一个初中二年级学生，我就立志体育解说，做一个听众的耳目。为了使自己向这个'角色'靠拢，我春夏秋冬几乎每场不漏地收听张之老师的实况解说，从中汲取丰富的营养，终于在1960年5月23日，我这不满20岁的幼稚青年，来到了我日夜盼望的中央人民广播电台。

"体育比赛激烈紧张，波澜起伏，瞬息万变。体育解说员要在高度紧张兴奋的情况下，用最快的速度，恰如其分地把比赛现场情况介绍给广大听众，这不是一件容易的事情。口齿伶俐、吐字清晰、反应迅速、声音圆润，这是体育播音必须具备的条件。我刚开始练习时感到很难，说话快了就说不清楚，不是吃字就是打结巴；说话时间长了，声音又容易嘶哑。为了提高播音的质量，我用多种办法进行练习。

"有时我一个人在空洞洞的房子里练习，走进一个会场我就练习描述会场布置、与会人员的表情等；有时跑到街头，望着过往的车辆、行人，嘴里就念念有词，训练快速遣词造句的能力；有时召集一群小朋友给他们讲故事，有时看一幅画就说起来，练习出口成章的能力……

"到比赛现场作转播之前，我先把转播当中常用的术语背得滚瓜烂熟。比如'现在中国队前卫任彬在中场得球，他一脚长传把球递给右边锋从者余，从者余沿着右边线带球，对方后卫上来阻截，从者余晃过了一个人到了底线，突然一脚传中，张宏根在禁区里抬脚射门，球进了……'我天天练，一遍遍地说。去年我在日本转播7场世界杯排球赛实况，在20天时间里要熟悉9个队的一百多名运动员，比较困难。有些运动员的名字很长，语音结构也很复杂，转播时要说得快真有点'拌嘴'，但由于平时坚持背诵绕口令，做声、韵母和声调的对比练习及气息吐字综合练习，所以不管赛况如何千变万化，我都能运用自如。

"另外，我在练'嘴功'时注意从文学、艺术作品中汲取营养。例如我读《水浒》里'武松打虎'一段就很受启发。作者描写人虎相遇并没有赋予武松任何英雄壮举，唯一的就是躲闪：'闪在青石边''闪在大树背后''闪在一边''又闪在一边'……这一个接一个的'闪'字，表现出武松的机警、果敢和敏捷。读过后我就琢磨：我在解说时如果也能捕捉到人物特殊的动作和感情，不是会更生动传神吗？后来，我在评述郎平一记重扣得分时就这样说：'郎平，弹跳好，手臂力量大，扣球有力，不愧是中国队的铁榔头！'在中古女排比赛时，我抓住梁艳爱笑的特点,这样说:'梁艳在3号位扣了一个漂亮的快球,她笑了。她笑得那么甜,好像自言自语,就这么打。在比赛场上,梁艳打了好球笑,拦网成功了笑,接对方扣球,滚翻摔倒救起了球也笑……'这样,就把她那活泼可爱、浑身充满青春活力的形象和性格,展现在听众面前了……

"我已转播一千几百场体育比赛了,然而没有一场是自己感到完全满意的。虽然任何喧闹都不能影响我工作时的精神专注,而滴滴汗水也无法冲淡我解说后留下的遗憾,每一次我都能找到需要改进的地方,但我希望总在'下一次'。"

(摘自《现代交际》杂志)

(三)阐明性解说

阐明性解说,是对一个解说对象作符合逻辑的言之成理的说明,它通过分析、判断和归纳、演绎,得出令人信服的结论。

阐明性解说训练:

运用分解、举例、比较等方法,对下列话题作阐明性解说:

①说说体育锻炼的好处。

②怎样保护视力。

③怎样学习外语。

④减肥的重要性和主要方法。

(四)纲目性解说

纲目性解说有以下几种:分列式解说;总分式解说;层递式解说。

纲目性解说,经常要对所说明的事物进行分解列举和分类列举,把解说对象的基本特点分类分项罗列并逐一说明,从而使人们对解说对象有完整清晰的认识。所谓分类,是通过明确概念外延来说明事物的方法,它适用于解说头绪纷繁的事物。分类可以一次划分,也可以连续划分,在纲目性解说中,因为一般不是十分精确的说明,划分的标准可以出现交叉。

纲目性解说语用案例:

"如何解除婚内寂寞"这个复杂话题,有人开出这样的"良方":

——我觉得可以偶然"小别",短暂分离可以体验原先共处的愉快和相互关怀的必要;另外可以聆听倾诉,心里有什么话就说出来,这种沟通增加心灵接触的机会,增进感情,也有助于消除寂寞;最后是共同活动,一起参加各种公共活动,或者一起交流如何美化家庭,共同的活动可以产生共同的快乐……

再如"如何摆脱无聊的纠缠",这个一时说不清的话题,有人这样说:

第一,对方迎面走来,不要主动同对方目光接触;

第二,坦白说你正忙着,手头事情必须立即完成,不能奉陪;

第三,对方不走,手上的事情千万别丢手;

第四，对方仍不走，可以说"你走以前，我想请你看一样东西"（如看花草、看小鸟）看后就说"好，今天就到这里吧"，顺势送出家门；

第五，也不要总是拒人于千里之外，让人不愉快。可以先发制人，明知对方喜欢纠缠，可以随时主动找对方聊几句，适时结束，抓紧走人。

纲目性解说训练：

纲目性解说需要用语精确。试解说如下话题：

①介绍一种家用电器的使用和保养方法；

②介绍某项体育运动训练时应该注意的问题；

③介绍主持人形象设计应该注意的问题；

④我们求职应聘应该注意什么问题；

⑤说说现在交通事故增多的原因。

（五）平实性解说

平实性解说是指朴实无华的解说。这样的解说极少修饰或描摹，用朴素平实的语言直截了当地把事物、事理讲清楚、讲明白。

朴实无华是一种可贵的语言品格。现在广播电视节目创作崇尚纪实、崇尚"原生态"的表现风格，在这样的情况下，主持人语言表述朴实、平实，是符合大众审美期待的语用策略的。

宋英杰说天气

其实我们都经常同冷空气打交道，不过，冷空气有强有弱，范围有大有小，有的冷空气小得在我们这样的气象图上都难以看清，但有的冷空气却是真正的庞然大物。现在我们看到的这股冷空气，它们占据的范围足足有几百万，甚至几千万平方千米。在这样大范围的高气压控制之下，天气现象就比较单一，尤其现在北方地区基本上都是比较晴朗的天气，但是南方呢，还有一些地区是偏东风，能够吹来充分的水气，所以通过今天的卫星云图我们可以看到，南方地区上空还有一些降雨云系，不过以后这样的降雨将有所减少。

可能我们对温带气旋不是特别熟悉，但我们对它的同胞——热带气旋却是耳熟能详，因为热带气旋所带来的热带风暴、台风等都是我们经常说到的话题。热带气旋主要出现在夏季，而温带气旋是在春天活动……所以在春天，我们不妨记住这个名字——温带气旋。

平实性解说训练：

如果你主持一个新产品推介会，向大家介绍一个新近推出的产品（产品自定），为了获得大家的信任和青睐，请用平实性解说介绍此产品。

假如面试应聘，招聘单位给你三分钟，你如何作平实的自我介绍？

（六）谐趣性解说

在说明一个问题或解说某个事物的时候，让话语蒙上一层幽默诙谐的色彩，会更有吸引力、感染力,这就是谐趣性解说。

谐趣性解说的特点如下:

谐趣性解说可以通篇妙趣横生,这样的解说是高妙的语言精品,但更多的是以点染成趣的方式出现,含而不露地让人们在联想中感受其兴味。

谐趣性解说启发思维,使枯燥乏味的分析说理成为愉快的接受过程,引起心理共鸣。当然,要做到这一点,首先自己要理解深入,积累丰厚,而且表达心理宽松豁达,这样择词用语才可能俏皮有趣。

毛泽东在井冈山讲游击战术(片断)

"现在白军强大,红军弱小,我们以弱斗强,只能采取游击战术。什么叫游击战术? 简单扼要地说,就是'敌进我退,敌驻我扰,敌疲我打,敌退我追'十六个大字。从前井冈山有个山大王,叫朱聋子,他和当时的统治者斗了好些年,总结了一条经验:'不要会打仗,只要会打圈。'朱聋子前一句话不对,后一句是对的。我们改一下好了:既要会打仗,又要会打圈,这样,才能歼灭敌人,使根据地不断巩固,不断扩大。打圈子是为了避实就虚,迷惑敌人。强敌来了,先领着他兜几个圈子,看出他的弱点,抓准了就打。要打得干净利落,要缴到枪炮、抓到人。打得赢就打,打不赢就走,赚钱就来,蚀本不干。"(1928 年)

毛泽东妙趣横生地讲解游击战战术,先讲了一个有趣的故事,形象鲜明地证明了"兜圈子"的好处;接着讲怎么"兜",用的都是通俗的习惯用语,说的都是短小俏皮的句子,透出了诙谐与自信,显得轻松活泼。

谐趣性解说训练:

谐趣解说话题 1:

如果人类不控制生育,将会出现什么情况?

谐趣解说话题 2:

失去地球引力,如生活在太空舱中,会遇到什么趣事?科学家如何解决宇航员太空生活的诸多不便?

谐趣解说话题 3:

假冒伪劣产品是怎样忽悠消费者上当的?

十二、即兴评述

(一)即兴评述"评"与"述"的关系

即兴评述的"评"与"述"关系密切,述其事、义其理,有"评"有"述",二者珠联璧合,相辅相成。"评"与"述"的关系可以这样表述:述是手段,评是目的;述有选择,评有针对;述要具体,评有分寸;评述一致,评述相联。

（二）即兴评述与文字评述的区别

①即兴评述更重视现实语境的依附和制约；

②即兴评述的语段构成方式不一定如评论文章那么严整；

③注重通过口语修辞手段增强评述效果。

（三）先述后评、先评后述

先评后述、先述后评是带有论证色彩的即兴评述方式，在即兴评述中，它以感人的叙述和逻辑的力量给人以启迪。

失恋是块磨刀石

对于坠入爱河的青年来说，失恋是一件痛苦的事情。但是，一失恋，情人成路人、仇人，有的甚至痛不欲生寻短见，这就很不好。相爱是两个人的事情，不能一厢情愿。对于清醒理智的人，可以把失恋看作磨刀石，越磨越有生活的勇气，越磨生活的意志越坚定——恩格斯就是这样的人。

1841年，20岁的恩格斯在不来梅商行当练习生时，同一位姑娘的恋爱失败了。这给恩格斯的打击很大，他翻越阿尔卑斯山去意大利旅行，向美丽的大自然倾诉失恋的痛苦。几年后，恩格斯又与一位姑娘恋爱了，可几个月后又一次失恋。这一回，恩格斯变得坚强了，他用近于"疯狂"的热情撰写《英国工人阶级状况》一书，给后人留下了一部经典之作。

像恩格斯那样从失恋的痛苦中站起来朝前走的人很多。柴可夫斯基失恋后写成《悲怆》；舒伯特失恋后完成了《未来交响乐》；罗曼·罗兰失恋后创作了《约翰·克利斯朵夫》；歌德失恋后写成传世名著《少年维特之烦恼》……

我们要珍惜自己，也尊重别人的选择。一时失去了爱，生命仍有光彩，在失恋这块磨刀石上打磨，人的生命可以迸发出更灿烂的火花！

"先评后述"训练：

有人说聊天不好，浪费时间，说那是"闲得太无聊了才干的事"。请以"聊天的好处"为话题，作"先评后述"的练习。

"先述后评"训练：

话题："把话说得简练些"，运用下面材料作"先述后评"的练习。

评述材料：有人问美国第28任总统伍德·威尔逊，准备一份10分钟的演讲得花多少时间？他说，至少需要两个星期；问准备一个小时的演讲需要花多少时间？他说需要一个星期；那人问："那么，如果请你讲两个小时呢？"威尔逊立即回答："不用准备，马上就可以讲。"

（四）述中有评、评中有述

"述中有评、评中有述"舍弃大段的令人乏味的叙述或议论，将感性的讲述与理性的分析相互交织,容易引起共鸣。

（五）详述简评、详评简述

一个曾被讥讽的诺贝尔奖金获得者

英国的谢灵顿是一位荣获诺贝尔奖金的科学家。他出生在伦敦的贫民窟里,后来成为被人收养的孤儿。少年时代,他沾染了许多坏习气,人们说他"不是好种,长不成材",以致他对别人的侮辱嘲弄习以为常。有一段时间,谢灵顿对一个挤奶女工产生爱慕之情。他向她求爱,女工说:"我宁愿跳进泰晤士河淹死,也不会嫁给你!"这一闷棍,把谢灵顿从荒唐的自暴自弃中打醒了。从此他一改恶习,发愤攻读,用行动彻底改变人们对他的看法。他的学问与日俱增,后来在研究中枢神经学方面作出了重大贡献,成为牛津大学教授,成为载入史册的伟大科学家。这说明看人得有辩证的观点,再落后的人,身上总有些美好的地方,我们要善于发现它、点燃它,它同样会放出绚丽的光彩。

练习:

找几位朋友,就最近看的电视剧,或某位主持人的主持语言技巧,轮流作"述中有评,评中有述"的讨论。

（六）述中显评、评融于述

这种即兴评述,常常是转述过去发生的事情,它包含着人们的生活体验;有时描述可能出现的状况,虽不作任何议论,却明确无误地表明了自己的看法。这种以"述"代"评"的评述,不露痕迹地将自己的观点融于详细生动的叙述中,没有说教色彩,所以有潜移默化的说服力,被看作是高明的评述技巧。

对企图自杀者的劝告

你已经孤注一掷,生命对你已经不再有吸引力,你选择了自杀。好的,在你杀死自己之前,请让我告诉你几件事情。我是精神病院的护士,亲眼见到一些自杀现象。自杀有风险,不一定成功,不要以为你一定能杀死自己。请看这位25岁的青年人,他试图电死自己,然而他活着,不过两条胳膊已经没有了。那么,去跳楼? 去问问约翰吧,他曾经是个多么聪明和富有幽默感的人,但这都是他跳楼以前的事了。如今,他的脑子受了损伤,挂着拐杖,步履蹒跚,永远要人照顾,但最糟糕的是,他记得他曾是一个正常的人。吃安眠药吧,不过且慢,安眠药种类很多,药效也不一样。看看这个12岁的孩子吧,他赌气吃下了许多,现在肝功能已严重损坏,医生说,他将会在全身慢慢变黄中死去。这条路实在太痛苦了。实在没有万无一失的办法——想用枪吗? 我们这里有位24岁的年轻人,向自己的脑袋开了枪,现在他拖着一条腿和一只没用的胳膊,度日如年,实在可怜,因为,他同时丧失了半边视觉和听觉……

朋友,自杀不是英雄之举,不那么有魅力。谁从地板上擦掉你的血迹、刮掉你的脑浆?

有谁壮着胆子看你扭曲的面容、把你从上吊的绳子上解下来？有谁从河里捞起你肿胀的尸体？你的妈妈？你的妻子？还是你的儿子？要知道，这种差使是连职业清洁工也不情愿甚至会拒绝的，但是，这种事情总得有人去做。

你那封精心措辞、爱意切切的诀别书，是没有用的。那些爱你的人永远也不会从这件事情的悲痛中挣脱出来，看到那几张纸，他们懊恼，会陷入无边的痛苦，甚至感到愤怒，因为你自杀的时候只想到了你自己。

必须有些其他的选择，生活的路沟沟坎坎，会有时来运转的时候。去找找朋友，看看医生。活着就意味着希望，这希望可能来自明天的一封信，来自周末的一个电话，来自某日相遇的一位好心人。希望来自何处——现在没人知道，但你期待的，可能在一分钟、一天或一个月后突然到来。

（七）综合性评述训练

话题："良心是道德的卫士"

材料：上海市女工陈燕飞怀孕 5 个月时，有一天路过苏州河，见一妇女溺水，她奋不顾身跳下去将那位妇女救上来。别人采访她，她说"这是做人起码的道德。见死不救，那是没良心……"

材料：广州市一个青年，从急于购买摩托车的农民手里花言巧语骗得 2 600 元。未出 24 小时，他化名"王平"写了封痛切反省的信，将钱款全部寄给保卫部门。"王平"在信中写道："……回到家里总觉得周身不自在，饭吃不下，觉睡不好，想到那个农民丢钱的苦脸，当然也想到监狱的铁窗，越想越害怕。良心的谴责使我万分悔恨自己的所作所为……"

材料：2007 年四川"竹之神韵"中国巨星演唱会，演员们被热情的观众追得无路可逃，某著名主持人嘴被撞肿了；同日，自贡体育场举行大型演唱会，某女歌唱家被歌迷强行拥抱，并发生因相互踩踏而十几个人受伤住院的惨剧；央视《同一首歌》光临潮州，演员被观众拉扯，差一点被扯下舞台……

十三、即兴听辨

在即兴口语表达中，"听"的重要性主要是：第一，"听"是思维的"起搏器"；第二，"听"是信息的"过滤器"；第三，"听"是应变表达的"定向仪"；第四，"听"是一种"无声的交际"。

（一）动态语境听辨训练

1.准确听记训练

①请几位朋友，一个接一个地说出自己的出生年月与出生地点和个人爱好，然后复述，看看准确性如何。

②请制作录音，播放后尽量作详细复述。

2.快速传话

进行游戏性集体训练。第一人对第二人用耳语讲一件趣事，然后一个接一个地用耳语传下去,最后一人宣布所听到的内容,请第一人评议。

3.听辨语脉训练

训练方法:试找喜欢用"散点式"表达方式说话的人聊天,或者设计一段杂乱无章的话,大家静静地听,为这段话梳理线索,归纳要点。

4.归并概括训练

在动态语境中,尤其在节目主持的现场,如何通过认真地"听"对嘉宾和参与者杂乱的、大段的讲述进行归纳、归并,将各种观点组合起来,以顺势推动节目的进程,这是节目主持人的重要基本功。

下面是《实话实说:其实不想走》的一个话轮,如果你是主持人,你该如何接话?

费教授:是的,要敏感,因为大部分自杀是别人不知道他有这种心情而出现的,应该注意自杀的征兆,到底哪一些现象表示这个人可能有这个想法,另外如果是你的家人或好朋友,你应该跟他谈,不是跟他起矛盾,说你不应该死,因为你有这个责任、那个责任。首先是倾听,让他说出心里的不舒服不快乐,在这个过程中,你应该知道自杀的人心理是不稳定的,一方面他想死,一方面他想活,应该把想死的念头减少,把想活的念头加强,那是你应该做的事情;同样,你得评估他的自杀到底有多大危险,国内外都认为不应该提"你是否想结束你的生命"这样的话题,我们觉得不好意思说,专家意见却说明这个话题不会刺激他去自杀,这样的话题可以说明你确实是非常关心他,他想结束生命,你先给他机会让他可以讲自己的痛苦。

主持人(和晶):……

5.提高听悟力的途径

提高听悟力的途径有以下几种:

第一,训练听辨注意力;第二,训练听辨记忆力;第三,训练听辨理解力。

6.听话是人生的艺术

"听"可以是一种"无声的交际"。英国有句民谚说"无言也是美丽的",正是对这种交际风格的赞美。但是这样的交际风格正在被人们忽视。

(1)美国前总统提出一条交际规则。

"听"是一种重要的交际行为。

——始终看着对方的脸,体现对对方表述内容的关注;

——用一种很得体的姿态听别人说话,体现一种尊重;

——边听边看着对方,用目光的接触,体现理解与认同;

——面部浮现一种神采或表情,体现欣赏或浓厚的兴趣;

——用简单的插话接引,或者用一两句话附和,维系良好气氛。

(2)说话是人生的需要,听话是人生的艺术。

（二）听辨的综合训练

1.听辨指误训练

训练方法:试留心说话时常出现疏漏偏颇的人讲话,不妨吹毛求疵地暗地挑剔,辨析其细微错误。你能听出下面几段话中的不妥之处吗?

①一位专横跋扈的厂长这样说:"我是厂长,厂里大事小事当然都得由我说了算。这同开火车一样,我是火车司机,启动机车,把握方向,掌握快慢都得由我决定,你们各位如同司炉,只管给锅炉添煤就是了。如果你们要民主,都冲我又喊又叫,要我这司机干什么?……"

②2006 年 3 月 8 日,美国亚利桑那州菲尼克斯市"脱口秀"主持人布赖恩·詹姆斯说,亚利桑那州移民问题的解决方案是,在那些人越境时就枪杀他们。他说:"我们只要每周随机选择一个晚上,我们可以杀死任何越境者……只要你跨过来,你就死,你必须考虑今晚你是否够幸运。我觉得这样做更有趣。如果我在那里,我会抱着高性能步枪和夜视镜,愉快地蹲守在边界线隐蔽的地方,杀死那些非法越境者。我建议,每射杀一名非法移民,应该得到100 美元奖励!"

2.听辨悟情训练

训练方法:试留意听别人的说话,悉心听对方说话的遣词造句和语情语态,判定其思想感情或情绪色彩,分析表述者的性格特点。

下面几种说法,一般反映了什么内心状态与性格特点?

①"趁我没忘记,我说一下……顺便提一下……"

②"我听说……听别人讲……好像有人说……"

③话里嵌入较多的"老实说、真的、不骗你……"

④话里嵌入较多的"你懂吗? 你懂不懂? 我不客气地说"。

3.听辨隐意训练

试说说下面表述的言外之意:

①某商店为配合夜市,准备让职工晚间在路边设摊推销商品,开会请大家发表意见、献计献策。一位中年女职工这样说:"我建议,这个活儿我们干不了,可以到寺院里请一批和尚来担任夜市营业员。"

②里根担任美国总统时,提出削减预算的方案。议员议论纷纷。里根笑着说:"有人告诉我紫色的软糖都是有毒的。"然后拿起一粒紫色的软糖塞进嘴里。

③阿凡提与皇帝一起洗澡。皇帝问:"凭我这模样到奴隶市场能卖几个元宝?"阿凡提说:"10 个元宝。"皇帝火了:"胡说! 光我那条绣花围巾就值 10 个元宝!"阿凡提说:"正是呀,高贵的陛下!"

④甲:我很爱看琼瑶的小说。你喜欢吗?

乙:很有意思……

⑤甲:你看看,小李一当上先进就……

乙:——啊,今晚有个音乐会,你去吗?

甲:音乐会?那不是对牛弹琴吗?

十四、即兴语智

(一)触机即发,巧问智答

"快语应对"应该具有如下特点:触机即发,即兴而成,轻快迅捷;句式短小,干净利落,句句有用;语态平稳,挥洒自如,平中显巧。

白岩松面对"挑战性提问"

中央电视台主持人白岩松曾应邀到广州大学,与该校新闻传播系的同学座谈,他遇到了大学生"挑战性"的提问。

学　生:我看你有危机感,看起来冷冷的,这是为什么?

白岩松:我喜欢把每一天当成地球末日来过。(鼓掌)

学　生:你什么时候才会笑?

白岩松:会不会笑不重要,懂幽默才是重要的。

学　生:有评论说,你个性木讷。

白岩松:所有评论是说我严肃,与木讷是两个不同的词。

学　生:有一天你的缺点多于优点,怎么办?

白岩松:没有优点也没有缺点的主持人,连被评论的机会都没有。我有缺点我觉得幸福,它可能是优点的一部分。(鼓掌)

学　生:你同意性格决定命运吗?

白岩松:我采访过400多位成功人士,我同意"性格决定命运"这句话。但性格不是与生俱来,自信是最重要的品质。

学　生:我是学历史的,能当新闻节目主持人吗?

白岩松:今天的新闻就是明天的历史。(鼓掌、笑声)

(二)克己适彼,语脉接引

对话作为最基本的交际方式,应当尽量创设和谐的交际气氛,这是"合作原则"在即兴对话中的运用,所以只要对方说得有些道理,就应当把握话语内在的语脉接引线索,进行融洽性的对话;即使有些认识上的差异,如没有太大的分歧,可以暂时"克己"而"适彼",在相辅相成的配合、补充过程中,进行交谈,逐步形成对一个问题的共识。

叶惠贤的语脉接引

一次选秀活动中,经过竞争筛选,台上还有五位佳丽,主持人叶惠贤登台向她们作最后的提问。

  叶惠贤:你们认为谁最有希望获得"金华小姐"的称号?

  甲小姐:(笑而不语)……

  叶惠贤:不说话,我明白了,沉默是成功的法宝。

  乙小姐:(犹豫了一下)我觉得我有希望。

  叶惠贤:好的,自信是胜利的武器。

  丙小姐:不管谁当选,对我来说都是个学习的机会。

  叶惠贤:嗯,谦虚是进步的钥匙……

(三)顺应语势,实话实说

华莱士采访邓小平

  迈克·华莱士是 CBS《60 分钟》的著名主持人。他采访单刀直入、咄咄逼人,被称"硬派采访"的领军人物。1986 年 9 月,他采访了邓小平,看见邓小平掏出香烟,他要了一根,看了一下。

  华莱士:你的香烟过滤嘴怎么比香烟还长?

  邓小平:这是专门对付我的。我抽烟的坏习惯改不了啦。

  华莱士:我刚从马萨诸塞州的小岛度假……

  邓小平:我也刚从北戴河回来,在海里游泳。

  华莱士:每次游多少时间?

  邓小平:一个多小时……

  华莱士:你休息的时候打桥牌,是吗?

  邓小平:有时打。

  华莱士:听说你与同事打桥牌,谁输了就钻桌子。

  邓小平:没那回事,那样太不礼貌了。

  华莱士:你每天工作多少时间?

  邓小平:每天工作两小时。

  华莱士:其他时间干什么?

  邓小平:与孙儿们玩,也看些书。

  华莱士:你有几个孙儿?

  邓小平:有四个,最小的才一岁零两个月。

  接着,邓小平坦率地谈了中美关系和中国的现行政策等问题,华莱士眼看约定的一小时已经过去,要求延长一二十分钟。

  邓小平:我又犯了一个错误,违反了只谈一小时的协议。

  ……

（四）求职面试，洽谈协商

运用上面的应对技巧，我们可以学习求职应聘和洽谈协商的技巧了。

一位大学生的应聘经历

美国环球广告代理公司中国办事处由于业务需要，准备紧急招聘4名高级职员。报名人数众多，竞争异常激烈。

某位大学毕业生荣幸地成为进入最后10位入围者中的一员。当他听说终结面试主持人是美国环球广告代理公司的董事长、总经理贝克先生时，心里很紧张。面试前一连几天从英语日常口语、广告业务知识到仪表穿戴都作了精心的准备，盼望能顺利"推销自己"，一举成功。

单独面试在一个小会客厅进行。当这位大学生走进来时，贝克打量了许久，慢慢站起来，同他握手，激动地说："是的，就是你，我找你很久了。"贝克一脸惊喜地回过头，对在座的几位老外嚷道："先生们，这位青年就是救我女儿的人。"贝克热情地把青年拉到沙发边坐下来说道："我划船技术太差，女儿掉进了昆明湖，手攀着船帮，要不是这位青年人帮忙就麻烦了。真抱歉，当时我只顾及我的女儿，没来得及向您表示谢意。"

青年大学生讷讷地说："您的女儿得救了，我真为您高兴。但是我很抱歉，贝克先生，我以前从来没有见过您，更没有救过您的女儿。"

贝克一把拉住青年的手，说："嗨，你忘了吗？4月2号，昆明湖公园……肯定是你，我记得，你脸上有一块黑痣，就这儿，年轻人，你骗不了我！"

青年人站起来："贝克先生，我想，您肯定是搞错了，我可能同那个救您女儿的人有点儿像，但那不是我。我没有救过您的女儿。"

青年人说得很坚决。贝克先生为之一愣，然后笑起来，说："是不是你已经不重要了，年轻人，我欣赏你的诚实，我决定让你免试加入我们的团队。"

这位诚实的大学生终于顺利成为美国环球广告代理公司的高级职员。但是他仍心存狐疑，究竟是谁救了他的女儿？一天他同资深职员戴维先生闲聊，戴维很神秘地说："贝克先生的女儿？这是一个美丽的故事。现在有七位应试者因为贝克的女儿被淘汰了。贝克先生有两个儿子，没有女儿。"

由此可见，求职应聘"诚实为上策"。求职者当然应当讲究修辞，但"修辞立其诚"，说话要诚实。诚实的品格是人才录用的先决条件。

求职模拟训练：

设想你要到某大型合资企业求职，请你的一位朋友对你进行模拟测试。模拟训练前，可先面对录音机，作独白训练，揣摩自己的语调、语态、遣词造句等，然后复听修正。

（五）"语言名片"训练

求职应聘在自我介绍时可以在自己的名字上做点文章，有时比递上印刷的名片给人的

印象更深刻。请参照下面题例设计自己的"语言名片":

题例1:"我叫刘月琴。见过刘三姐在月下弹琴吗?没见过?我见过刘三姐在月下弹琴,我叫刘月琴。"

题例2:"我叫晋群,'普'字上面去两点是'晋',不过我觉得那两点还是该放在上面,因为我很普通,晋群,普群,普通的群众。"

题例3:"我叫滕进,愿我们国家腾飞前进,我是滕进。"

(六)巧解妙释,反常合道

"反常合道"就是既违背常规又合乎情理的智慧。"反常合道"的思路是综合的,它造就出色的个性;智慧的思路是求异的,它可以创造新的思想。如果经常对一些固有观念作"反常合道"的思辨,不仅是训练了语智,也有激浊扬清、革故鼎新的意义。

张越:每周折磨一个男人的女人

中央电视台节目主持人张越的语言爽朗泼辣,个性鲜明,有时说话虽违背常规,却又合乎情理。她曾这样说:

"刚开始主持《谁来做客》时,是一对一的小节目,每期10分钟,从风格上说那个时候确实比较犀利、尖锐,那个时候我是'每周折磨一个男人的女人。'

"当时我说男人是什么?是食肉动物。在毫无危险的时候,就躺在草地上晒太阳,懒洋洋的样子,这个时候你几乎看不到他的力量、美感。他的美感什么时候来临呢?当危险来临的时候,当荒原里传来血腥味、丛林里传来脚步声的时候,他就会一跃而起,正是那个刹那,他全部力量、全部激情都迸发出来了,那个时候他是美的、智慧的和有力量的。后来我就说,如果是这样的话,那我就舍身饲虎吧,就充当一下荒原里飘过来的血腥味和丛林里传来的脚步声吧。所以,当时定的调子就是提问要尖锐、幽默、犀利、毫不留情。"

"反常合道"训练:

对下列论题作"反常合道"的思辨,并作言之成理的讲述:

题例:天平最公平——天平最不公平(谁给多点就倾向谁)。

①班门弄斧——"弄斧"必到"班门"前。

②知足常乐——知"不足"者常乐。

③忠言逆耳——"忠言"应当"顺耳"。

④良药苦口——"良药"应当"爽口"。

⑤敝帚自珍——"敝帚"何须"自珍"。

⑥想入非非——"想"必须入"非"。

⑦自以为是——自以为"非"很可怕。

⑧愚公移山——"愚公"不该"移山"。

(七)据理力争,力排众议

"据理力争,力排众议"可以训练"语智"。在"唇枪舌剑"的论辩中,措词激烈但并不轻率,为了防止对方抓住把柄,语言分寸感的把握很慎重,有时到了字斟句酌的地步,所以"据理力争,力排众议"是"语智"的较量。思维的缜密程度和语言驾驭能力的高低,直接影响论辩的成败。

切斯特·朗宁驳斥血统论

加拿大前外交官切斯特·朗宁在参加议员竞选时遭到许多人的反对,原因是他出生在中国,是喝中国奶妈的乳汁长大的,因此反对派认定他的身上具有"中国血统"不能算是加拿大人。切斯特·朗宁毫不畏惧地"据理力争,力排众议",勇敢地同反对派展开了激烈的争论。

切斯特·朗宁说:"我喝中国奶妈的乳汁长大,这是事实。但是请问我喝了中国奶妈的奶就一定具有中国血统吗?诸位女士,诸位先生,你们喝过加拿大的人乳就具有加拿大血统了吗?如果喝什么奶就具有什么血统,你们喝的牛奶是加拿大的牛奶就具有加拿大牛的血统了吗?可是,加拿大的牛有许多是来自国外的,有的是杂交才生产优质牛奶的,请问,你们的加拿大血统怎么判定呢?而且你们长大以后,不仅'喝'牛奶、羊奶、马奶,而且还'吃'得很杂,吃鸡脯、吃羊腿,这样,你们的血统究竟怎么认定呢?"

切斯特·朗宁"据理力争,力排众议",得到了选民的支持。他运用类比推理的"归谬法",将反对派驳斥得哑口无言。

"据理力争,力排众议"训练:

方法:开始时主辩用3分钟明确亮出对论题的见解,然后进行答辩。起初双方可以采取"一对众"的"散辩";10分钟后提高"舌战"的难度,"一对一"地辩下去,众人一方可随时换人,轮番上阵,各方每次限说1分钟,最后双方各作3分钟小结。可以请一位水平较高的人作仲裁。

论题1:"女士优先"如今已没有必要,是不是?

论题2:学校按成绩给学生排名次,这样做可不可以?

论题3:有了"三八妇女节"是否需要"男人节"?

论题4:小学生不能同老师顶嘴,是不是?

论题5:女儿在外有谈恋爱的迹象。母亲考虑到女儿尚在读高中,绝对不能谈恋爱,就拆了某同学的一封来信。见信里并未写有关恋爱的内容,母亲就把信交给了女儿。女儿对此大为不满,同母亲发生了激烈的争论。

正方:做父母的看儿女的信,并没有什么过错。

反方:父母不能拆看儿女的来信。

论题6:某记者"守株待兔",拍摄到一骑车人在大雨中摔倒在马路边大水坑的全过程,他将这组照片放上互联网,迅速引起网民们的热议。

正方:记者太自私,太不人道。

反方:记者不自私,很人道。

十五、即兴播讲

"即兴播讲"是指广播电视节目中根据现场需要的无稿讲述,是媒介常规性的话语操作方式。《美国播音技艺教程》列出了几个章节强化训练"即兴播讲"能力。这说明,当今时代,"即兴播报"已经是播音员、主持人、记者的常规性的语言操作方式了。该书作者指出:"即兴播讲能力正在成为广播者百宝箱中最珍贵的东西之一。今天的新闻记者必须比以往任何时候更多地采用即兴方式播讲,这在很大程度上是因为现代实况转播方式技术的需要。"①

在我国,完全文本操作和纲目文本操作是主要的播讲形式,广播电台中有些节目的即兴播讲已经比较普遍,但是质量有待提高,电视节目的即兴播讲,还处于起步阶段。为了跟上我国广播电视改革的步伐,我们应该积极提高即兴播讲的能力。

（一）即兴播讲,语态变革

中央电视台副台长孙玉胜认为,1993 年以来,我国的电视改革主要体现在"语态的变革"上,即"从俯视语态改变为平视语态"。这种改变的动力"不仅来源于国家执政理念的改变,也不仅来自道德感和新闻理想,更主要的是来源于广播电视生存方式的改变"。孙玉胜指出:"这一场新闻变革的根本就是'改变了电视的语态',降低了说话人的口气,尝试用一种新的叙述方式,让人们从一贯严肃刻板的屏幕上看到、听到民间话语的鲜活、幽默,看到冲突的故事和人物的命运。这种转变具体在主持人身上,要求他们更像邻家兄弟,像一个朋友,以聊天拉家常的方式说话。我们这里有一批没有经历正规播音训练的主持人反而得到了好处,他们不用只做一个播读稿件的传声筒了……"

（二）即兴播讲,提升语质

耍贫嘴"戏说"新闻举例

这几年,我们随时可以听到主持人耍贫嘴"戏说新闻"。

比如一位主持人在"说新闻"说到"冬季护肤品旺销"时,就随口加了句导入语:"俗话说,温饱思淫欲……"——这随口而出的话就让"护肤品"沾上"淫欲"了。

即兴播讲绝不是信口开河。"戏说"本身表明主持人游戏性的新闻态度,随意"戏说"甚至会造成新闻价值的扭曲。这里再举几例:

美国发出恐怖袭击预警,广州某电视台新闻主持人戏说道:"一遇风吹草动,山姆大叔就

① Car Hausman,等.美国播音技艺教程[M].上海:复旦大学出版社,2007.

胆战心惊。"——幸灾乐祸,溢于言表;

2004年12月,广东某电视台主播在说到乌克兰总统候选人尤先科"遭遇投毒使面部变样"的新闻时戏说道:"看来这位靓仔想恢复原样是没指望了……"——随意挖苦,狂妄无知;

前年广州出现酷暑,热死了20多人,江苏某新闻主持人戏说道:"广州热浪滚滚,酷热难熬,'酷毙'20多人……"——信口开河,面目可憎;

有位打工青年被机器切掉了9根手指,辗转送到省城医院,匆忙之中将一根手指遗忘在事故地点。某新闻主持人如此戏说:"话说手术即将开始,出现戏剧性场面:哦嚯,第9根手指忘带来了……"——冷漠调侃,令人厌恶。

(三)即兴播讲,现场报道

央视记者现场报道片段

在长江三峡截流的现场,央视记者在合龙指挥船上作现场报道:

"各位观众,我现在站在合龙指挥船上,现在离最后合龙的时间已经不到一小时了,整个指挥部看起来比刚才更加紧张,但是一切都在有序地进行,应该说现在已经到了大会战的最后关头——现在的水流流速是每秒2.43米,从这个流速看,长江还算是体谅工人的艰辛,在这个特殊的日子也助了他们一臂之力……在我身边的显示器上,我们可以清楚地看到,龙口已经缩小成一个倒三角形了,最后数字显示,龙口还剩下14.5米了,要填满这个小的倒三角形,据说还需要27 000立方的土石方。好,现在我来采访现场指挥……"

现场报道的即兴播讲,应注意如下几点:

①快速组织材料,确定报道要点;②力求在短暂时间内提供更多的信息;③捕捉新闻点,注意细节的描述。

爱德华·默罗现场报道片段

1940年8月18日,美国CBS主持人爱德华·默罗开始了《这里是伦敦》的现场报道。他孤身深入战争最前线作目击者第一手报道,勇敢站立在英国广播公司(BBC)广播大楼的楼顶,进行全程直播报道——

"这里是伦敦。这里是伦敦……我现在站在屋顶上,俯瞰着伦敦全城……我估计,大约不出一分钟,在我们周围,就会听见炮声了。现在探照灯就向着这个方向移动。啊,你马上就会听到两颗炸弹的爆炸声。听!炸弹响了!……过一会儿,这一带又会飞过来一些弹片。现在弹片飞来了,愈来愈近了……"

默罗的现场报道,十分注意细节的观察和描述。有一次,他在描述英国伦敦大空袭期间可怕的寂静时,把麦克风对准一个被子弹穿破的水果罐头盒,使果汁一滴一滴落在一个被炸毁商店地板上的声音传播出去,他用深沉的声音说"这是果汁的声音……"这个细节,让人们有身临其境之感。

（四）即兴播讲，规避口误

1.主持人荒诞性口误举例

2000年金鸡百花电影节开幕式彩排，面对广西市民，央视主持人口误连连。先是说"下面请少先队员向老导演敬献花……""圈"险未出口，引起老导演愕然，观众哗然；接着将《秋天的诉说》，说成"春、秋天的诉说"，最后又追加了一句"我要非常地对大家说一句抱歉……"

2001年8月19日，中央电视台《午夜新闻》节目，播音员××在直播中出现口误："中央气象台——呃，中央电视台……"

2009年，开年头两个月，有几起荒诞性口误在网上闹得沸沸扬扬：

元月6日，凤凰卫视《时事直通车》播音员吴小莉直播出现口误："各位观众，这里是'时事直通天'……"

央视春晚，主持人董卿在介绍相声大师马季的儿子马东出场时说："让我们用热烈的掌声欢迎马先生的儿子马季和他的同伴共同为我们带来《五官新说》……"观众说这是牛年央视春晚最"牛"的一句口误了。

2.主持人"口误"成因探究

第一，语音、词汇、语法形式的失误；第二，情绪过于亢奋，注意力过于集中；第三，"记忆残留"潜伏于潜意识的干扰；第四，惯性运行导致漫不经心和言语知觉麻痹。

3.即兴播讲中"口误"规避要则有四点

第一，增强注意的稳定性；第二，增强注意的广泛性；第三，增强注意的发散性；第四，克服惯性运行的麻痹性。

4."口误"出现以后的紧急处置

第一，"失语"不"失态"；第二，用"智慧的坦诚"及时化解；第三，将错就错，自圆其说，力挽狂澜。

倪萍的"第四封电报"

1991年倪萍首次担任央视春晚主持人，晚会进行到"零点报时"前的关键时刻，导演把几封电报塞到她的手上，催促道："四封电报，马上播报，注意，时间必须占满1分20秒。"

倪萍立即走上主持台："亲爱的朋友们，我手里拿着的是刚刚收到的四封电报，第一封是……第二封是……"她报完第三封时突然发现手上已经空了，导演拿着第四封电报站在台侧焦急地向她示意，但是此时她觉得众目睽睽下去拿会留下缺憾，就当机立断，合起手中的电报说：

"今天晚上，发来春晚直播现场的电报接连不断，不计其数，特别是海外侨胞，他们都想在这个合家团聚的夜晚为祖国亲人送上他们的祝福，由于时间关系，这里就不再一一宣读了。海外侨胞们，你们的问候，祖国人民都收到了，也请允许我代表祖国人民向远离祖国、远离亲人的海外侨胞送上深深的祝福，祝全世界的中华儿女万事如意！"

观众没有看出破绽，台下响起热烈的掌声，时间也正好到零点报时。

袁鸣的"神来之笔"

曾在央视工作的主持人袁鸣应邀到海南省海口市主持"狮子楼京剧团"建团庆典，来得匆忙，准备不足，一上场就闹了个令人捧腹的笑话：

袁鸣："……现在我荣幸地向大家介绍光临'狮子楼京剧团'建团庆典的各位来宾——今天参加庆典的有……有海南师范学院党委书记南新燕小姐！"

（台下缓缓站起一位白发苍苍的老教授，全场诧异，一片哄笑……）

袁鸣：（歉然一笑）"对不起，我这是望文生义了——不过，南教授的名字实在是太有诗意了。一见到南新燕三个字，我立刻想起两句古诗：'旧时王谢堂前燕，飞入寻常百姓家'，这南飞的新燕是一幅多么美丽的图画！而且我觉得，今天我们这里也出现了类似的情景：京剧一度是清末的宫廷艺术，是流行于我国北方的戏曲，但是现在已经从北方流传到南方，跨过琼州海峡，飞到了海南，而且今天就要在这里安家落户了——这又是一幅多么美妙的图画呀……"

（掌声、欢呼声四起）

参考文献

[1] 张颂.非节目主持艺术[M].北京:中国广播电视出版社,2011.

[2] 吴郁.谈话的魅力[M].北京:中国广播电视出版社,2007.

[3] 王宇红.幽默与节目主持人的语言艺术[M].北京:中国经济出版社,2003.

[4] 王牧成.幽默与口才[M].北京:中国华侨出版社,2010.

[5] 陆澄.节目主持人艺术[M].上海:上海教育出版社,2012.

[6] 卢杉,晓澄.感悟与升华——节目主持人素质修养论纲[M].上海:上海教育出版社,2000.

[7] 瞿翔.掌握说话魅力的守则[M].上海:上海世界图书出版公司,2001.

[8] 常建坤.现代礼仪教程[M].天津:天津科学技术出版社,1998.

[9] 武传涛,刘红梅.口出华章[M].济南:山东人民出版社,2000.

[10] 周彬琳.实用口才艺术[M].大连:东北财经大学出版社,2013.

[11] 方洲.社交语言现用现查[M].北京:中国青年出版社,2008.

[12] 金正昆.社交礼仪教程[M].北京:中国人民大学出版社,2013.

[13] 孙建庆,叶谷.青年必知社交礼仪手册[M].北京:中国国际出版社,2002.

[14] 李佳,黄亚男.红白喜事主持辞及典型致辞[M].北京:中国物资出版社,2009.

[15] 肇晓飞.实用致辞演讲范本[M].北京:金盾出版社,2008.

[16] 葛家澍,林志军.现代西方财务会计理论[M].厦门:厦门大学出版社,2001.